100년 전의 경기도

100년 전의
경기도

경기문화재단

이 책은 경기문화재단 경기문화재연구원이

경기도의 고유성과 역사성을 밝히기 위한 목적으로 발간하였습니다.

경기학연구센터가 기획하였고 관련전문가가 집필하였습니다.

원본은 『京畿道事情要覽』(경기도 편, 1922)로

국회전자도서관(http://dl.nanet.go.kr)에서 원문서비스를 받을 수 있다.

양주군 구리면 · 미금면 경계의 잠수교

고양군 · 광주군 경계 한강 나루터(춘풍정 나루터)

대나무 짜기[筵織] 실습 상황

수원군 안용면 채집된 벼품종[種稻] 교환 상황

경기도 대두(大豆) 종묘장 시험밭

뽕나무 묘목[桑苗] 접목 실습 상황

오산 미곡(米穀)·대두(大豆) 검사소 실지 검사 상황

경기도 원잠종(原蠶種: 좋은 누에종자) 제조소 및 상원(桑園: 뽕나무 밭)

경기도 잠업강습소 생도 잠구(蠶具: 잠사기구) 제조 실습

은사 수산 경성(恩賜授産京城) 제사장 조사(繰絲: 목화 등에서 실을 뽑아냄) 공장

은사 수산 경성 제사공장 생사 되감기 공장

은사 수산 경성 제사공장 생사 결속실

은사 수산 경성 기계 사업장 공장(사례 하나)

은사 수산 경성 기계 사업장 공장(사례 둘)

탄저(炭疽) 예방주사 실시 상황

인천항에서 수출상품을 싣는 모습

양주군 진접면 소재 적송(赤松: 아카마츠) 천연림

지방비 어업 실습 사업
실습선(우측 안강망어선 중·좌측 조어선) 출어 준비 모습

양주군 구리면 소재 백양류(白楊類) 조림지(造林地: 식재 후 13년 모습)

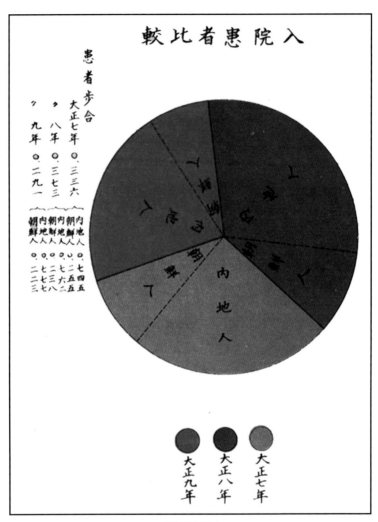

입원환자 비교
환자비율
다이쇼 7년(1918) : 0.336% (내지인: 0.745, 조선인: 0.255)
다이쇼 8년(1919) : 0.373% (내지인: 0.762, 조선인: 0.238)
다이쇼 9년(1920) : 0.291% (내지인: 0.777, 조선인: 0.223)

외래환자 비교

환자비율
다이쇼 7년(1918) : 0.364% (내지인: 0.260, 조선인: 0.740)
다이쇼 8년(1919) : 0.376% (내지인: 0.251, 조선인: 0.749)
다이쇼 9년(1920) : 0.260% (내지인: 0.287, 조선인: 0.713)

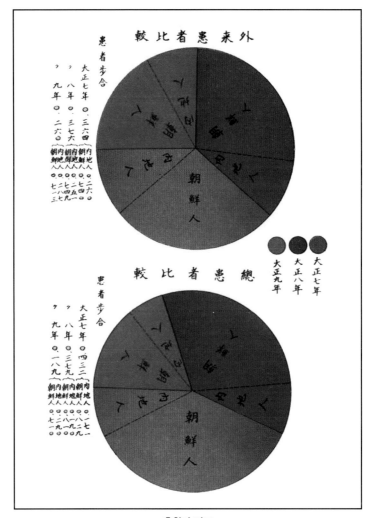

총환자 비교

환자 비율
다이쇼 7년(1918) : 0.432% (내지인: 0.171, 조선인: 0.829)
다이쇼 8년(1919) : 0.379% (내지인: 0.190, 조선인: 0.810)
다이쇼 9년(1920) : 0.189% (내지인: 0.290, 조선인: 0.710)

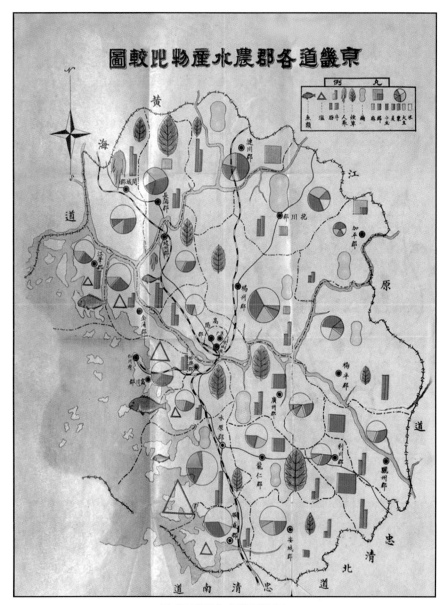

경기도 각 군 농수산물 비교도

〈범례〉 어류, 염, 돼지, 소, 인삼, 연초, 고치[繭], 마, 목화, 팥[小豆], 보리, 조[粟], 콩[大豆], 쌀이 책은 최근 경기도京畿道에서 호구戶口와 농·수산 상태, 기타 시설경영의 조직 등 경기도 사정을 간명簡明하게 기술하고 아울러 관계 통계표를 첨부하여 개괄적 관찰에 도움을 주기 위해 만들어졌다. 그렇지만 단기간 편찬으로 인해 조사 및 기사에 다소 오류가 없지 않을 수 없다. 비록 그렇다하더라도 본 서로 인하여 경기도의 추세를 살필 수 있다면 매우 다행일 뿐이다.

다이쇼 11년(1922) 2월 경기도

이 책 〈경기도 사정요람京畿道事情要覽〉은, 1922년 일본 제국주의 관리가 교통, 교육, 농업, 상업, 종교 등 경기도 상황에 관해 조사한 기록이다. 1917-1921년을 중심으로 경기도 사정에 대해 비교적 자세히 조사해서 간명하게 기술하고 통계수치를 첨부해 정확도를 높이며 경기도를 개괄적으로 살펴보고 있다.

책의 내용을 구체적으로 보면, 모두 17장으로 이루어져 있는데, 1장에서는 경기도가 어떻게 역사적으로 변천해왔는지 간단히 기술하고 있고, 2장에서는 지형, 기후, 가구수, 저명한 시가지, 명소유적을 쓰고 있다. 3장에서는 도로, 철도, 해운, 강운을 구분하여 경기도 교통을 서술하고 있으며, 4장에서는 통신기계배치 상황, 우편국 사무취급 지역, 통신상황에 대해 기술하고 있는데, 심지어 우편물 송달의 소요일수가 얼마인지까지 세세하게 통신상황이 기록되어 있다. 5장은 지방행정을 도 · 부 · 군 · 면道府郡面을 나누어 지방자치단체의 경비 상황을 구체적으로 설명하고 학교조합, 수리조합, 학교비용 등에 대해 조사하고 있다. 6장은 교육, 7장은 종교 및 제사제도에 대하여 기술하고 있다. 8장은 경기도의 재정의 다양한 세입원에 관해, 그리고 금융을 은행, 어음교환소, 금융조합으로 나누어 설명하고 있다. 9장은 농업에 대해, 10장은 상업에 대해 11장은 공업, 12장은 무역, 13장은 임업, 14장은 광업, 15장은 수산업에 대해 서술하고 있다. 16장은 재판소,

감옥 및 경찰, 17장은 위생에 대해 쓰고 있다.

이처럼 이 책은 1918년에서 1920년까지의 경기도 상황을 주로 자세히 쓰면서 한일병합 이래의 상황도 적지 않게 소급해 설명하며 간혹 그 이전의 역사적 연원도 간략하게나마 서술되어 있어, 1920년 전후의 시대에 한일병합후의 경기도 상황을 입체적으로 이해하는 데에 여러모로 도움을 준다.

그러나 이 책이 일본 제국주의 관리에 의해 씌여진 만큼, 편향된 시각을 유의해서 보아야 한다. '조선이 대단히 후진 지역이었는데 일본의 병합으로 이만큼 발전했다는 식'의 관점이 본 서 전체에 깔려있다. 책이 완성된 1922년은 3.1운동이라는 거족적 항일독립운동이 일어나 일제의 무단통치를 기초에서부터 흔들어놓음으로써 기만적으로라도 문화정치의 양보를 얻어낸 시점이었다. '경기도 생활 사정'이라는 객관적 기록인 이 책에서조차 어떻게 해서라도 식민통치가 좋고 옳음을 증명하려는 노력이 곳곳에서 보인다. 일본의 능력이 얼마나 대단한지 야만의 조선을 개선시켰다고 하면서 감탄해하는 어조를 보노라면 자존을 지킬 최소한의 힘이 없던 근대 조선을 반성하게 된다.

이런 한계를 짚어가면서 글의 내용을 보면, 1920년 전후한 조선의 삶을 한 눈에 살펴 볼 수 있는 좋은 자료임을 부정할 수 없다. 우선 이 책은 당시 일상의 영역에서 무엇을 먹고 어떻게 살았는지 농업, 교육, 재정과 같이 기초적인 분야는 물론 위생과 재판소, 도살장에 이르기까지 망라되어 있다. 경기도에 한정되어 있지만, 1920년 시점에서 조선의 생활사를 개략적으로 추정해 볼 수 있어서 생활사연구에 유익을 준다.

또한 일본 제국주의 관리의 눈에 비친 조선풍습도 흥미롭게 기술되어 있다. 하나의 예를 들어보면 조선인 매장 풍습에 대한 기록이다. 조사자는 "조선인의 묘지에 대한 신념은 매우 심후深厚(깊고 두더움)하다. 특히 예부터 묘지의 적부適否(맞고 안맞음)는 일가의 존망 및 자자손손의 화복과 연결되어 있어서 묘지의 설치에 관해 집안의 재산을 모두 탕진해도 감히 그것을 사양하지 않는다."라는 기록은 현재에 비추어 조상을 중시하는 한국인의 관습을 이해할 수 있어서 매우 흥미롭다.

자세한 사실관계 제시로 인해 교통, 제사, 통신, 명소 유적 등 우리가 현재 일상적으로 접하고 있는 장소나 관습의 모습을 비교할 수 있어서 일반인의 눈으로 보아도 친숙하게 읽을 수 있다. 어떤 때는 미소 지으며, 또 어떤 곳에서는 민중의 황폐한 모습에 안타 까와지기도 한다.

무엇보다 이 책은 풍부한 통계를 제시하며 조사되어 당시 경기도 실상을 알리는 구체적 자료로서의 가치를 지닌다. 이 점에서는 역사의 사료적 가치가 적지 않다.

| 차 례 |

1부

연혁沿革

경기도는 지금부터 약 2,110여 년 전(일본 고겐[孝元]천황 22년) 마한馬韓의 땅이었다. 그 후 고구려 백제(한강 이북은 고구려, 한강 이남은 백제)의 땅이 되었다가 다음에 신라에 소속되었다. 고려가 조선 전국을 통일(지금부터 1,003년 즉 엔기[延喜] 18년 다이고[醍醐] 천황 21년)하고 (고려) 성종 14년(지금부터 926년 즉 죠토쿠[長德] 원년 이치죠[一條] 천황 9년)에 전국을 10도 나누었다. 양주, 광주(양주는 한강이북의 땅으로 하고 광주는 이남의 땅이다) 등의 주현州縣을 관내도關內道로, 충주 청주 등의 주현州縣을 충청도로 하고, 고려 현종 때(지금부터 약 906년 전) 처음으로 경기도 명칭이 등장했다. 고려 예종 원년(지금부터 811년 전 즉 가쥬[嘉承] 원년 호리카와[堀河] 천황 20년) 다시 양광충청주도楊廣忠淸州道가 되고, 명종 원년明宗元年(지금부터 750년 전, 즉 죠안[承安] 원년 타카쿠리[高倉] 천황 3년) 나누어져 2도가 되었다.

충숙왕 원년忠肅王元年(지금부터 607년 즉 쇼와[正和] 3년, 하나조노[花園] 천황 7년) 양주楊州 광주廣州의 주현州縣을 양광도楊廣道라 칭하였다. 공양왕 2년恭讓王二年(지금부터 537년 즉 겐츄[元中] 원년 고코마쓰[後小松] 천황 2년)에 경기좌우 양도兩道가 되었다. 장단長湍, 임강臨江, 토산兎山, 임진臨津, 송림松林, 마전麻田(지금 연천군의 일부), 적성積城(지금 연천군의 일부), 파평坡平을 좌도左道로 하고, 개성開成, 강음江陰 해풍海豊(지금 개성군 일부), 덕수德水, 우봉牛峰을 우도右道로 하였다. 또 문종文宗(고려조)의 구제도에 의해 양광도의 한양漢陽(지금 경성부 및 고양군의 일부) 남양南陽(지금 수원군의 일부) 인천仁川(지금 인천부 및 부천군의 일부), 안산安山(지금 수원군의 일부), 교하交河(지금 파주군의 일부), 양천陽川(지금 김포군의 일부), 금주衿州(지금 시흥군의 일부), 과천果川(지금 시흥군의 일부), 포천抱川, 서원瑞原, 고봉高峰 및 교주도交州道(지금의 강원도)의 철원鐵原, 영평永平(지금 포천군의 일부), 이천伊川(지금 강원도에 있음), 안협安狹, 연천漣

川, 삭령朔寧(지금 연천군의 일부) 등을 좌도左道로, 양광도의 부평富平(지금 부천군의 일부), 강화江華, 교동喬桐(지금 강화군의 일부), 김포金浦, 통진通津(지금 김포군의 일부) 및 서해도西海道(지금 황해도)의 연평延平, 평주平州, 백천白川, 곡주谷州, 수안遂安, 재령載寧, 서흥瑞興, 신은新恩, 협계俠溪 등을 우도右道로 했다.

조선 태조 3년朝鮮太祖三年(지금부터 527년 즉 오에이[應永] 원년, 고코마쓰[後小松] 천황 12년) 수도를 한양漢陽으로 천도하고, 그 다음해 평주平州, 수안遂安, 곡주谷州, 재령載寧, 서흥瑞興, 신은新恩, 협계俠溪 등이 수도 한양漢陽과 멀리 떨어져 있음으로 서해도西海道로 돌려보내고 다시 광주廣州, 수원水原, 양근楊根(지평과 합쳐 지금은 양평이라 칭함), 쌍부雙阜(지금 수원군에 속함), 용구龍駒, 처인處仁, 이천利川, 천령川寧, 지평砥平 등을 편입하여 광주廣州, 수원水原이 관할하는 군현을 좌도左道에 양주楊州, 부령富寧, 철원鐵原, 연평延平이 관할하는 군현을 우도右道에 예속시켰다. 그리고 조선 태조 7년 충청도의 진위현振威縣을 빼내어 좌도에 속하게 하고, 태종 2년에 좌우 양도를 합하여 경기도라 하고, 태종 13년(즉 오에이[應永] 20년 쇼코[稱光] 천황 원년) 원근遠近을 헤아려 연평延平, 백천白川, 우봉牛峯, 강음江陰, 토산兎山을 황해도에, 이천伊川을 강원도로 옮기고, 대신 충청도의 여흥부驪興府, 안성군安城郡, 양지陽智, 양성陽城, 음죽陰竹의 각 현縣 및 강원도의 가평현加平縣 등을 경기도에 편입한 후, 또 세종 16년世宗十六年(지금부터 487년 즉 에이쿄[永享] 6년 고하나조노[後花園] 천황 6년) 안협安狹을 빼서 강원도로 옮겼다. 이후 도내道內 군현郡縣의 폐합이 있어도 경기도 전지역의 변동은 보이지 않는다. 건양建陽 원년(메이지[明治] 29년: 1896년) 지방제도의 혁신에 따라 경기도 전지역을 4부(개성, 인천, 강화, 수원) 34군(광주, 과천, 시흥, 양천, 김포, 통진, 부평, 안산, 남양, 용인, 양지, 양성, 진위, 안성, 죽산, 음죽, 여주, 이천, 지평, 양근, 가평, 영평, 포천, 양주, 연천, 삭령, 마전, 적성, 장단, 풍덕, 파주, 교하, 고양, 교동)

으로 했다. 관찰부觀察府를 수원水原에 설치하여 그것을 관할하고 또 달리 한성부漢城府를 두어 중앙부 직할로 한 후, 관찰부觀察府를 관찰도觀察道로 고쳐 부·군부郡府의 폐합을 행하여 수원水原, 강화江華, 개성開成의 3부를 군으로 하고, 양근楊根, 지평砥平을 합하여 양평楊平이라 칭하고, 인천부仁川府외에 36군으로 하였다. 한성부漢城府는 독립하여 중앙부 직할로 하여 종전과 다르지 않았다. 즉 한일병합 당시에 있어서의 행정구획行政區劃이 된다.

메이지明治 43년 8월 22일(즉 융희 4년〈1910년〉 8월 22일) 한국병합이 이루어지고 29일 한일합병韓日合倂을 발표함과 동시에 도청道廳을 수원水原에서 경성京城으로 옮기고 한성부漢城府를 폐지하여 새롭게 경성부京城府를 설치했다. (경성부를) 경기도의 관할로 편입시켜 신정新政을 시행하자 종래 구역으로는 모든 방면에서 행정상의 불편함이 적지 않아 그것을 통일할 필요가 있었다. 그래서 다이쇼大正3년(1914년) 3월 행정구역 변경을 하였다. 종래 과천군果川郡 및 안산군安山郡의 일부를 시흥군始興郡에 합치고, 안산군의 나머지 부분과 남양군南陽郡, 광주군廣州郡의 일부, 수원군水原郡의 약 반을 합쳐 다시 수원군을 설치하고, 또 수원군의 나머지 부분과 충청남도 평택군平澤郡을 진위군振威郡에 합병하고, 죽산竹山, 양성陽城 두 군을 안성군安城郡에 넣고, 음죽군陰竹郡을 이천군利川郡에 합치고, 양평군楊平郡의 일부를 나누어 광주군廣州郡으로 편입하고, 양지군陽智郡을 용인군龍仁郡에, 영평군永平郡을 포천군抱川郡으로, 삭령朔寧, 마전麻田, 적성積城의 세 군 및 양주군楊州郡의 일부를 연천군漣川郡에, 풍덕군豊德郡을 개성군開城郡에, 교하군交河郡을 파주군坡州郡에, 교동군喬桐郡을 강화군江華郡에, 통진군通津郡 및 양천군陽川郡을 김포군金浦郡에 편입하고, 또 부평군富平郡 및 인천부仁川府의 대부분을 합쳐 새롭게 부천군富川郡으로 하고, 경성부京城府의 대부분을 고양군高陽郡에 병합하고, 삭령군朔寧郡의 약 반을 강원도로 편입했다. 종래의 경성京城, 인천仁川 2부는 시가지로 그 구역을 구분했다. 현재는 다음과 같이 2부 20군을 관할하기에 이르렀다.

경성부京城府 인천부仁川府 고양군高陽郡 양주군楊州郡 연천군漣川郡 포천군抱川郡 가평군加平郡 양평군楊平郡 여주군驪州郡 이천군利川郡 광주군廣州郡 용인군龍仁郡 안성군安城郡 진위군振威郡 수원군水原郡 시흥군始興郡 부천군富川郡 김포군金浦郡 강화군江華郡 개성군開城郡 파주군坡州郡 장단군長湍郡

지지地誌

01
지형地形 및 지세地勢

경기도는 조선의 중앙에 위치하고 있으며, 북위 36도 54분에서 38도 16분에 이르고, 동경 125도 55분에서 127도 51분에 걸쳐있다. 경기도 면적[廣袤: 광(廣)은 동서(東西)를 무(袤)는 남북(南北)의 뜻으로 넓이 면적을 말함]은 동서 27리 남북 39리에 해당하며 전체 면적이 830.69 방리方里(1리 사방의 면적)가 된다. 동쪽은 강원도와 경계를 이루고 서쪽은 황해에 이르고 북쪽은 황해도 남쪽은 충청남북 양도에 연결된다.

　　연안沿岸은 아산만牙山灣의 북쪽에서 한강으로 들어오는 예성강禮成江 입구에 이르는 사이로 해안선海岸線은 굴곡이 풍부하여 무수한 섬島嶼들이 산재해 있어 그 연장선은 매우 길어 대략 500여 해리浬에 미치고 있다. 그러나 그 연안은 해저海底가 평탄하고 수심은 낮지만 조석간만潮汐干滿의 차가 크기 때문에 인천항仁川港을 제외하고는 큰 배가 정박하기에는 좋은 지역이 아니다. 지세地勢는 동방 및 동북방 강원도 경계에서 산악 줄기로 이어져 일반적으로 준엄하다. 비록 강원江原·충청忠淸 양도兩道에서 발원하는 한강漢江이 그 사이를 통해 서쪽으로 흘러 경기도 중부를 관통하여 서해西海로 흘러가고, 또 북서 황해도에 인접한 지방은 구릉의 기복이 있지만 임진강臨津江 및 예성강禮成江 남쪽으로 흐르고 또 안성천安城川이 흐르기 때문에 곳곳에 평야가 적지 않고, 선박 이용이 편리하며 관개의 이로움이 많아 땅에서 재배되는 곡물이 풍요롭다.

산악山岳으로 저명한 것은 경성 북방을 둘러싸고 있는 삼각산三角山(봉우리를 석성〈石城〉으로 이은 이른바 북한산성이 있어 북한산이라고도 한다), 광주의 남한산南漢山(석성으로 두른 남한산성이 있다), 시흥始興의 관악산冠岳山, 양주 불곡楊州佛谷, 도봉道峰, 아봉蛾峰, 연천漣川의 감악紺岳, 장단長湍의 망해산望海山, 개성開城의 송악산松岳山(개성시가지 북방의 고개로 옛 명칭은 부소산〈扶蘇山〉 또는 학산〈鶴山〉이라 불렀고, 고려 당시 왕성〈王城〉의 진산〈鎭山〉이다), 천마산天摩山(송악산 북방에 있으며 보현봉〈普賢峰〉이 유명하다), 백마산白馬山, 강화의 마니산摩尼山, 부천의 계양산(桂陽山: 안남산〈安南山〉이라고도 하며 산 정상에 고성〈古城〉이 있고, 고니시 유키나가[小西行長]가 축조했다고 전해진다), 김포金浦의 비아산比兒山(사찰 문수사가 있어 문수산이라고도 한다), 진위振威의 천덕산天德山, 안성安城의 칠현산七賢山, 양평楊平의 용문산龍門山 등이 있다. 이들 산악들은 높고 험준할 뿐만 아니라 영험한 명산으로 알려져 있다.

도서島嶼(섬)는 그 수가 매우 많은데 가장 큰 것은 강화江華 및 교동喬桐의 두 섬이다. 강화도江華島는 조선에서 다섯 번째 큰 섬으로 (경기도의) 그 중심이 되는 섬들을 보면 다음과 같다.

강화도江華島, 교동도喬桐島, 영흥도靈興島, 덕적도德積島, 영종도永宗島, 용유도龍游島, 대부도大阜島, 장봉도長峯島, 매음도妹音島.

02
기상氣象

1. 기온氣溫 및 강우량雨雪量

지명	기온(섭씨)							강우량(밀리)		
	최고온도	일어난 날	최저온도	일어난 날	평균온도	평균온도최고	평균온도최저	최다강우량	일어난 날	평균총강우량
경성	37.5	다이쇼8년 (1919) 8월 1일	(一)22.3	다이쇼9년 (1920) 1월 4일	10.8	16.3	5.9	354.7	다이쇼9년 (1920) 8월 2일	1171.9
인천	36.1	다이쇼8년 (1919) 8월 1일, 8월 14일	(一)20.9	다이쇼4년 (1915) 1월 13일	10.6	14.9	7.1	224.7	다이쇼7년 (1918) 8월 15일	949.8

비고: 기온 중 (一)이 부가된 것은 빙점 이하를 표시함.

2. 천기 일수天氣日數 표

지명	비	눈	천둥	안개	서리	맑음	흐린날	폭풍
경성	111	35	13	15	98	70	106	18
인천	104	30	12	41	65	82	104	164

비고: 비온 날은 강우의 양이 0.1밀리 이상의 날이다.
눈이나 서리가 있는 날은 정도 여하를 묻지 않고 그 현상이 있는 날로 하고, 번개 안개는 보통 이상의 날을 계산한다.
쾌청(맑음)은 구름이 평균 2/10 이하, 흐린 날은 구름이 8/10을 말한다.
폭풍은 1초에 풍속도가 10m 이상이 있는 날을 말한다.

3. 서리와 눈의 계절

지명	첫 서리		마지막 서리		첫 눈		마지막 눈	
	평년 월일	가장 이른 날	평년 월일	가장 늦은 날	평년 월일	가장 이른 날	평년 월일	가장 늦은 날
경성	10월 16일	메이지42년 (1909) 10월 5일	4월 21일	메이지43년 (1910) 다이쇼 6년(1917) 4 월 30일	11월 19일	다이쇼6년 (1917) 11월 4일	3월 28일	메이지44년 (1911) 4월 19일
인천	11월 8일	다이쇼7년 (1918) 10월 25일	4월 5일	메이지41년 (1908) 다이쇼 6년 4월 17일	11월 19일	메이지38년 (1905) 11월 6일	3월 24일	메이지44년 (1911) 4월 19일

4. 강 하천 결 · 해빙의 계절

강· 하천명	결빙			해빙		
	평년월일	최초일	마지막일	평년월일	최초일	마지막일
한강	12월17일	메이지43년(1910) 다이쇼원년(1912) 12월 9일	다이쇼6년 (1917) 12월 26일	3월 3일	다이쇼5년 (1916) 1월 31일	다이쇼2년(1912) 다이쇼6년(1917) 3월 18일

비고: 노량진鷺梁津 인천수도仁川水道 수원지水源地 관측에 의함.

5. 기 후氣候

기온氣溫: 연평균 기온을 보면 경성京城은 10.8도 인천仁川은 10.6도로 그것을 내지內地(일본)에 비추어보면 대략 야마가타山形 지방과 비슷하다. 그래도 최고와 최저의 평균을 비교하면 양자는 대개 1.5도 내외의 차가 나타나는 듯하며, 내륙이 연안에 비해 조금 더 춥고 더 덥다. 왜냐하면 주로 연해안沿海岸은 바다에서 따뜻한 바람이 많이 들어오기 때문이다. 그리고 최고 기온은 36도 내지 38도 사이에 있어서 굳이 차이가 있다고 하기에는 부족해도 최저기온이 영하 20도를 넘는 것은 같은 위도의 내지內地(일본)에서 보면 홋가이도 이북北海道以北에서 그것을 찾을 수 있다.

바람風: 바람도 역시 연안沿岸과 내륙內陸이 각각 그 흐름이 다르다. 내륙은 일반적으로 바람의 세기가 미약하지만, 연안지방은 조금 강하게 불어올 뿐만 아니라 계절풍季節風이 탁월하고 주요 바람의 방향이 대략 일정하다. 즉 10월에서 4월에 걸쳐서는 북풍 내지 북서풍北西風이 많고, 6월에서 8월 사이에는 남풍이 유행한다. 특히 겨울철 대륙에 고기압高氣壓이 발달하여 기압의 차가 급격히 커지면 북쪽에서 강렬한 바람이 계속 불어와서 한기寒氣가 강하게 만들어진다. 그래도 일단 고기압이 쇠퇴하면 바람의 세기風力와 한기寒氣가 모두 쇠퇴하고 한기와 온기溫氣가 서로 교차하게 된다. 이것을 삼한사온三寒四溫이라 칭한다.

강우량雨雪: 년 강우량은 경성이 1,171.9밀리로 일본 야마가타山形 지방과 비슷하며, 조선내 최대 강우량 지역인 부산 · 원산釜山·元山지방과 비교하면 약 8할에 상당하고, 제일 적은 지방인 함경북도咸鏡北道의 1.5배에 미치고 있다. 그러나 연안지방은 지나치게 적어서 1,000밀리에 그친다. 비가 내리는 시기는 6월에서 9월에 걸친 4개월인데, 이 시기에 연 강우량 대부분이 차지하고 있다. 그중 7 - 8월 2개월은 현저하게 강우량이 많다. 대개 이 기간에는 기상 상황氣象狀況도 특수한 지형으로 인해 호우豪雨가 오는 경우가 적지 않다. 그리고 경성京城에서 하루 동안 가장 많은 강우량이 355밀리에 미치고 있어 내선內鮮(일본과 조선) 각지에서도 비교하기가 어렵다. 또 강수일수(0.1밀리 이상 비가 오는 날)는 일반적으로 100여 일로 일본에 비해 매우 적고, 겨우 세토나이카이瀨戶內海 연안에 가깝다고 할 수 있다. 뿐만 아니라 우기雨期라고 칭하는 것도 내지內地(일본)에서처럼 비오는 날이 여러 날 건너 뛸 정도로 희박하며 대체로 소나기성이 된다.

증발蒸發: 이처럼 강우량이 적고 공기가 건조하여 일조량이 왕성하면 증발

량은 매우 많다. 경성京城은 1,147.2 밀리, 인천仁川은 1,331.1밀리로 일본에서 증발량이 가장 많은 세토나이카이瀨戶內海 지방과 대략 같다. 내륙內陸에 있어서는 강수량降水量이 서로 비슷해도 연안沿岸은 오히려 약 5할이 넘게 나타나고, 그 내륙은 바람세기가 약한데 오히려 연안은 계절풍季節風에 영향을 받아 아침에 바람세기가 강하게 된다.

안개霧: 조선 근해朝鮮近海에서 농무濃霧(짙은 안개)는 해운업海運業의 발달과 함께 점점 세상 사람들에게 관심을 불러일으켰다. 안개의 발생은 계절에 따라 소장消長이 있다. 즉 동계冬季는 농무를 거의 볼 수 없으나 초봄부터 점차 발현하여 초여름에 최전성기에 이른다. 최전성기 경기만 근해는 연일 발생하고 심지어는 3일 밤낮동안에 걸쳐 안개가 사방으로 막혀있어서 지척을 구별하기 어려워 선박船舶의 항해航海가 자유롭지 않은 적이 적지 않다.

03

호구戶口

경기도의 호구는 다이쇼大正 원년(1912) 말 현재 조사에 의해 총 호구 32만 5천24호, 인구 160만 81명이고, 다이쇼 10년(1921) 말 현재 35만1,766호, 180만 8,617명으로 조사되고 있다. 즉 10년 사이에 2만6,742호, 20만8,536명이 증가하고 있다. 그리고 경성京城에 있어서 호구는 5만7,029호, 26만1,698명(다이쇼 10년⟨1921⟩ 말 조사)이고 인천仁川의 호구는 9,113호 3만9,999명(다이쇼 10년⟨1921⟩ 말 조사) 이다. 경성 · 인천 양 지역의 인구를 제외하고 경기도 1방리方里 내의 거주인구(다이쇼 10년⟨1921⟩ 말 조사)를 보면 대략 1,838명에 상당하다. 더욱이 두 시가지의 인구를 빼고 1방리 평균을 보면 2,177명이 되어 일본 각지와 비교하면 오이타현大分縣의 2,225명(일본제국 제39 통계연감에 의함)과 대략 비슷하다. 그리고 내지인內地人(일본인) 거주자는 러 · 일전쟁露日戰爭[1] 이전은 주로 경성 인천京城, 仁川에 한정되

---

1) 러 · 일전쟁露日戰爭 : 1904~1905년에 만주와 한국의 지배권을 두고 러시아와 일본이 벌인 전쟁. 1904년 2월 8일에 일본함대가 뤼순군항旅順軍港을 기습공격함으로써 시작되어, 1905년 9월 5일에 강화를 하게 된 러시아와 일본 간의 전쟁이다. 한국과 만주(중국 동북지방)의 분할을 둘러싸고 싸운 것이지만, 그 배후에는 영일동맹英日同盟과 러시아 프랑스 동맹이 있었고, 제1차 세계대전의 전초전이었다. 러시아는 패배의 결과로 혁명운동이 진행되었고, 전쟁에서 승리한 일본은 한국에 대한 지배권을 확립하고 만주로 진출할 수 있게 되었으나 이후 미국과 대립이 시작되었다.

었다. 그러나 러 · 일전쟁후 통감부統監府의 설치로 인해 제반諸般 제도가 점차 확립되어 특히 한일병합 후에는 내부 깊숙이까지 이주하여 매년 농 · 상업에 종사하는 자가 격증하기에 이르렀다. 지금 관내 각지에 내지인內地人(일본인)의 거주를 확인할 수 있다. 다음의 표는 경기도의 최근 통계를 게시한 것이다.

:: 5년간 호구 비교표　　　　　　　　　　　　　　　　　　　　　　　매년 12월 말일 조사

연도	내지인(일본인)			조선인			외국인			합계			
	호수(戶數)	인구		호수	인구		호수	인구		호수	인구		
		남	여		남	여		남	여		남	여	계
다이쇼 6년 (1917년)	24,752	47,699	44,028	324,244	838,273	817,002	1,128	3,507	870	350,124	909,479	861,900	1,771,379
다이쇼7년 (1918년)	23,849	46,376	42,671	324,099	862,013	818,210	795	2,851	574	346,743	911,240	861,455	1,772,695
다이쇼 8년 (1919년)	24,711	47,252	43,840	327,217	869,370	827,073	1,080	3,385	631	353,008	920,007	871,544	1,791,551
다이쇼 9년 (1920년)	22,808	47,558	43,312	303,509	865,719	823,590	1,262	4,532	960	347,579	917,809	867,866	1,785,675
다이쇼 10년(1921년)	24,047	50,372	45,531	326,257	874,614	832,003	1,462	4,997	1,100	351,766	929,983	878,634	1,808,617
다이쇼 10년말 호수 1호에 대한 인구 비율		2.09	1.89		2.68	2.55		3.42	0.75		2.64	2.50	5.14

부군명	호 수					인 구				
	내지인 (일본인)	조선인	지나인 (중국인)	기타 외국인	합계	내지인 (일본인)	조선인	지나인 (중국인)	기타 외국인	합계
경성부	17,120	39,121	644	144	57,029	69,774	188,648	2,829	447	261,698
인천부	2,904	5,943	257	9	9,113	12,095	26,516	1,360	28	39,999
고양군	536	23,712	53	10	24,311	1,915	121,929	145	40	124,029
광주군	108	15,834	4		15,946	317	84,425	8		84,750
양주군	207	18,273	9		18,489	677	99,757	11		100,445
연천군	114	13,564	8		13,686	384	70,790	19		71,193
포천군	61	11,769	4		11,834	157	61,800	16		61,973
가평군	38	5,931	1		5,970	95	32,512	1		32,608
양평군	55	13,643	12		13,710	123	72,730	28		72,881
여주군	57	11,720	13		11,790	157	61,755	70		61,982
이천군	111	10,734	15		10,860	368	56,046	46		56,460
용인군	170	14,179	8		14,357	500	76,573	25		77,098
안성군	91	13,377	29	1	13,498	398	72,532	100	1	73,031
진위군	200	11,097	30		11,309	672	62,595	94		63,361
수원군	839	25,842	34		26,715	2,215	139,152	110		142,477
시흥군	461	11,241	16		11,718	1,658	58,967	61		60,686
부천군	212	12,798	88		13,098	902	67,331	421		68,654
김포군	75	8,779	2		8,856	217	48,443	4		48,664
강화군	61	13,709	6		13,776	137	72,060	14		72,211
파주군	101	10,061	13		10,175	321	52,838	23		53,182
장단군	75	12,402	10		12,487	199	62,755	35		62,989
개성군	451	22,546	28	14	23,039	1,622	116,463	119	42	128,246
계	24,047	326,257	1,284	178	351,766	95,903	1,706,617	5,539	558	1,808,617

종별	농업 목축 임업 어업 제염업		공업		상업 및 교통업		공무 및 자유업		기타 업무자		무직 및 직업을 신고 안한 자		합계	
	호수	인구	호수	인구	호수	인구	호수	인구	호수	인구	호수	인구	호수	인구
내지인 (일본인)	1,544	6,069	4,619	17,745	7,652	32,162	8,745	32,408	1,102	4,215	384	1,404	14,047	95,903
조선인	237,048	1,276,977	13,129	61,572	44,283	219,380	16,216	78,289	9,356	43,280	6,237	27,119	326,257	1,706,617
외국인	216	869	190	1,076	850	3,456	164	588	4	49	18	59	1,482	6,097
총계	238,798	1,283,915	17,928	80,293	52,785	255,998	25,125	112,285	10,483	47,544	6,639	28,582	351,766	1,808,617
총인구 에 대한 비율		0.710 (할분리)		0.044		0.142		0.062		0.026		0.016		

본적명	호수	인구		
		남	여	계
도쿄부[東京府]	1,283	2,798	2,525	5,323
교토부[京都府]	509	1,040	976	2,016
오사카부[大阪府]	907	1,882	1,723	3,605
카나가와현[神奈川縣]	253	479	523	1,002
효고현[兵庫縣]	703	1,532	1,328	2,860
나가사키현[長崎縣]	1,280	2,733	2,644	5,377
니가타현[新潟縣]	355	726	632	1,358
사이타마현[埼玉縣]	124	308	57	565
치바현[千葉縣]	235	455	417	872
이바라키현[茨城縣]	373	548	448	996
군마현[群馬縣]	164	378	294	672
토치기현[栃木縣]	162	323	278	601
나라현[奈良縣]	163	345	290	635
미에현[三重縣]	373	835	708	1,543
아이치현[愛知縣]	557	1,202	1,023	2,225
시즈오카현[靜岡縣]	363	785	630	1,415
야마나시현[山梨縣]	168	358	293	651

본적명	호수	인구		
		남	여	계
시가현[滋賀縣]	309	667	508	1,175
기후현[岐阜縣]	375	837	678	1,515
나가노현[長野縣]	340	726	566	1,292
미야기현[宮城縣]	294	668	591	1,259
후쿠시마현[福島縣]	353	860	700	1,560
이와테현[巖手縣]	124	241	229	470
아오모리현[青森縣]	85	196	176	372
야마가타현[山形縣]	242	560	433	993
아키타현[秋田縣]	140	282	274	556
후쿠이현[福井縣]	362	774	705	1,479
이시가와현[石川縣]	84	808	681	1,489
도야마현[富山縣]	278	597	519	1,116
돗토리현[鳥取縣]	202	414	365	779
시마네현[島根縣]	427	853	786	1,639
오카야마현[岡山縣]	792	1,555	1,317	2,872
히로시마현[廣島縣]	1,267	2,616	2,398	5,014
야마구치현[山口縣]	2,278	4,518	4,347	8,865
와카야마현[和歌山縣]	257	592	495	1,087
도쿠시마현[德島縣]	298	642	632	1,274
카가와현[香川縣]	397	822	693	1,515
에히메현[愛媛縣]	541	1,050	1,040	2,090
고치현[高知縣]	339	725	616	1,341
후쿠오카현[福岡縣]	1,651	3,315	3,096	6,411
오이타현[大分縣]	1,175	2,423	2,288	4,711
사가현[佐賀縣]	923	2,145	1,969	4,114
구마모토현[熊本縣]	1,118	2,203	2,301	4,504
미야자키현[宮崎縣]	181	476	368	844
가고시마현[鹿兒島縣]	792	1,702	1,454	3,156
오키나와현[沖繩縣]	4	13	8	21
홋가이도[北海道]	147	365	309	674
총계	24,047	50,372	45,531	95,903

04
저명한 시가지

1. 경 성京城

(경성은) 조선 500여 년의 수도로 한성漢城 또는 한양漢陽이라 칭하고, 현재 인구 약 26만인 조선 제일의 도시이다. 경성 주변에 산악으로 둘러싸여 동쪽에 낙타산駱駝山 서쪽에 삼각산三角山이 우뚝 솟아 북쪽에 백악白岳 응봉鷹峯(매봉우리)이 드러 누워있고 동남으로는 목멱산木覓山(남산)이 둥지를 틀어 서남의 한 모퉁이 만 겨우 열려있고 한강漢江이 동남으로 흘러 산하가 자연의 성곽을 이루고 있다. 게다가 (성곽은) 산을 넘고 계곡을 건너, 높이 1장 내지 2장, 둘레 3리里 정도의 성벽을 두르고 있다. 성벽에는 성문을 설치하여 매우 웅대하다. 지금은 그 일부 가 파괴되어 완전히 그 자취를 볼 수 없게 되었다.

종래 경성을 기점으로 하여 9가도街道 즉 현재의 의주義州 · 인천仁川 · 목 포木浦 · 부산釜山 · 원산元山 · 춘천春川 기타 3가도가 있다. 부산釜山 · 춘천春川 · 원산元山 · 의주義州 · 인천仁川 · 목포木浦·용인龍仁 · 안산安山·강화江華 등의 각지 로 통하는 경부京釜, 경의京義 및 경인京仁, 경원京元의 4개 철도선은 경성을 중심으로 하여 종횡縱橫의 간선이 된다. 남대문南大門 용산龍山의 두 역은 시가지 남쪽 주위에 또 동쪽 가까이에 청량리淸凉里 및 왕십리往十里의 두 역이 보조하고 있어 교통이 지극히 편리하다. 여행객이 폭주하게 되면 전차는 종로鐘路에서 동대문東大門을 거쳐 청량리淸凉里에 이른다. 총독부 의원醫院 근처 비원祕苑(동·식물원 및 박물관이 있다)앞 및 이현梨峴에서 본정本町 4가丁目의 동쪽 끝에서 나누어져 종로鐘路 및 서대문西大門을 지나 마포麻浦에 도달한다. 또 광화문통光化門通에서 분기分岐하여 도청 앞에 이르고, 다시 하나는 종로鐘路에서 분기分岐하여 남대문南大門으로 연장하여 한강통漢江通 연병장練兵場 앞에 이르고 또 나누어져 용산龍山 신·구시가지에 도달한다. 하나는 황금정黃金町에서 광희문光熙門을 지나 왕십리 역往十里驛에 도달하여 교통의 편리를 돕는 것이 적지 않다. 대부분의 길街路은 평탄하여 수도水道·전신電信·전화電話·전등電燈·가스瓦斯·병원病院·교회公會堂 기타 다른 도시들의 설비도 완성되었고, 시구 개정市區改正도 역시 예정대로 진행되고 있다. 내지인內地人(일본인의 대부분은 남산南山 기슭 일대의 시가지 및 남대문南大門 부근에 밀집하여 상업商業을 하는 자가 많다. 그 중 본정本町(구래 이현泥峴이라 칭함)에는 일본풍日本風의 상점들이 줄지어 있고 수레車馬의 왕래가 빈번하여 어깨가 서로 부딪히는 현상이 나타나고 내지인(일본인)의 상업이 가장 번성한 곳이다. 게다가 조선반도에 있어서 정치경제의 중심으로 산업은 각종 상업 외에 공업工業도 발흥하여 철공업鐵工業 대장장이鍛冶 술酒 간장醬油 양조업釀造業 된장味噌 담배煙草 과자菓子 면류麵類 청량음료수淸凉飲料水 비누石鹼 화양가구和洋家具 직물織物 끈組紐 유리硝子 도자기陶器 농구農具 비료肥料 석분石粉 모자帽子 구두靴 피혁革 인력거人力車 펠트 등의 제조업製造業, 금은세공업金銀細工業 정미精米

제분업製粉業 인쇄印刷 및 활자제조업活字製造業 재봉업裁縫業 등에서 뛰어난 경우도 적지 않다.

경성京城은 조선총독부朝鮮總督府의 소재지이고 이왕직李王職, 중추원中樞院, 주둔군 사령부駐箚軍司令部, 조선 보병대朝鮮步兵隊, 제20사단 사령부, 보병 제40여단 사령부, 보병 제78연대, 보병 제79연대, 기병 제28연대, 야포병野砲兵 제26연대, 육군창고陸軍倉庫, 육군 병기지창陸軍兵器支廠, 경성 위수병원京城衛戍病院, 헌병대사령부憲兵隊司令部, 경성헌병대京城憲兵隊, 경성헌병분대京城憲兵分隊, 전매국專賣局, 전매국경성지국同京城支局, 체신국遞信局, 우편외국환저금관리소郵便爲替貯金管理所, 경성우편국京城郵便局, 서대문우편국西大門郵便局, 남대문우편국南大門郵便局, 광화문우편국光化門郵便局, 용산우편국龍山郵便局, 고등법원高等法院, 경성복심법원京城覆審法院, 경성지방법원京城地方法院, 서대문감옥西大門監獄, 경기도청京畿道廳, 경성부청京城府廳, 고양군청高陽郡廳, 창덕궁경찰서昌德宮警察署, 경성본정경찰서京城本町警察署, 경성종로경찰서京城鐘路警察署, 경성용산경찰서京城龍山警察署, 경성동대문경찰서京城東大門警察署, 경성서대문경찰서京城西大門警察署, 경찰관강습소警察官講習所, 총독부의원總督府醫院, 제생원濟生院, 중앙시험소中央試驗所, 서무부인쇄소庶務部印刷所, 토목국경성출장소土木局京城出張所, 경성측후소京城測候所, 경성세관출장소京城稅關出張所, 마포세관감시서麻浦稅關監視署, 경학원經學院, 경성학교조합京城學校組合, 영국영사관英國領事館, 프랑스영사관佛國領事館, 미국영사관米國領事館, 지나국영사관(支那國領事館:중국영사관) 등 관공서官公署와 경성전수학교京城專修學校, 경성의원전문학교京城醫院專門學校, 경성공업전문학교京城工業專門學校, 경성사범학교京城師範學校, 경성중학교京城中學校, 용산중학교龍山中學校, 경성제일고등보통학교京城第一高等普通學校, 경성제2고등보통학교京城第二高等普通學校, 경성여자고등보통학교京城女子高等普通學校, 경성공립고등여학교京城公立高等女學校, 경성종로공립심상고등소학교京城鐘路公立尋常高等小學校, 경성원정공립심상고등소학교京城元町公立尋常高等小學校, 경성서대문공립심상고등소학교京城西大門公立尋常高等小學校, 경성일출공립심상소학교京城日出公立尋常小學校, 경성앵정공립심상소학교京城櫻井公立尋常小學校, 경성남대문공립심상소학교京城南大門公立尋常小學校, 경성용산공립심상소학교京城龍山公立尋常小學校, 경성동대문공립심상소학교京城東大門公立尋常小學校, 교동공립보통학교校洞公立普通學校, 재동공립보통학교齋洞公立普通學校, 어의동공립보통학교於義洞公立普通學校, 인현공립보통학교仁峴公立普通學校, 수하동공립보통학교水下洞公立普通學校, 정동공립보통학교貞洞公立普通學校, 매동공립보통학교梅洞公立普通學校, 미동공립보통학교渼洞公立普通學校, 마포공립보통학교麻浦公立普通學校, 용산공립보통학교龍山公立普通學校, 경성여자공립보통학교京城女子公立普通學校, 다동공립보통학교茶洞公立普通學校, 창신공립보통학교昌信公立普通學校, 경성공립간이상업전수학교京城公立簡易商業專修學校, 어의동공립간이공업전수학교於義洞公立簡易工業專修學校, 수하동공립간이상업전수학교水下洞公立簡易商業專修學校, 교동공립간이상업전수학교校洞公立簡易商業專修學校, 기타 다수의 사립학교私立學校 및 상업회의소商業會議所, 상품진열관商品陳列館, 각종 은행銀行 회사會社 등이 있고, 또 창덕궁昌德宮, 덕수궁德壽宮, 경복궁景福宮, 창경원昌慶苑, 경희궁慶熙宮, 창의궁彰義宮, 대묘大廟, 남묘南廟, 보신각普信閣, 효창원孝昌園, 환구단圜丘壇, 독립문獨立門, 남대문南大門, 노인정老人亭, 녹천정綠泉亭, 남산공원南山公園 파고다공원, 장충단공원獎忠壇公園, 훈련원공원訓練院公園, 한양공원漢陽公園 등 유명한 옛유적지가 적지않다.

다음은 경성京城에 있어서 내지인內地人(일본인) 발전의 상황을 개설한다.

경성에 처음으로 일본공사관日本公使館을 설치한 것은 메이지 13년(1880) 4월이고, 내지인(일본인)이 거주하기에 이르는 것은 메이지 15년(1882)의 변란(임오군란) 후이다. 당시는 거의 군대의 어용상인御用商人만이고 그 수도 매우 적었다. 16년(1883) 2월에 인천이 개항되자 일본영사日本領事에서 입경표入京票인 허가서를 얻어 인천仁川에서 경성京城으로 들어가는 내지인(일본인)이 점차 증가하기에 이르렀다. 17년(1884) 일본 공사관이 신설되자, 내지인(일본인) 거주자는 이에 거류민 대표를 설치하여 처음으로 공공사무公共事務를 처리하기에 이르렀다. 이때 내지인(일본인)은 호수戶數 19호, 인구 89명으로 주로 영사관 부근을 거주구역으로 삼았다. 해를 넘겨 20년(1887)에는 호수가 65호, 인구 245명이 되었다. 이 해 6월에 경성거류민京城居留民 규칙을 제정하였다. 이에 집행기관인 거류민회를 설치하여 의원선거 제도를 제정했다. 또 상업회의소商業會議所를 만들고 그 다음해인 21년(1888년)에는 불완전하지만 자제의 교육소敎育所를 개시하였다. 이때 호수가 86호, 인구 340명이 되었다. 23년(1890)에는 호수가 136호, 인구 528명을 헤아려 공공사무公共事務의 증가와 함께 사무소의 확장이 필요했다. 현재의 수정壽町에 총대역장總代役場을 신축하고, 다음 28년(1895) 청일전쟁淸日戰爭의 결과 내지인內地人(일본인)의 상권商權 역시 갑자기 확대하여 거의 모든 시장을 독점하는 형세가 나타났다. (이에 내지인의) 호구가 격증하여 496호, 인구 1,566명이 되고, 거주구역 역시 확장하여 남대문통南大門通에 내지 상인內地商人(일본 상인)의 점포를 보기에 이르렀다. 이후 종종 시세의 변환이 있고 동시에 내지인(일본인) 세력은 소장(消長)을 피할 수 없었지만 대세는 이미 움직일 수 없게 되어 (내지인의) 기반이 점점 견고하게 되었다. 그래도 31년(1898) 이래 수년간은 이른바 백동화문제白銅貨問題2)로 인해 조선의 경제계는 서로 얽히고 혼란이 극에 달하여 내지상인內地商人(일본상인) 가운데에도 적지 않은 도산자倒産者가 생겨났다. 36년(1903)까지는 불경기에 대한 원망의 소리가 컸지만 그 다음해 37년(1904) 1월 경부철도가 전부 개통되고 노일전쟁露日戰爭이 끝나자마자 경성이 거듭해 발전했다. 39년(1906) 2월 1일 통감부統監府가 설치되고, 39년 8월 경성거류민단京城居留民團이 성립하고 43년(1910) 7월 용산거류민단龍山居留民團과 합병하기에 이르렀다. 그리고 43년(1910년) 8월에 한일합병韓日合倂이 발표되자 내지인內地人(일본인)의 이주가 증가하여 지금 경성부京城府내 도처에 거주하고 있다. 용산龍山은 경성시가京城市街의 남쪽에 있으며 한강漢江을 향하고 있는 뛰어난 지세의 땅으로 경성에서 용산 사이에는 전차電車 기차汽車의 왕래가 빈번하였다. 용산을 신·구新舊로 나누어 볼 때, 이른바 구용산舊龍山은 조선 오백년간 조선 남부南鮮일대의 지방에서 공미貢米(공물로 바치던 쌀) 수송상 유일의 교통 요로要路로서 일찍이 번성함이 극에 달하였다. 내지인內地人(일본인)이 이곳으로 이주하게 되는 것은 실로 메이지 20년(1897) 전후이고, 청일전쟁淸日戰爭 후에 이르러 호구戶口가 점점

---

2) 1892년부터 1901년까지 발행한, 구한말의 백동으로 만든 흰색 동전이자 조선 최후의 화폐. 한글로 '두돈 오푼'이라고 쓰여 있으며, 엽전 25개의 가치를 가지고 전환국에서 제조되었다. 대한제국은 은본위제를 받아들여서 일본돈 1원의 가치를 5냥으로 삼고, 1냥=10전(돈)=100푼이라는 체계를 잡았다. 1원과 5원은 은화, 2전5푼은 백동화, 5푼은 적동화, 1푼은 황동화로 제작되었다. 그런데 2전5푼 백동화만 유명한 것은 25배의 가치에 비해 제조비용이 낮아 정부가 재정 보충을 위해 마구 발행하게 되었으며, 광범위한 위조를 불러와 전 세대의 악명 높았던 당백전 못지않은 심각한 인플레이션이 발생하였기 때문이다. 이 상황에 일본이 개입해서 역시 대량의 위조 백동화를 당시 대한제국에 풀어냈다. 애초에 백동화는 근대화폐였기 때문에 기존 상평통보 위조 기술 정도로는 밀조가 불가능했다. 그런데 백동화의 사주전이 돌았다는 것은 동전 자체와 밀조기계가 외국에서 들어왔다는 의미였고, 그 주범이 바로 일본이었다. 단적으로 일본은 이후 국제적인 비판을 받다가 1902년 '한국의 백동화 위변조범 처벌령'라는 별도의 처벌법령까지 제정하게 된다. 물론 이 처벌이라는 것도 1년 이하의 징역 등 상당히 가벼운 것인 눈가리고 아웅이었다. 이후 대한제국은 1901년부터 금본위제로 전환하고, 그에 따른 화폐를 발매하게 된다. 20원, 10원, 5원은 금화로 제작되었고, 반원, 20전, 10전은 은화, 5전은 백동화, 1전과 반전이 청동화였다. 문제는 기존에 너무 많이 풀린 동전들이 회수가 되지 않았다는 것이다. 상평통보는 화폐정리사업 시행 이후까지 남아있었고, 2전5푼 백동화의 사주전도 금본위제 시행 이후에도 진행되었다. 일본에서 수입된 밀주전 기계가 적어도 150여대에 이르렀기 때문이었다. 이후 일본이 화폐정리사업을 진행하고, 전환국은 없애버렸으며 우리나라 화폐까지 일본에서 만들어와 경제적 종속을 불러왔다.

증가하는 경향을 나타내고 있다. 더욱이 37 - 8년(1904 -1905 러일전쟁) 전승의 여파로 갑자기 발전의 기세가 드높아져 이때부터 매년 증가의 추세를 나타냈다. 시가市街는 점차 동쪽으로 연장되어 지금은 인가人家가 즐비하여 옛날의 경성과 용산 구간의 흔적을 찾아보기 어려울 정도에 이르렀다. 이곳은 종래 용산포龍山浦라 하고, 한강에서 선박舟楫 운행이 편리하여 화물이 항상 폭주하며 경원선京元線의 분기점이 된다.

2. 인천仁川

(인천은) 경기도 서해안에 돌출된 소반도小半島에 있으며, 경성에서 철로로 24리 약 1시간 걸려 도달하는 월미도月尾島, 소월미도小月尾島 등이 전면에 가로질러 있다. 내항內港을 둘러싸고 있는 팔미도八尾島 멀리 외곽을 구별하여 외항外港을 이룬다. 내항은 수심이 낮아 큰 배가 들어올 수 없다. 게다가 조수간만의 차가 매우 커서 사리 때에는 그 차이가 32척尺에 달해 동양에서 비교할 곳이 없다. 따라서 화물 적하는 멀리 3해리 떨어진 앞바다에서 하기 때문에 많은 시간과 인건비를 필요로 한다. 이것은 항港에 있어서 최대의 결점이다. 따라서 적당한 항구 공사를 실시하여 그 불편함을 해소할 필요가 인정되어 총독부總督府는 메이지 39년(1906)부터 세관공사稅關工事에 착수했다. 구영국영사관舊英國領事館의 언덕모퉁이에서 남쪽에 사각형으로 메워 쌓고埋築, 북쪽으로는 인천정류장仁川停車場에 이르는 해안을 확장하여 쌓았다. 그 물가에는 화물집하장 및 해안을 보호하는 돌담을 축조하여 매립지에서 내항內港 깊숙한 곳으로 향하는 잔교棧橋 3기를 설치하였다. 육상에는 세관청사稅關廳舍 밖에 지붕만 있는 창고上屋倉庫를 건축하고 해안海岸에는 1.5톤 및 10톤의 수제기중기手捲起重機를 설치한다. 또 지붕

만 있는 창고 지역에서 매립지를 뚫어 인천정류장으로 연결하는 철도를 부설하여 화물수송을 편리하게 한다. 기타 외항外港에 마주하는 대월미도大月尾島의 남서 모퉁이를 정리하여 해항검역소海港檢疫所의 설비를 완성하여 사무소, 소독소 및 환자수용소 등을 축조한다. 그들의 시설공사비는 대략 88만원으로 하여 메이지 44년(1911)에 준공했다. 비록 단순히 응급설비에 불과하지만 인천항 무역의 발전에 따라 가능해진 것이다. 더욱이 메이지 44년(1911) 6월 축항공사築港工事를 일으켜 7개년 계속 사업으로 하고, 566만원을 투자하여 다이쇼 7년(1918) 10월에 준공되었다.

이번 공사는 조석간만潮汐干滿의 차를 가장 잘 활용하는 복갑문식複閘門式 도크船渠를 채택하는 것으로 하고, 도크 면적 3만평 도크내 수심은 최하 27척 5촌으로 한다. 도크내 배를 매어두는 벽繫船壁은 길이 250칸(間: 길이의 단위 6척 약 1.818m)으로 하여 4,500톤급 원양선박 3척을 동시에 하역할 수 있게 하고, 또 도크내 적하장은 길이 398칸으로 하여 오로지 작은 배小船가 하역할 수 있게 했다. (이에) 선박의 출입이 빈번해지고 매우 번성하게 되었다.

인천仁川의 개항은 메이지 16년(1883년) 1월에 이루어졌고 (인천이) 경성과 육로로 10리里 떨어져 있는 것이 마치 요코하마橫濱에서 도쿄東京까지의 거리와 같다. (그리고) 번영이 신속하게 이루어지는 것도 비교해 보면 개항 초기 메이지 17년(1884)의 수출입 무역액 103만원이었던 것도 27년(1894)에는 914만 2천원에 도달하고, 37년(1904)에는 1,953만 3천원으로 늘어났다. 최근 1년 총액은 실로 7,582만 2천 여원으로 올라 개항 당시에 비해 75배로 증가하였다. 더욱이 평안도, 황해도, 충청도 및 경기도의 화물이 드나들고 내지內地(일본) 각 항港 및 만주滿洲 주요 항과의 정기 항해가 있어 무역은 부산에 버금가는 우위를 차지한다.

(인천) 이곳은 원래 제물포濟物浦라는 작은 한촌寒村에 불과했으나 개항 이래 점차 인구가 증가하여 지금은 약 4만 명에 달하고, 전신, 전화, 전등, 수도, 병원, 기타 도시에 있는 설비가 거의 모두 정비되어 있는 것을 볼 수 있다. 부청府廳, 세관稅關, 지방법원지청地方法院支廳, 관측소觀測所, 경찰서警察署, 헌병분견소憲兵分遣所, 토목국출장소土木局出張所, 경성전매지국인천출장소京城專賣支局仁川出張所, 우편국郵便局, 체신국해사출장소遞信局海事出張所, 검역사무소檢疫事務所, 전염병연구소傳染病研究所, 쌀콩검사소米豆檢査所, 전염병원, 수도사무소, 감옥분감, 중국영사관支那領事館, 학교조합學校組合 등의 관공서 및 소학교, 고등여학교高等女學校, 상업전수학교商業專修學校(내지인교육), 상업학교商業學校(조선인교육), 보통학교普通學校, 체신국해원양성소遞信局海員養生所, 유치원幼稚園, 상업회의소商業會議所, 사립학교私立學校 기타 은행銀行 회사會社 등이 있다.

철도는 인천仁川과 뉴현杻峴 두 역이 있고, 시가지 밖에 따라 교통이 지극히 편리하여 화물과 여객이 번잡하다. 오히려 항구港口를 구축함과 맞물려 바다와 육지의 연결 공사가 완성되어 거리가 정연해졌다. 특히 해상海上에서 펼쳐지는 관망이 장엄한 것은 인천항이 자랑할 만한 곳이다.

:: 인천에서 주요 항에 이르는 거리 (단위: 해리)

진남포(鎭南浦)	192	목포(木浦)	185	마산(馬山)	341
군산(群山)	119	부산(釜山)	420	모지[門司]	428
시모노세키[下關]	428	나가사키[長崎]	414	타이구[太沽]	429
고베[神戸]	668	다롄[大連]	260	즈푸[芝罘]	255
오사카[大阪]	682	안동현(安東縣)	235	칭다오[青島]	320
요코하마[橫濱]	997	뉴좡[牛莊]	412	상하이[上海]	470

3. 수원水原

(수원은) 경성에서 남쪽으로 25리 떨어진 곳에 있고, 화성華城이라는 별명을 갖고 있다. (수원은) 조선시대에 유수부留守府를 두고 한일합병 전에는 경기관찰도京畿觀察道 소재지이다. 수원성水原城은 조선시대 정조대왕이 건축한 것으로 세 방면을 둘러싸고 산을 성벽으로 삼았으나 지금은 거의 폐허가 되어 무너졌다. 그래도 창룡문蒼龍門, 팔달문八達門, 화홍문華虹門, 화령전華寧殿, 화성장대華城將臺, 서호西湖, 북지北池 기타의 유적이 있다.

서쪽일대의 땅은 막막한 평야로 되어 있고, 울창한 팔달산八達山의 서쪽에 해당되며 그 유명한 서호西湖는 항상 잔물결의 푸른 파도가 잠겨져 있어 드물게 풍광을 볼 수 있는 곳이다. 시가지는 성 내외로 이어지고 인구는 약 1만 여 명으로 상업의 상황은 어느 정도 번성했다. 그 곳에 총독부 권업모범장勸業模範場, 농림학교農林學校, 잠업시험장蠶業試驗場, 여자잠업강습소女子蠶業講習所, 자혜의원慈惠醫院, 지방법원지청地方法院支廳, 군청郡廳, 경찰서警察署, 수원헌병분견소水原憲兵分遣所, 우편국郵便局, 쌀콩검사소米豆檢査所, 학교조합學校組合, 금융조합金融組合, 소학교小學校, 보통학교普通學校, 식산은행지점殖産銀行支店, 한성은행지점漢城銀行支店 등이 있다.

4. 개성開成

(개성은) 고려왕조 470년 간 왕도王都의 하나로 송도松都라고 부른다. 경의선京義線에서 저명한 역으로 조선에서 경성, 평양 다음의 대도시이다. 경성의 북쪽 철로 48리로 약 한 시간 반에 도달한다. (개성) 남쪽에 용수龍首 진봉進鳳의 여러 산이 있고, 송악산松嶽山(곡령鵠嶺·문숭산文崧山·부소갑扶蘇岬이라고도 불리었다)이 북방

으로 솟아 동남쪽은 평야로 펼쳐져 부근에 명소유적이 풍부하며 역사의 자료가 되는 것이 적지 않다. 지금 저명한 고성古城이 무너져 볼만한 것이 없다하더라도 고려시대의 능묘陵廟 및 경덕궁敬德宮, 목청전穆淸殿, 선죽교善竹橋, 만월대滿月臺, 남대문南大門, 관덕정觀德亭, 반구정反求亭 등의 옛터를 덮고 있는 울창한 고목은 옛날을 생각나게 하며 조선 명승지의 하나이다.

고려자기高麗燒는 이 땅을 중심으로 부근 몇리 떨어진 촌락에서 발굴되어 지난날 고려왕조시대의 식기食器, 화병花瓶 기타 다양한 것들이 나온다. 이따금 발굴되는 우량품優良品은 천금의 가치가 있는 것으로 모양 색깔 등에서 모두가 우수하다. 또 이 땅은 예부터 인삼人蔘의 산지로 알려져 있다. 인삼의 산출액은 매년 20만근 내외로 가격은 약 4백만 원에 달하고 있다. (인삼은) 약용으로서 중국에 수출되고, 기타 채소 과일 등을 생산하는 인구 3만 7천여 명으로 상업이 번성하여 10만 원 이상의 자산資産을 가진 자가 20명이 넘고, 군청郡廳, 경찰서警察署, 헌병분견소憲兵分遣所, 헌병분견대憲兵分遣隊, 지방병원지청地方法院支廳, 경성전매지국개성출장소京城專賣支局開成出張所, 우편국郵便局, 학교조합學校組合, 금융조합金融組合, 소학교小學校, 공립상업학교公立商業學校, 보통학교普通學校, 식산은행지점殖産銀行支店 등이 있다.

5. 영등포永登浦

(영등포는) 경성에서 대략 5리, 인천과는 19리 떨어져 있다. 경부京釜 경인京仁 양 철도의 분기점으로서 점차 발전하였고, 전방 수 리數里에 걸쳐 비옥한 평야를 끼고 있는 좋은 농업지이다. 인구 3천여 명으로 주민의 다수는 농업을 직업으로 하고, 운수의 편리함이 많기 때문에 또한 상공업 및 노동을 직업으로 하는

자가 있다. 내지인內地人(일본인)은 주로 역 부근에 거주하고, 점포가 즐비하고 작은 시가지를 이루고 있다. (그리고) 통신·교통의 편리함이 구비되어 있다. 농산물 이외에도 간장, 벽돌, 토관土管 등을 생산하고, 자본금 50만 원의 경성요업주식회사京城窯業株式會社, 조선요업주식회사朝鮮窯業株式會社 및 자본금 100만 원의 조선피혁주식회사朝鮮皮革株式會社가 있다. 장래 유망한 공업지工業地로 군청郡廳, 경찰서警察署, 지방법원출장소地方法院出張所, 감옥분감監獄分監, 우편국郵便局, 인천수도파출소仁川水道派出所, 학교조합學校組合, 소학교小學校, 보통학교普通學校, 금융조합金融組合 등이 있다.

6. 평택平澤

(평택은) 경부선京釜線에 있어서 하나의 역으로 경성京城의 남쪽 철로로 47리里 약 1시간 반 정도면 도달하는 곳이다. 평택은 경부선이 개통되기 전에는 인구가 적고, 넓고 아득한 평야였으나 정류장이 신설되자 돌연 인구가 증가하고 십 수 년 간에 발달하여 작은 시가지가 되었다. 시가지는 안성천安城川의 흐름에 따라 선박의 운항에 편리함이 있어 경기·충청 양도 연안과의 교통이 매우 편리했다. 평택의 뜰은 동·서 약 8리, 남·북 약 3리에 걸친 큰 지역으로 토지의 생산력이 비옥하고 수리도 결핍되지 않아 근래 내지인(內地人:일본인)이 농업에 주목하는 자도 많다. 특히 동쪽은 장호원長湖院, 서쪽은 아산牙山으로 통하는 도로가 있다. (그래서) 미곡米穀의 집산이 매우 많아 평택역의 1년간 수송물량이 2만여 톤에 도달하였다. (평택역은) 경부선중 저명한 미곡 집산지가 되어 내선인(內鮮人: 일본인과 조선인) 협동으로 미곡상조합米穀商組合을 설치하고, 쌀 품질의 개량을 도모하여 근래 평택미平澤米가 되어 (그 평택미)의 명성이 높아지기에 이르렀다. 인

구는 1,400여 명으로 군청郡廳, 경찰서警察署, 지방법원출장소地方法院出張所, 쌀콩검사소米豆檢査所, 우편국郵便局, 학교조합學校組合, 금융조합金融組合, 소학교小學校, 보통학교普通學校, 조선상업은행지점朝鮮商業銀行支店 등이 있다.

7. 안성安城

평택역平澤驛에서 안성을 지나 장호원長湖院으로 통하는 도로는 비교적 평탄하여 거마車馬의 교통 화물貨物의 운송이 빈번하다. 특히 평택 안성 간에는 자동차가 편리하고, 읍邑은 도내 굴지의 시장이 있어 매월 음력 2일, 7일 날에 시장을 열고開市, 미곡米穀, 어채魚菜, 잡화雜貨, 소牛 등의 거래가 왕성하게 이루어져 1년간 거래액이 약 45만 원 이상에 이르며 인구는 7천6백여 명이다. 주민은 반농업半農業에 종사하고, 다른 것은 상업을 경영하거나 또는 노동에 종사한다. 공예품으로는 놋그릇眞鍮食器, 담배대煙管 등이 유명하다. 1년에 약 1만3천여 원의 생산액이 있다. 이곳에 군청郡廳, 경찰서警察署, 우편소郵便所, 지방법원출장소地方法院出張所, 학교조합學校組合, 소학교小學校, 보통학교普通學校, 금융조합金融組合 등이 있다.

8. 이천利川

(이천은) 수원에서 강원도 강릉江陵에 이르는 도로 및 부산가도釜山街道의 교차점에 위치하고, 수원에서 육로로 12여 리에 있다. 수원水原 여주驪州 간에는 매일 자동차편이 있고 사람과 차의 교통이 빈번하다. 인구 3천8백여 명으로 주민은 농업을 직업으로 하고 또 상업을 경영한다. 근래 내지인內地人(일본인)이 이주하는 자가 200여 명에 이르고, 이곳에 군청郡廳, 경찰서警察署, 지방법원출장소地方法院出張所, 우편국郵便局, 학교조합學校組合, 소학교小學校, 보통학교普通學校, 금융조

합金融組合 등이 있다. 또 명소로서는 분로쿠 역文祿役(임진왜란)의 옛 전쟁터인 설봉산雪峰山 및 신라시대 축조된 설성雪城 등이 있다.

9. 여주驪州

(여주는) 경기도의 동남東南 끝에 있고, 수원에서 매일 자동차편이 있다. 이 지역은 민비閔妃(명성왕후)의 출생지이기 때문에 경성京城과의 왕래가 빈번한 거리이다. 읍邑은 한강 연변에 거주하고 있기 때문에 풍경景色이 풍부하고 인구는 3천4백여 명이다. 주민은 순박하여 농업을 직업으로 하고 또 상업에 종사한다. 근래 내지인內地人(일본인)의 이주가 현저하여 백여 명에 이르고 있다. 여기에 군청郡廳, 지방법원지청地方法院支廳, 경찰서警察署, 우편소郵便所, 학교조합學校組合, 소학교小學校, 보통학교普通學校, 금융조합金融組合 등이 있다.

10. 강화江華

(강화는) 강화도에 있고, 게이오慶應 2년 프랑스 선교사 사건 및 메이지 9년(1876) 한일수호조약韓日修好條約의 체결로 알려졌다. 지금부터 690년 전(고호리카와[後堀河] 천황 11년) 고려왕조 고종高宗이 몽골의 침입을 피하기 위해 일시 송경松京(개성)에서 천도遷都를 하면서 비로소 지금 강화江華의 명칭이 되었다. 읍邑은 동북부에 편재되어 있고 산록山麓에 위치하여 주위를 성벽으로 둘러싸고 동·서 두 문을 설치하였다. 성은 조선개국 284년 강화유수 민진원閔鎭遠3)의 축조에 의해 만

---

3) 민진원閔鎭遠(1664~1736): 조선 후기의 문신. 기 증손. 할아버지는 광훈, 아버지는 여양부원군 유중, 어머니는 송준길의 딸이다. 숙종비 인현왕후의 오빠이자 우참찬 진후의 동생이다. 송시열의 문인이다. 1691년(숙종 17) 증광 문과에 을과로 급제. 병조좌랑, 사헌부집의, 전라도관찰사, 대사성, 이조판서, 좌의정을 역임하였다. 저서로는 《단암주의》·《연행록》·《단암만록》 등이 전한다.

들어지고, 또 한강에 마주한 연안沿岸 도처에 포대砲臺의 유적이 있고, 읍邑의 동쪽 1리 해안에 월곶포리月串浦里가 있다. (강화는) 인천에서 20해리 떨어져 있고, 매일 기선의 항해가 있다. (강화는) 강화도내 제일의 화물집산지이고 인구 3,500여 명이다. 주민은 주로 농업農業에 종사하고 강화 화문석은 왕골荒草로 만드는 이곳의 명산품으로 세상에 알려져 있다. 군청郡廳, 경찰서警察署, 우편국郵便局, 지방법원출장소地方法院出張所, 학교조합學校組合, 소학교小學校, 보통학교普通學校, 금융조합金融組合 등이 있다. 교통이 불편하기 때문에 내지인內地人(일본인)의 거주는 겨우 60여 명에 불과하다.

:: 주요 시가지 현주거 호구 다이쇼 10년(1921) 12월 말일 조사

지명	호구 수					인구				
	내지인(일본인)	조선인	지나인(중국인)	기타 외국인	합계	내지인(일본인)	조선인	지나인(중국인)	기타 외국인	합계
경성부	17,120	39,121	644	144	57,029	69,774	188,648	2,829	447	261,698
인천부	2,904	5,943	257	9	9,113	12,095	26,516	1,360	28	39,999
수원군 수원	374	1,736	15		2,125	1,421	8,564	40		10,025
개성군 개성	340	7,341	25	14	7,720	1,201	36,242	107	42	37,592
시흥군 영등포	241	436	10		687	926	2,198	44		3,168
진위군 평택	111	224	16		351	348	1,052	54		1,454
안성군 안성	51	1,459	25	1	1,536	275	7,282	90	1	7,648
이천군 이천	65	773	10		848	210	3,635	37		3,882
여주군 여주	38	669	4		711	114	3,294	11		3,419
강화군 강화	28	775	3		806	61	3,468	7		3,536

:: 경성에서 각 도청소재지에 이르는 거리

도청소재지	거리						비고
	철도		육로		수로		
공주(충청남도)	80리	8분	6리	20정			조치원에서 육로에 의함
청주(충청남도)	80 △14	8 1					조치원에서 경편철도에 의함 △는 경편철도의 마일을 나타냄
광주(전라남도)	221	8	3	21			송정리에서 육로에 의함
전주(전라북도)	159 △15	0 5			11		이리에서 경편철도에 의함 △는 경편철도의 마일을 나타냄
진주(경상남도)	274	8	17	05			마산에서 육로에 의함
대구(경상북도)	203	0					
해주(황해도)	51	2	19	00			토성(土城)에서 육로에 의함
춘천(강원도)			22	27			
평양(평안남도)	161	9					
의주(평안북도)	308	6	4	30			신의주에서 육로에 의함
함흥(함경남도)	217	4					
나남(함경북도)	140	4			31	203	0 원산에서 독진(獨津)까지 수로에 의함

비고: 본 거리의 순로順路는 다이쇼 7년(1918년) 조사 통신선로도通信線路圖에 의함

05
명소 유적

경기도는 조선반도朝鮮半島 중에서 가장 풍부한 역사를 가지고 있다. 근세기 역시 정치의 중심을 이루어 사사건건 거의 모두가 사승史乘의 사적이 되지 않는 것이 없다. 멀리는 고려왕조 전성기가 담긴 개성의 유적은 물론 분로쿠 역文祿役(임진왜란, 일본 고요제이[後陽成] 천황 시기, 지금부터 330여 년)[4]의 옛 전투장, 가까이에는 청일淸日, 노일露日의 2대 전쟁의 흔적 등 너무 많아 셀 수 없을 정도다. 게다가 경기도의 지세地勢는 도처에 구릉의 기복이 있고 산악 역시 그 사이에 우뚝 솟아 마치 지상에 광란의 파도狂瀾怒濤가 일어나는 것 같다. 게다가 한강漢江 임진강臨津江의 두 개의 큰 강이 그 사이를 관통하면서 흘러 도처에 산과 강의 풍경山光水色의 풍부한 아름다움에 관광하는 사람이라면 사색에 잠기면서 천천히 거닐 수 있는 곳이 적지 않다. 이하 주요한 것들을 열거한다.

---

4) 분로쿠 역[文祿役]:1592년(선조 25)부터 1598년까지 2차에 걸쳐서 우리나라에 침입한 일본과의 싸움. 1차 침입이 임진년에 일어났으므로 '임진왜란'이라 부르며, 2차 침입이 정유년에 있었으므로 '정유재란'이라 한다. 하지만 임진왜란 하면 일반적으로 정유재란까지 포함시켜 말한다. 이 왜란을 일본에서는 '분로쿠[文祿] · 케이초[慶長]의 역役'이라 하고, 중국에서는 '만력萬曆의 역役'으로 부른다.

창덕궁昌德宮(경성부)

(창덕궁은) 와룡동臥龍洞(종로에서 동쪽으로 꺾어 대로로 약 5 - 6정 나아가 왼쪽에 있다)에 있다. 조선 태조, 즉 지금부터 520여 년 전에 축조되었으나 분로쿠[文祿:임진왜란]의 전쟁으로 재가 되었다가 광해군 원년光海君元年〈1608〉(게이쵸[慶長] 14년 지금부터 310여 년 전)에 재건되었다고 한다. 각 궁은 이왕李王 전하가 거처하는 전각이고, 문안의 오른쪽에 이왕직李王職이 있고, 왼쪽에 유명한 이층 누각의 인정전仁政殿을 중심으로 각 전각殿閣이 있다. 이층의 승화루承華樓 및 주합루(宙合樓: 계단 상하에 모두 80여 개의 다다미가 펼쳐있는 궁중의 연회소)는 그 안에 있으며 장식이 모두 장엄하고 화려함이 극치를 이룬다. 그러나 불행하게 다이쇼 6년(1917) 11월 10일 대조전大造殿 서쪽 근방의 한 방에서 발화하여 마침내 대조전大造殿, 희정당熙政堂, 경훈각景薰閣, 징광루澄光樓, 기타 건물(19동 750여 평)을 화재로 완전히 재로 돌아갔다. 따라서 동년 12월 재건再建의 논의가 일어나, 구조構造 외관外觀 등은 종래 궁전의 형태로 하고, 내부 장식 및 난방暖房과 야간 채광採光 등은 현대기술을 응용하여 장중하고 우아하게 복구할 계획을 세웠으나, 당시 구주전란歐州戰亂[5]의 영향 때문에 물가가 앙등하여 주요 자재를 공급하기가 어려웠다. 다행히 총독부에서 경복궁 근정전勤政殿 뒤쪽에 있는 교태전交泰殿 강령전康寧殿 기타 여러 동의 전각殿閣을 양도받아, 3년의 세월이 지나는 동안 여러 번의 재액災厄을 만났으나 예정대로 진행되어 다이쇼 9년(1920년) 12월 25일에 완성되었다. 돈화문敦化門은 궁의 정문이 남쪽을 향하고 서쪽으로 금호문金虎門이 있고, (금호문) 구내의 북쪽으로 나아가면 구릉이 구불구불한 곳을 지나 고목老樹이 울창한 곳, 즉 비

---

5) 구주전란歐州戰亂: 제1차 세계대전을 말함. 1914년부터 4년간 계속되었던 전쟁. 1914년 7월 28일 오스트리아가 세르비아에 대한 선전포고를 하면서 시작되었으며, 1918년 11월 11일 독일의 항복으로 끝난 세계적 규모의 전쟁이다. 이 전쟁은 영국 · 프랑스 · 러시아 등의 협상국(연합국)과, 독일 · 오스트리아의 동맹국이 양 진영의 중심이 되어 싸운 전쟁으로서, 그 배경은 1900년경의 '제국주의' 개막의 시기부터 고찰되어야 할 것이다.

원秘苑으로 사방의 풍광이 그윽하고 정적이 흐르고 있다. 게다가 맑은 샘이 기암
괴석奇石 사이에서 솟구치는데, 그 물은 돌을 세차게 때리며 폭포가 되어 청지淸
池(물이 맑은 못)를 이룬다. (이 청지에) 거북이와 자라 무리들로 하여 백로수白鷺
水에 떠있는 탑塔이 되고 배艇가 된다. 녹취수綠翠水로 비춰어 풍광이 젖어 있는
주변에 작은 정자를 세우고, 푸른 이끼靑苔낀 소로 길에서 부는 송풍松籟(소나무에
부는 바람)이 끊이지 않아 여름에 오히려 한기寒氣를 느끼는 것 역시 인간세가 아
닌 듯이 의심이 들 정도이다.

박물관博物館(경성부)

(박물관은) 창덕궁의 일부인 창경궁昌慶宮에 두었다. (창경궁) 앞은 마두산馬頭山
(총독부의원 소재지)과 서로 맞대고 있고 정문을 홍화문弘化門이라 한다. 조선 태조
때 수강궁壽康宮이라 칭했던 궁이 기반이 되며, 임진왜란으로 완전히 재로 돌아
갔으나 광해군光海君 때 새롭게 수축修築하였다. 지금은 이왕직李王職이 관할하는
박물관이 되고 신라왕조 이래의 공예미술工藝美術 기타 각 참고품 등을 진열 공
개하여 한반도의 상대문화上代文化 일단을 살필 수 있다. 또한 동물원動物園 및 동
양 제일이라는 식물원植物園이 있다.

경복궁景福宮(경성부)

(경복궁은) 경성부 광화문光化門의 북단, 백악산白岳山의 앞 기슭에 있다. 조선 태
조 3년에 창건되었고, 분로쿠文祿(임진왜란)의 전역으로 파괴되었지만 지금부터

약 60여 년 전 섭정대원군攝政大院君(홍선대원군)6)이 백성의 힘을 모아 장대하고 화려한 건축물로 재건하였다. 중앙 처마 끝에 우뚝 솟은 건물 즉 근정전勤政殿이 있다. 근정전 앞에 9품에서 1품에 이르는 백관의 자리를 나타내는 석표石標가 있고, 문무 양반으로 구별하였다. 근정전 안 중앙에 옥좌玉座를 설치하고 천정에는 두 마리의 용이 여의주를 다투는 그림이 금색찬란金色燦爛하게 되어있다. 또 왼쪽의 연못蓮池 가운데 솟아있는 전각은 유명한 경회루慶會樓로 건축이 교묘巧妙하게 이루어져 있다. 기타 궁전宮殿 누각樓閣 등 다수의 건축물은 이미 훼손되어 지금은 겨우 그 터만 남아있다. 다이쇼 4년(1915) 경복궁 안을 시정 5년 기념始政五年記念

6) 섭정대원군攝政大院君(홍선대원군 1820-1898): 조선 후기의 왕족 · 정치가. 고종의 즉위로 대원군에 봉해지고 섭정이 되었다. 당파를 초월한 인재등용, 서원철폐, 법률제도 확립으로 중앙집권적 정치기강을 수립하였다. 그러나 경복궁 중건으로 백성의 생활고가 가중되고 쇄국정치를 고집함으로써 국제관계가 악화되고 외래문명의 흡수가 늦어지게 되었다. 임오군란壬午軍亂, 갑오개혁 등으로 은퇴와 재집권을 반복하였다. 이름은 이하응李昰應이다. 본관은 전주全州, 자는 시백時伯, 호는 석파石坡이며, 시호는 헌의獻懿이다. 영조의 5대손五代孫이며 고종의 아버지이다. 1843년(헌종 9) 홍선군興宣君에 봉해지고, 1846년 수릉천장도감綏陵遷葬都監의 대존관代尊官이 된 후 종친부 유사당상宗親府有司堂上 · 도총관都摠管 등 한직閑職을 지내면서 안동김씨安東金氏의 세도정치勢道政治 밑에서 불우한 생활을 하였다. 왕족에 대한 안동김씨의 감시가 심하자 보신책保身策으로 불량배와 어울려 파락호破落戶 행세를 하여 궁도령宮道令이라는 비칭卑稱으로까지 불리면서 안동김씨의 감시를 피하는 한편, 철종이 후사後嗣가 없이 병약해지자 조대비趙大妃에게 접근하여 둘째 아들 명복命福(고종의 아명)을 후계자로 삼을 것을 허락받았다. 1863년(철종 14) 철종이 승하하자 조대비趙大妃에 의해 고종이 즉위하자 대원군에 봉해지고 어린 고종의 섭정이 되었다. 대권을 잡자 안동김씨의 주류主流를 숙청하고 당파를 초월하여 인재를 등용하였으며, 부패관리를 적발하여 파직시켰다. 47개 서원書院을 제외한 전국의 모든 서원을 철폐하고, 국가재정의 낭비와 당쟁의 요인을 없앴으며, 《육전조례六典條例》《대전회통大典會通》 등을 간행하여 법률제도를 확립함으로써 중앙집권적인 정치 기강을 수립하였다. 비변사備邊司를 폐지하고 의정부議政府와 삼군부三軍府를 두어 행정권과 군사권을 분리시켰으며, 관복官服과 서민들의 의복제도를 개량하고 사치와 낭비를 억제하는 한편, 세제稅制를 개혁하여 귀족과 상민常民의 차별 없이 세금을 징수하였으며, 조세租稅의 운반과정에서 조작되는 지방관들의 부정을 뿌리뽑기 위하여 사창社倉을 세움으로써 백성들의 부담을 덜어 민생이 다소 안정되고 국고國庫도 충실해졌다. 반면, 경복궁景福宮의 중건重建과程에서 당백전當百錢을 발행하고 원납전願納錢을 강제로 징수하여 백성의 생활고가 가중되었으며, 천주교도 박해를 비롯한 통상수교거부정책을 고집함으로써 1866년(고종 3) 병인양요에 이어 1871년 신미양요를 초래하는 등 국제관계가 악화되고 외래문명의 흡수가 늦어지게 되었다. 또한, 섭정 10년 동안 반대세력이 형성되어, 며느리인 명성황후가 반대파를 포섭하고 고종이 직접 정치에 나서는 것을 계획하였고, 이윽고 1873년 그의 실정失政에 대한 최익현崔益鉉의 탄핵을 받았다. 이에 고종이 직접 정치에 나서자 운현궁雲峴宮으로 은퇴하였다. 1882년 임오군란壬午軍亂으로 다시 정권을 잡고 난의 뒷수습에 힘썼으나, 명성황후의 책동으로 청淸나라 군사가 출동하여 톈진[天津]에 연행되어 바오딩부[保定府]에 4년간 유폐되었다. 1885년 귀국하여 운현궁에 칩거하면서 재기의 기회를 노리던 중 1887년 청나라의 위안스카이[袁世凱]와 결탁하여 고종을 폐위시키고 장손 준용埈鎔을 옹립하여 재집권하려다가 실패하였다.1894년 동학농민운동으로 청일전쟁清日戰爭이 일어나자 일본에 의해 영립되어 친청파親清派인 사대당事大黨을 축출하고 갑오개혁이 시작되었으나, 집정執政이 어렵게 되자 청나라와 통모通謀하다가 쫓겨났다. 청일전쟁에서 승리한 일본의 세력이 강성해졌으나, 3국(독일 · 프랑스 · 러시아)의 간섭으로 친러파가 등장하여 민씨 일파가 득세하자, 1895년 일본의 책략으로 다시 정권을 장악하였다. 이때 명성황후가 일본인에게 시해되어 일본 공사 미우라고로[三浦梧樓]가 본국으로 소환된 후 정권을 내놓고 은퇴하였다. 1907년(광무 11) 대원왕大院王에 추봉追封되었다.

조선물산공진회장朝鮮物産共進會場으로 충당했다. 당시 미술관이었던 건물은 현재 박물관이 되어 존치되고, 본관의 유적은 조선총독부 청사로 건축 중에 있다. (조선총독부 청사의) 준공이 점점 가까워지자 매우 웅대한 장관의 모습을 드러내며 조선 전지역에 있어서 정치의 일번지가 되는 것도 멀지 않다.

덕수궁德壽宮(경성부)

(덕수궁은) 대평통大平通에 있다. 정문은 바로 대한문大漢門이다. 조선 선조대왕이 의주義州에서 천도할 때(지금부터 약 330년) 왕족 저택을 수축修築한 것이다. 메이지 38년(1905년) 4월 덕수궁德壽宮 내 함령전咸寧殿에서 화재가 발생하여 대부분을 완전히 재로 만들었다. 그 후, 돈덕전惇德殿인 양식건물洋式建物 및 우호전右浩殿을 건조했다. 덕수궁은 옛날 이태왕李太王(고종) 전하가 거처하는 전각으로 되어 있다.

경희궁慶熙宮(경성부)

(경희궁은) 서대문에 있고 조선 시조의 궁전宮殿이었으나, 지금은 그 터만 남아 있고 오직 흥화문興化門만 존재한다. 현재 경성중학교京城中學校 및 총독부 관사官舍의 소재지이다.

창의궁彰義宮(경성부)

경복궁의 서쪽 영추문迎秋門 밖 동척회사東拓會社 사택이 있는 곳이다. 영조의 손자 및 증손자 문효세자文孝世子[7]를 제사 지내는 곳이었으나 지금은 늙은 백송白

---

7) 문효세자文孝世子(1782년 10월 13일(음력 9월 7일) ～ 1786년 6월 6일(음력 5월 11일))는 조선의 왕세자(王世子)이자 제22대 정조의 장자이며, 의빈 성씨에게서 얻은 첫아들이기도 하다. 휘는 순睗, 시호는 문효文孝이다. 제23대 순조의 이복 형이다. 대한제국 수립 후 태자로 추증되었다. 첫 시호는 온효溫孝였다가 뒤에 문효로 개칭되었다.

松 한그루만 남아 있다. 백송의 학명學名은 피누스 분기아나(Pinus bungeana)라 하며 흰 줄기에 잎은 세 갈래로 되어 회백색灰白色을 띠어 마치 수레바퀴車輪 모양처럼 되어있다. 원산지는 몽골이기 때문에 경성 부근에는 겨우 손에 꼽을 정도이다. 몇 년 전 도쿄농과대학東京農科大學 강사 미기타右田 박사가 이 백송을 연구하기 위해 경성京城에 왔다고 한다.

환구단圜丘壇(경성부)

(환구단은) 하세가와 정長谷川町에 있다. 조선 제9대 성종(지금부터 약 450년 전)이 축조한 곳이다. 원형의 3층 누각으로 태황제太皇帝의 즉위식을 거행했던 곳이라 한다. 지금 조선 호텔 뒷쪽에 있다.

장충단공원獎忠壇公園(경성부)

(장충단공원은) 남산의 동쪽 기슭 히가시시켄 정東四軒町의 남쪽에 있다. 소나무가 울창하기 때문에 삼면三面을 받침으로 하여 운동회장運動會場을 특설하고 계절에 따라 왕성하게 사용되었다. 춘추의 계절에 나들이객이 항상 끊이지 않으며, 그 계곡의 흐름에 두 손에 움켜지는 물에 홍화녹엽紅花綠葉 역시 아름답고, 구 한국전쟁에서 전사한 사람들을 위해 제사지내는 곳이기 때문에 이 이름을 얻었다.

남묘南廟(경성부)

남대문南大門밖 요시노 정吉野町에 남묘南廟가 있고 동대문東大門밖에 동묘東廟, 동소문東小門내에 북묘北廟가 있다. 모두 관우關羽를 제사 지내는 곳으로 조선인이 숭모하고 공경하는 곳이다.

숭례문崇禮門(경성부)

(숭례문은) 경성의 현관玄關이라고 말하는 남대문통南大門通에 있다. 조선 태조 때 축조했다. 사람이 경성에 들어오면 전면에 빼어나게 위대하여 하늘을 솟아오르는 웅대한 누문樓門이 먼저 눈에 띈다. 즉 숭례문崇禮門으로 이른바 남대문南大門이다. 그 건축은 동대문東大門(본명 흥인지문〈興仁之門〉)과 마찬가지로 지금부터 약 530년 전 조선초기의 목조 건축물木造建築物이다. 개성開成의 남대문南大門과 함께 유명하며, 조선공예의 연구에 더 이상 좋을 수 없는 자료이다.

독립문獨立門(경성부)

(독립문은) 의주통義州通 북단北端에 있으며 화강석花崗石으로 축조하고 높이는 3장을 조금 넘는다. 청일전쟁淸日戰爭후 조선인이 청나라의 속박에서 벗어나 독립을 발표한 기념물이다. 또 그 부근에 독립관獨立館이 있다. 그 독립관은 종래 명나라 사신을 환송하기 위해 지었다하여 모화관慕華館이라 했다. (그 모화관을) 홍전문紅箭門이라 칭한 후, 다시 영은문迎恩門이라 불렀다. 그것을 위에서 말한 의미로 독립문이라고 개칭한 것이다.

문묘文廟(경성부)

(문묘는) 숭삼동崇三洞(동소문내) 마두산馬頭山 주변에 있다. 공자를 한가운데에 두고 이하 현인賢哲을 받들어 제사하는 곳이다. 조선 태조 7년(지금부터 500여 년 전)에 건립되고 이후 매년 춘추 제사를 끊지 않고 지속하여 유생들의 존숭 경모함이 매우 두텁다. 대성전大成殿의 편액은 당시 서예가 한석봉韓石峰[8]의 필적이다.

보신각普信閣(경성부)

종로 보신각의 종은 소리가 크다고 모든 한반도 사람들에게 회자膾炙되는데, 이것은 마치 내지內地(일본)의 우에노上野 및 아사쿠사淺草의 종소리에 비교된다. 종은 경성의 중앙 남대문통과 종로와의 교차점 동측(東側)에 있다. 지금부터 약 510년 전 조선 세조 때 주조한 것으로 그 이후 몇 번의 위치가 변경되었다가 이곳으로 옮겨졌다. 높이는 1장보다 조금 높고 주변의 면적은 2장보다 약간 넓다.

노인정老人亭(경성부)

(노인정은) 야마토 정大和町 2가丁目 남산의 동쪽 기슭에 있다. 계곡이 맑고 청송青松이 무성하여 일찍이 민씨 일가閔家의 별장이 있고, 또 메이지 27년(1894년) 7월 청나라 병사가 아산에 상륙하여 살기殺氣가 조선반도 하늘에 덮혀 있을 때,

---

8) 한석봉韓石峰(1543-1605) 본명은 호濩. 본관 삼화三和. 자 경홍景洪. 호 석봉石峯·청사清沙. 개성 출생. 왕희지王羲之·안진경顏眞卿의 필법을 익혀 해楷·행行·초草 등 각 서체에 모두 뛰어났다. 1567년(명종 22) 진사시에 합격하고, 천거로 1599년 사어司禦가 되었으며, 가평군수를 거쳐 1604년(선조 37) 흡곡현령歙谷縣令·존숭도감서사관尊崇都監書寫官을 지냈다. 그 동안 명나라에 가는 사신을 수행하거나 외국사신을 맞을 때 연석宴席에 나가 정묘한 필치로 명성을 떨쳤으며, 한국 서예계에서 김정희金正喜와 쌍벽을 이룬다. 그의 필적으로 《석봉서법》《석봉천자문》 등이 모간模刊되었고, 친필은 별로 남은 것이 없으나 그가 쓴 비문(碑文)은 많이 남아 있다. 글씨로는 《허엽신도비許曄神道碑》(용인) 《서경덕신도비徐敬德神道碑》(개성) 《기자묘비箕子廟碑》(평양) 《김광계비金光啓碑》(양주) 《행주승전비幸州勝戰碑》 《선죽교비善竹橋碑》 《좌상유홍묘표左相兪弘墓表》 등이 있다.

일본의 오토리 게이스케大鳥圭介공사9)가 개혁안을 제시하여 한국위원과 이 산장에서 절충 담판한 곳으로 유명하다.

상품진열관商品陳列館(경성부)

(상품진열관은) 영락 정永樂町 1가丁目에 있다. 총독부 소관에 속한 부지 600평에 2층 벽돌 건물로 위·아래층 계단이 통하는 400여 평의 장엄한 건축물이다. 현관 앞에 분수대噴水池을 중심으로 하여 정원관庭園館을 에워싸고 있는 본관本館은 조선에 있어서 산업産業을 소개하는 기관이다. 또 조선에 있어서 지리산업地理産業의 축소판으로 항상 공개되어 조사 연구에 편리하다. 또 현재 수출입의 내지內地(일본) 및 외국산 상품을 모집 진열하여 참고로 이용하게 하고, 내외 각지와 조선과의 통상무역을 목적으로 하고, 진열품에 대한 질의응답 조사 등에 관한 의뢰에 응한다. 다이쇼 10년(1921) 말 상품 현재 갯수는 약 9천점에 달하여 분류별로 진열하고, 그 명칭名稱, 가격價格, 산지産地, 출품자出品者 명칭의 표찰을 부친다. 또 상품진열관의 내외 적당한 곳에 진열품과 관련이 되는 물품의 생산액生産額 상황 용도用途 및 수출입액輸出入額의 통계도표를 제시하고 또 설명을 게재하여 그 상황을 일목요연하게 한다. 특히 물품의 매점賣店을 설치하여 시험 판매의 시설이 있어서 희망자希望者의 편리를 도모하고 있다.

---

9) 오토리 게이스케[大鳥圭介](1833-1911) 의사의 아들로 태어나 오카야마 한[岡山藩]에서 한학을 배우고, 오사카[大阪]에서 서양 학문을 접했다. 그뒤 에도[江戸]로 와 병학兵學을 공부하고 바쿠후[幕府]의 군대에서 서양식 조련을 담당했다. 1867년 대정봉환大政奉還 때 관군에게 대항해 싸우다가 투옥되었다. 1872년 출옥 후 공부두권工部頭權·공학두工學頭·공부대학장工部大學長·학습원장 등을 지냈다. 1889년 특명전권공사로 청나라에 주재했고, 1893년 조선공사에 임명되었으나 병으로 임시 귀국했다. 1894년 조선에서 갑오농민전쟁이 발발하여 민씨정부가 청나라에 구원병을 요청하자 다시 조선으로 건너왔다. 이때 일본은 조선정부의 요청이 없었음에도 불구하고 대부대를 상륙시켜 청나라와의 전쟁을 도발하고, 7월 23일 왕궁을 습격했다(경복궁 쿠데타). 다음날 그는 고종과 회견하면서 새로운 정부수립에 의한 내정개혁을 촉구했다. 이어 조선정부에 압력을 가하여 김홍집을 수반으로 한 친일개화파 정권을 수립하고 갑오개혁을 단행했다. 10월에 귀국하여 추밀원 고문관이 되었고, 1895년 훈1등勳一等에 서품되었으며, 1900년 남작작위를 받았다.

파고다 공원(경성부)

(파고다라는 명칭은) 왕년 총세무사청總稅司廳에 근무하는 한 외국인이 경성 시 가도를 제작할 때 편의적으로 명명한 것이 지금은 보통 명칭이 되었다. 파고다 공원은 경성의 중앙 종로에 있고, 공원 내에 대리석寒水石으로 된 탑이 있다. 옛 날 원元의 궁중에서 조선왕실에 기증된 것이라고 전해지며, 그 높이는 4장이 넘 으며 13층으로 되어 있다. 각 층에 모두 불상의 조각이 있어 매우 정교하게 되어 있다. 파고다 공원 내에는 또 지금부터 약 460년 된 대원각사大圓覺寺의 비碑[10]가 있다. (대원각사 비의) 높이가 1장이 조금 넘은 대리석으로 두 마리 용이 여의주 를 다투는 모습이 조각되어 있다. 법문法文이 새겨져 있는 비문은 서거정徐居正[11]

---

10) 원각사지 대원각사비圓覺寺址大圓覺寺碑: 서울특별시 종로구 탑골공원에 있는 조선시대의 비. 보물 제3호. 전체 높이 4.9m, 비신 너비 1.3m. 1471년(성종 2) 건립되었다. 원각사는 탑골공원(구 파고다공원) 자리에 있던 절로서, 조선시대 태 조가 한양에 도읍을 정할 때 조계종 본사로 세웠는데, 조계종이 없어지자 관서官署로 사용하였다. 세조가 간경도감에 서 『원각경圓覺經』을 번역하고, 회암사檜巖寺 사리탑에서 사리를 나누어온 것을 기념하기 위하여 이곳에 다시 원각사를 짓고 마당에 13층사리탑을 세웠다. 비문은 당대 명신들이 짓고 썼는데, 앞면의 비문은 김수온金守溫·성임成任, 뒷면의 추기追記는 서거정徐居正·정난종鄭蘭宗이 각각 짓고 썼다. 대리석제의 비는 마멸이 심하여 전혀 알아볼 수 없는데, 다 행히 비문의 내용이 『속동문선續東文選』에 실려 있다. 반구형의 이수는 비신과 한 돌로 보주를 받든 형상의 쌍룡을 조 각하였다. 이수 아래쪽에는 「大圓覺寺之碑대원각사지비」라는 전액을 강희맹姜希孟의 글씨로 새겼다. 귀부는 둔중한 몸체 로 일반적인 육각형 귀갑문 대신에 사다리꼴 평행 세선을 새겼으며 연잎 모양의 비좌碑座와 물고기 비늘을 조각한 꼬 리나 다리가 특이하다. 전체적으로 당비唐碑의 형식을 따른 복고적인 석비로, 조각이 번잡하고 사실적인 표현에서 미 숙하나 조선시대의 독특한 조각 형태를 보여준다는 점에서 가치가 있다.

11) 서거정徐居正[1420(세종 2)~1488(성종 19)]은 조선 초기의 문신·학자이다. 자는 강중剛中이고, 호는 사가정四佳亭·정정정亭 亭亭이다. 본관은 달성達成으로, 호조전서戶曹典書 의義의 증손이고, 목사牧使 미성彌性의 아들이며, 어머니는 권근權近의 딸이고, 최항崔恒이 그의 자형姊兄이다. 1438년(세종 20) 생원·진사 양시에 합격하고, 1444년 식년문과에 을과로 급제 하여 사재감 직장에 제수되었다. 그 뒤 집현전박사·경연사경經筵司經이 되고, 1447년 부수찬으로 지제교 겸 세자우정 자로 승진하였으며, 1451년(문종 1) 부교리에 올랐다. 다음해 수양대군을 따라 명나라에 종사관으로 다녀왔다. 1457년 문과중시에 병과로 급제하여 우사간·지제교에 초수招授되었다. 1458년 정시庭試에서 우등하여 공조참의·지제교에 올랐다가 곧이어 예조참의로 옮겼다. 1460년 이조참의로 옮기고, 사은사로 중국에 갔다왔다. 1465년 예문관제학· 중추부동지사를 거쳐, 다음해 발영시拔英試에 합격하여 예조참판이 되고, 이어 등준시登俊試에 3등으로 합격하여 행동 지중추부사行同知中樞府事기 특별히 보태졌으며, 1467년 형조판서로서 예문관대제학·성균관지사를 겸하여 문형文衡을 관장하였다. 1471년 순성명량좌리공신純誠明亮佐理功臣 3등에 녹훈되고 달성군達城君에 봉하여졌다. 서거정은 홍문관과 예문관의 대제학을 23년간이나 지낼 만큼 문장과 학식이 뛰어났고, 『경국대전』·『동국여지승람』 등의 편찬에 책임자 가 되었다. 또한 수양대군뿐만 아니라 김시습 등과도 두루 좋은관계를 지냈다. 그의 문학은 규범에 얽매이지 않는 모 습을 보여주지만, 성리학설은 대체로 경전의 의미를 강조하는 정통적인 인식을 보여주고 있다. 저서로 『사가집四佳 集』·『동국통감』·『여지승람』·『역대연표』·『동인시화』·『태평한화』·『필원잡기』 등이 있다.

이 찬撰하고 정난지鄭蘭芝(鄭蘭宗[12]의 오류)가 쓴 것이다. 이 두 사람은 모두 당대의 큰 유학자碩儒이다. 특히 난지蘭芝(鄭蘭宗의 오류)의 글씨는 인쇄하여도 모범이 될 만한 것인데, (그런데) 세월이 오래되자 애석하게 마멸되었다. 비기碑基(비를 세우는 터)는 커다란 귀부龜趺로 하여 견고한 화강석으로 되어 있다. 파고다 공원 내에는 각종의 원예나무가 적절하게 심겨있으며 또 온실 등의 설비가 있어 4계절 모두 식물을 재배할 수 있다. 그 규모가 비록 적어도 관광하는 사람을 불러 모으는데 충분하다.

남산공원南山公園(경성부)

남산의 본명은 목멱산木覓山이라 칭하고 또 종남산終南山 등의 명칭이 있다. 그리고 공원은 경성 시가지의 남쪽 소나무가 울창한 산 중앙아래에 있고, 산 복부는 평탄하다. 메이지 27-8년(1884-1885년)의 전쟁戰役에 포병진지가 되어 일본 오오시마大嶋 혼성여단 한 대대의 포대를 배치했던 곳이다. 갑오전첩 기념비甲午戰捷記念碑, 이본궁梨本宮 전하가 직접 심은 소나무 및 음악당 등이 있다. 처음 이곳에 일본공사관日本公使館을 두고 다음에 통감부統監府가 되었다. 지금의 총독부總督府

---

12) 정난종鄭蘭宗(1433~1489): 조선 전기 문신. 황해도 관찰사로서 이시애의 난을 평정, 공을 세우고 이듬해 호조참판에 전임, 춘추관동지사로서《세조실록》편찬에 참여했다. 훈구파의 중진으로 성리학에 밝았으며 서예에도 뛰어났다. 본관 동래東萊. 자 국형國馨. 호 허백당虛白堂. 시호 익혜翼惠. 1456년(세조 2) 생원·진사를 거쳐 식년문과에 급제하고 승문원부정자承文院副正字를 거쳐 검열·대교待敎·통례문봉례랑通禮門奉禮郞·감찰·이조좌랑 등을 지냈다. 1460년 봉교奉敎로 정자청鄭自淸과 함께 서얼庶孼의 과거응시를 반대하였다. 1463년 시강원 문학文學을 거쳐 예조정랑·종부시소윤宗簿寺少尹을 지내고 1466년 중시에 급제, 동부승지가 되었으며 발영시拔英試에 급제하였다. 그 후 좌부승지·예조참판을 지낸 뒤 등준시登俊試에 급제, 형조참판으로 오위장五衛將을 겸하였다. 1467년 황해도관찰사로서 이시애李施愛의 난을 평정, 공을 세우고 이듬해 호조참판에 전임, 69년(예종 1) 춘추관동지사로서《세조실록》편찬에 참여하였다. 그 후 이조참판을 지내고 70년(성종 1) 중추부동지사로 사은부사가 되어 명나라에 다녀와 이듬해 좌리공신으로 동래군東萊君에 봉해졌고《예종실록》편찬에 참여하였다. 영안도관찰사·호조참판·영안북도병마절도사·한성부판윤·전라도관찰사를 지냈다. 1483년 주문부사奏聞副使로 명나라에 다녀와서 평안도 병마절도사를 거쳐 우참찬·이조판서·공조판서·호조판서 등을 역임하였다. 훈구파勳舊派의 중진으로 성리학에 밝았으며 서예에도 뛰어났다. 작품에《원각사비음圓覺寺碑陰》〈김철산묘비〉連山〈고령부원군신숙주묘표高靈府院君申叔舟墓表〉楊州〈낙산사종명洛山寺鐘銘〉襄陽 등이 있다.

및 왜성대 정倭城臺町이, 주변일대를 왜성대 또는 왜장대倭將臺라고 칭해지는 것이 전해졌다고 한다. 저 분로쿠의 전역(임진왜란: 지금부터 약 330년 전)때 마시타 나가모리增田長盛13), 오타니 요시타카大谷義隆 등이 진영陣營을 세우고 또 군의 술책을 세웠던 곳이다. 경성시가지를 한 눈으로 바라보면, 눈앞에 북한산北漢山, 백악산白岳山, 인왕산仁王山의 여러 봉우리가 보이는 절경을 이루고 있다. 남산공원南山公園 내에 경성신사京城神社 및 텐만궁天滿宮(학문의 성취를 주관하는 신으로 존숭되었던 스가와라 미치자네[菅原道眞]를 제사하는 신사이 있고, 조석으로 참배하는 사람이 끊이지 않는다. 신사 앞에 맑은 샘이 있고, 수질이 차고 맑아 거기서 용출하는 물은 작은 못을 잠기게 한다. 또 산 봉우리에 국사당國師堂이라는 한 당우堂宇를 볼 수 있고, 그 부근에 봉수대烽燧臺의 흔적이 있다. 지금은 2평 여의 초석礎石이 남아 있다.

녹천정綠泉亭(경성부)

(녹천정은) 왜성대정倭城臺町 총독부 관저 부속정원 내에 있고, 풍경이 아름다워고 이토伊藤 공이 통감統監에 재임하고 있을 때 3년 반 정도 이곳에서 일상생활을 했다. (이토 히로부미가) 그 자리를 사임하고 돌아갈 때의 시가 있다.

남산 발아래 녹천정에서   (南山脚下綠泉亭)

삼년 세월을 꿈속에 지냈네.   (三載星霜夢裡經)

---

13) 마시타 나가모리[增田長盛](1545~1615) 아즈치모모야마 시대부터 에도 시대 초기에 걸친 무장이자, 다이묘이다. 도요토미 정권 오봉행 중 제3석. 동생은 나가토시[長俊], 자식은 모리쓰구[盛次], 나가카쓰[長勝], 신베에[新兵衛] 등. 관위는 종오위하 · 우에몬쇼죠[右衛門少尉]. 임진왜란에서는 이시다 미쓰나리, 오타니 요시쓰구와 함께 조선에 걸쳐 한성에 주둔하는 봉행으로서 점령지 통치와 병참에 종사하며 벽제관 전투와 행주 대첩에도 참가하였다.

마음이란 사람이 가는 곳에 따라 변하는 것이   (心緒人間隨境變)

때로는 한가롭게 구름도 쳐다보네.   (別時閑看岫運靑)

호도원好道園(경성부)

(호도원은) 녹천정 뒤에 있고, 간류澗流를 따라 산수山水가 맑고 아름다운明媚 땅으로 거대한 암석巖石이 있다. 고 이토伊藤공의 「황위가 대대로 번성하여 천지와 함께 무궁할 것이다寶祚之隆與天壞無窮」라는 글자를 쓰고 그것을 조각한 것이 후세에 전해진다.

한양공원漢陽公園(경성부)

(한양공원은) 남산의 서쪽 중앙에 있다. 동쪽의 남산공원과 이어지고 남쪽 한강의 긴 흐름과 멀리 떨어져 관악산冠岳山을 바라볼 수 있다. 또 경성京城 용산龍山의 전경을 내려다보면 경치가 찬란하고 산천의 웅대한 모습은 마치 한 폭의 지도를 그린 것 같다. 공원公園내에 한양공원이라고 명명된 석비石碑가 있다. (이 석비의 글씨가) 이왕李王(순종) 전하의 휘호揮毫라고 한다. 이곳은 조선신사朝鮮神社의 대지를 기초로 세우고, 현재 각 신사의 조영과 연계되어 준공이 이루어지면 조석朝夕으로 참배하는 사람이 끊어지지 않을 것이다.

동공원東公園(인천부)

(동공원은 인천) 시가지 중앙 서해西海를 향해 고도가 높아 공기가 건조한 곳에 있다. 수목樹木이 많고 분수噴水가 있는 공원의 중앙 최고의 지점에는 황태신궁皇

太神宮, 텐만궁天滿宮, 콘삐라金毘羅(해로의 안전을 기원하는 목적의 신사) 신사가 있다. 또 이전에 러일전쟁露日戰爭 후 월미도月尾島 바다 위에 침몰된 러시아 함대를 인양하는 단정短艇을 기념물로 보존하고 있다. 공원 내의 조망은 자못 아름답기 때문에 늘 산책하는 나들이객이 많다.

서공원西公園(인천부)

(서공원은 인천) 시가지 중앙 동·서東西를 가로지르는 구릉 중부의 서중앙에 있다. 그 때문에 인천항 전체의 풍광이 한 눈에 들어온다. 이전에 각국 거류지의 경영으로 이루어진 것을 다이쇼 3년(1914) 4월 각국 거류지가 철폐하자마자 인천부仁川府가 옮겨지고, 수목樹木이 울창하고 사계절의 화초가 끊이지 않아 풍경이 있는 유원지가 되었다.

월미도月尾島(인천부)

(월미도는) 인천항 전면에 가로놓여 있고, 주위 1여 리로 하여 무선전신국無線電信局, 세관검역소稅關檢疫所, 항로표지관리소航路標識管理所가 있다. (월미도는) 일찍이 하나부사 요시모토花房義質[14] 공사가 피난한 곳이다. 또 이 부근에 있는 소월미도小月尾島는 러일전쟁 당시 러시아 함대 코레이즈(Koryetz) 및 바리야크(Variak)가 폭침된 곳으로 우리들이 오랫동안 기념하는 곳이지만 현재는 섬 밖에는 아

---

14) 하나부사 요시모토花房義質[1842-1917]: 오카야마현[岡山縣]에서 출생하였다. 1867년 해외유학을 떠나 프랑스·영국·미국을 거쳐 1868년 귀국하였다. 1871년 조선으로 가 조일교역교섭에 노력하였으며 그해 9월 대리공사로 부임. 1880년 변리공사가 되었다. 1882년 임오군란壬午軍亂 때 서울을 탈출하여 제물포에 정박 중인 영국선박에 구조되어 나가사키[長崎]로 갔다가 다시 조선으로 돌아와 일본의 피해보상을 요구하는 제물포조약을 체결하고 일본으로 돌아갔다. 1883년 러시아 특명전권공사, 1887년 농상무성 차관, 1895년 일본적십자사 부총재를 거쳐, 1911년 자작子爵이 되었으며, 그해 추밀원 고문, 이어 일본적십자사 총재가 되었다.

주 잔잔한 파도 위에서 바다갈매기가 무심하게 날고 있고, (섬은) 흰 돛 위에 앉아 있는 갈매기처럼 허공에 멈춰있다. 눈에 들어오는 것은 모두 이 태평한 모습이다. 역사에서 이처럼 많은 일이 일어났건만, 항港의 경치에 대해 누구도 헤아리기 어려운 감격이 있다.

우이동牛耳洞(고양군)

(우이동은) 경성 동소문東小門밖 약 2여 리 떨어진 북한산北漢山 및 삼각산三角山의 기슭에 위치하고 숭인면崇仁面에 있으며 옛날부터 벚꽃櫻花으로 이름이 나 있는 곳이다. 남대문南大門발 기차로 경원선京元線의 한 역인 창동역倉洞驛에서 하차해서 서북쪽으로 반 리半里 정도가면 도착한다. 만일 봄 안개가 산야山野에 끼고 벚꽃이 화려하게 피는 계절이 되면 경성 시민들의 유일하게 즐기는 곳이 되고, 그곳에서 하루를 즐기려는 자가 매우 많아져 철도국鐵道局에서 임시열차臨時列車를 편성하여 관람의 편의를 도모한다. 그 부근에서 5리를 더 가면 벚꽃이 있으며 나무가 크고 꽃이 많고, 뜰에 있는 연못과 돌이 물이 맑고 차서 흥미를 불러일으키고 있다.

청량리淸凉里(고양군)

(청량리는) 경성 동대문東大門밖 약 30정町 떨어진 경원선京元線의 한 역이다. 종로鐘路에서 전차를 타고 약 3-40분가면 도달한다. 부근에 청량사淸凉寺, 영도사永道寺, 청용사靑龍寺, 원흥사元興寺, 지장암地藏庵 등의 사찰이 있다. 그 지역의 경계, 수백 보 數百步정도는 녹음이 울창하여 주변이 조용하고 그윽한 땅이 나오는데, (여기에) 엄비嚴妃(현왕세자 전하의 생모)의 능묘가 있다. 게다가 골짜기 물이 모래

사이를 흘러 춘추春秋의 계절에 산책하기 좋은 곳이 된다. 따라서 그 이름이 나타난 것처럼 여름날은 이곳에서 시원함을 받아들이는 사람이 많다.

흥천사興天寺(고양군)

(흥천사는) 경성 동소문東小門 밖에 있다. 청량리清凉里 부근 각 사찰의 암자와 함께 조선인이 피서하는 자가 많고 풍경이 좋은 곳이다.

벽제관碧蹄館(고양군)

(벽제관은) 경성에서 북쪽으로 약 5리 떨어진 벽제면碧蹄面에 있다. 분로쿠의 전쟁(임진왜란) 때 일본군日本軍이 주둔屯營했던 곳으로 그걸 기념해서 현재 그 건물을 보존하고 있다. 또 벽제관의 뒤쪽 구릉에 괘갑수掛甲樹(갑옷을 걸은 나무)라고 칭하는 고목古木이 있다. 고바야카와 다카카게小早川隆景[15]의 갑옷甲胄을 걸었던 곳이라고 전해지고, 그 땅은 원래 고양군청高陽郡廳 소재지로 현재 소학교小學校 및 보통학교普通學校 우편소郵便所 등이 있다.

혜음령惠陰嶺(고양군)

(혜음령은) 벽제관의 북쪽으로 약 20정町에 있고, 임진왜란 때 고바야카와 다카카게小早川隆景가 이곳에 진영陣營을 설치하고 다치바나 무네시게立花宗茂[16]와 협

---

15) 고바야카와 다카카게小早川隆景[1533-1597]: 임진왜란 때 침입한 일본 무장. 모리모토 나리[毛利元就]의 셋째 아들로 코바야가와 마사히라[小早川正平]의 양자가 되었다. 임진왜란 때 도요토미 히데요시[豊臣秀吉]의 막하로서 침입, 벽제관碧蹄館에서 타치바다 무네시게[立花宗茂]와 함께 이여송李如松의 대군을 격파한 일이 있으나 일단 화의가 성립되자 곧 본국으로 회군하여 아들에게 자리를 물려 주고 은퇴하였다.

16) 다치바나 무네시게立花宗茂[1569-1642]: 도요토미 히데요시로부터 "동쪽에 타다카츠(혼다 타다카츠)가 있다면 서쪽에는 무네시게가 있다"라는 말을 들을 정도로 전술에 뛰어나다. 세키가하라 전투에서는 서군에 소속되어 코고쿠 타카츠구를 공격하지만, 도쿠가와 쪽의 승리를 예측하고, 오사카 성으로 퇴각한다. 오사카 농성에 대비한 것이다. 서군에 가담한 죄로, 방랑의 세월을 보내다가 후에 방면되어 오사카 겨울·여름 전투에 출전한다.

력하여 명나라 장군 이여송李如松이 인솔하는 10만 대군을 격파하고 대승을 얻었던 곳으로 유명하다.

고봉산성高峯山城(고양군)

(고봉산성은) 경의선京義線 일산역一山驛에서 약 반리 정도 떨어진 곳에 있다. 고려왕조때 축성하여 분로쿠의 전쟁(임진왜란)때 가토 기요마사加藤淸正[17]가 공략했던 곳이라 전해진다. 산성에 오르면 동쪽은 새로운 산의 푸른 언덕이 한 눈에 들어오고, 서북쪽은 넓은 뜰曠野이 멀리 연이어 있으며 한강의 물이 도도하게 남쪽으로 흘러, 천혜의 뛰어난 풍경을 보여주고 있다. 산의 중심에는 만경사萬景寺가 있다.

석파정石坡亭(고양군)

(석파정은) 경성 북문 밖 수 정數 町 떨어져 있다. 옛날 대원군의 별장으로 계곡에 물이 흐르고 경관이 뛰어난 정자가 있고, 「홀수 날에는 경전을 읽고 짝수 날에는 역사를 읽는다剛日讀經柔日讀史」「술이 있으면 신선을 배우고 술이 없으면 참선을 배운다有酒學仙無酒學禪」라는 제목이 2면으로 된 액자는 대원군大院君이 쓴 것이다.

세검정洗劍亭(고양군)

(세검정은) 석파정 부근 암석 위에 있는 육각형의 작은 정자로 지금부터 약 390

---

17) 가토 기요마사加藤淸正[1562~1611]: 일본의 무장武將. 임진왜란이 일어나자 함경도 방면으로 출병하여 조선의 왕자 임해군과 순화군을 포로로 잡는 등 맹활약하였으나 울산싸움에서 죽음의 위기를 겪기도 하였으며, 그 과정에서 함께 참전한 고니시 유키나가[小西行長], 이시다 미쓰나리[石田三成] 등과 갈등을 빚은 인물.

년 전, 조선 인조가 인조반정仁祖反正을 기념하기 위해 건설되었다. 그 지역은 계곡이 깊어 조용하고 우아하며 석파정石坡亭과 함께 유명하다.

북한산성터北漢山城址(고양군)

북한산성은 조선 숙종 37년(지금부터 약 210년 전)에 축조된 것으로 삼각산三角山이라 칭해지며, 백운대白雲臺 만경봉萬景峯 노적봉露積峯 등 일대의 땅 주위를 성벽으로 쌓은 것이다. 지금 그 주위에 남아 있는 것으로 대남문大南門, 대성문大城門, 대동문大東門, 대서문大西門의 4문 및 2개의 암문暗門이 있고, 성내에는 행궁行宮이 있다. 세상에서는 이것을 북한산 이궁離宮이라 하고, 전각殿閣 내에는 이른바 북한사고北漢史庫가 있어 조선 열성의 옥새實璽, 금은金銀, 죽책竹冊, 의궤儀軌 등을 소장하고 있었으나 지금은 창덕궁昌德宮 내 규장각奎章閣으로 이송하여 보존하고 있다. 또 이곳에 일시 다수의 민가民家가 있었으나 지금은 겨우 두 개의 사찰과 2-30호의 민가가 남아있다. 그래도 (이곳) 산천의 풍광에 이르러서는 천년동안 변하지 않은 백제성百濟城의 석벽石壁 및 내외성의 석선石扇, 백운동白雲洞, 동·서장대東西將臺 등은 모두 고고학의 사료이다. 무엇보다도 산 정상 제일 높은 곳에 있어 시야가 광활한 백운대白雲臺는 삼각산三角山 중에서 최고봉이다. 해발 2,660자尺兀로 하늘을 깎아 지르는 암석으로 이루어진 산세는 매우 험준하다. 현흥사玄興寺 배후에서 올라 10여 정十餘町을 지나 북문을 나와 올라가 결단암決斷岩을 넘어 땅을 기어가면 다행히 정상에 도달할 수 있다. (그) 정상에서는 광활한 평지로 보여지는 경성이 마치 눈앞에 있는 것 같다. 또 멀리 황해를 바라보면 하늘과 연이어 보여지는 백운대 위에는 기이한 꽃과 이국적 풀奇花異草, 왜송倭松이 모두 바위 사이에 무성하여 그 하나를 채취해 봄도 흥미롭다. 남면의 산쪽에 백운

사白雲寺의 유적이 있고 그 바위굴 중에는 맑은 물淸泉이 용출하는 백운수白雲水또
는 만수萬水라는 이름을 갖고 있다. 샘 쪽에 작은 암자小庵가 있고 개국 501년에
건립된 그 부근에 이른바 부석浮石 및 초암超岩이 있다.

잔산醆山(고양군)

(잔산은) 일산역一山驛 서남쪽으로 약 1리 지도면知道面내 한강 유역에 있고, 일
산一山이라고도 칭한다. 분로쿠 역(임진왜란) 당시 도원수 권율權慄[18]의 승리로 알
려진 행주성幸州城터로 정상에 대첩비大捷碑가 있다.

흥국사興國寺(고양군)

(흥국사는) 벽제관碧蹄館의 동쪽 약 2리의 고지高地에 있다. 북한산北漢山 기슭에
있는 거찰 진관사津寬寺와 함께 고려왕조 창건에 관계가 있고 경치가 그윽하고
고요한 곳이다.

석상미륵石像彌勒(파주군)

(석상미륵은) 광탄면廣灘面에 있고 천연적인 바위 위에 삿갓을 쓴 두 기의 석상石
像이 서로 나란히 있다. 높이는 2장이 넘고 소나무 사이에 우뚝 솟아 있는 것이
볼만하다. 설립연대는 확실하지 않다.

---

18) 권율權慄(1537~1599): 조선 중기의 문신 명장. 본관은 안동安東. 자는 언신彦愼, 호는 만취당晩翠堂 · 모악暮嶽. 도첨의都僉議
권보權溥의 9세손으로, 할아버지는 강화부사 권적權勣, 아버지는 영의정 권철權轍. 어머니는 적순부위迪順副尉 조승현曺
承睍의 딸이다. 이항복李恒福의 장인이다.

임진진臨津鎭(파주군)

(임진진은) 임진강臨津江의 좌안左岸 옛날 의주 가도街道의 요충에 해당하는 곳이다. 분로쿠의 전쟁(임진왜란) 때 고바야카와 다카카케小早川隆景가 명나라의 이여송李如松[19]을 벽제관碧蹄館에서 추격하며 달아나게 하고 또 청일淸日·러일露日 전쟁에서 일본군이 이곳에 병참부兵站部를 두었던 곳이라 한다.

대덕리大德里(파주군)

(대덕리는) 문산역汶山驛의 동북쪽 30정町 떨어져 있고, 대원군大院君 및 대원군비大院君妃의 영역塋域이다. 기차 길을 따라 문산汶山을 지나 북쪽으로 가면 왼쪽에서 멀리 바라보는 곳이다.

봉서사 성터鳳捷寺城址(파주군)

(봉서사 성터는) 문산역汶山驛에서 동쪽으로 30정町 떨어진 봉서산鳳捷山 위에 있다. 분로쿠文祿 연간 도원수 권율權慄이 축성하여 일본군에 대항한 곳이라고 전해진다. 정상의 조망은 아름답고 또 일찌기 죽엽竹葉의 모양인 숫돌砥石 및 벼루硯石를 생산한다고 한다.

---

19) 이여송李如松(1549~1598): 중국 명明의 장수將帥로서 임진왜란壬辰倭亂 당시 명明의 2차 원병援兵을 이끌고 참전하였다. 자字는 자무子茂, 호號는 앙성仰城이며 철령鐵嶺(지금의 遼寧省 鐵嶺) 출신이다. 조선朝鮮 출신인 이영李英의 후손後孫이며, 요동총병遼東總兵으로 랴오둥遼東] 지역의 방위에 큰 공을 세운 이성량李成梁(1526~1615)의 장자長子이다. 철령위鐵嶺衛 지휘동지指揮同知의 직위職位를 세습하였다가, 1583년(萬曆 11년) 산시총병관山西總兵官이 되었다. 1592년(萬曆 20년), 간쑤성[甘肅省] 닝샤[寧夏]에서 발배哱拜의 난이 일어나자 제독提督으로 토벌군을 이끌고 참전하여 동생인 이여장李如樟과 함께 반란 진압에 큰 공을 세웠다. 그 공으로 도독都督으로 승진했으며, 임진왜란이 일어나자 방해어왜총병관防海禦倭總兵官으로 임명되어 조선朝鮮으로 파병되었다.

장명산長命山(파주군)

(장명산은) 파주군坡州郡 교화交河 읍내에 있다. 분로쿠의 전쟁(임진왜란) 때 장수長命한 자가 이 산에 올라 진을 치고 가토 기요마사加藤淸正의 군에 대항하여 전사했다고 한다. 이로부터 이름이 되었다고 전해진다.

장단적벽長湍赤壁(장단군)

(장단적벽은) 마전麻田, 적성積城(지금 연천의 일부), 장단長湍에 걸쳐 임진강臨津江 연안 편마암片麻岩이 노출하는 곳이다. 즉 하수河水의 침식작용으로 높이 수 장數丈 길이 약 1여 리의 석벽石壁은 자연스럽게 이루어진 것이다. 옛날 이왕李王이 자주 유람하여 절경을 유람하는 곳이 되었다고 전한다.

화장사華藏寺(장단군)

(화장사는) 읍의 북쪽 보봉산寶鳳山 중에 있다. 공민왕恭愍王 때 창건된 것으로 경내에 7층의 석탑石塔이 있다. 또 동쪽에 있는 심복사心腹寺는 삼한시대三韓時代 건립되었다. 이 부근 일대는 풍경이 아름다워 고려시대이래 명문가의 묘가 많다.

개성 남대문開城南大門(개성군)

(개성 남대문은) 개성 시가지의 중앙에 있다. 조선 태조 3년에 축조되었던 것으로 조선시대 최고最古의 건축물로 경성 남대문보다 2년 오래되었다. 또 누각 위에 있는 대범종大梵鐘은 4대 범종의 하나로 고려 충목왕忠穆王 당시 즉 지금부터 570여 년 전 원元의 명장이 주조했다고 한다.

부언: 고려 태조高麗太祖가 도읍을 정하고 현종顯宗에 이르러 외성外城을 쌓아 그 규모가 자못 굉대해지고 공양왕恭讓王에 이르러 내성內城 소위 반월성半月城(주위 3리)를 축조했으나 지금 모두가 무너져버리고 겨우 내성의 일부만 남아 당시의 모습을 상상할 뿐이다.

경덕궁敬德宮(개성군)

(경덕궁은 개성) 시가지의 남쪽 용유산龍留山 산기슭에 있다. 조선 태조 520년 전 잠저潛邸로 당초에는 추동궁楸洞宮이라 했다. 태종 때(지금부터 270여 년 전) 다시 건축하여 지금의 이름으로 고쳤다. 분로쿠의 전쟁(530여 년 전, 임진왜란)으로 재로 변하여 폐허가 되었으나 효종孝宗 때(약 265년 전) 석벽을 건축하여 옛 터를 보존하고 또 숙종肅宗 때 이곳을 추억하는 글을 지어 비석을 세웠다. 예년 단오절端午節에 이 경덕궁敬德宮 안에서 조선부인이 그네를 타고 즐겁게 노는 (행사가) 매우 성대하게 이루어졌다.

부조현不朝峴(개성군)

(부조현은) 역을 지나 서쪽으로 1리 반 정도 떨어져 있다. 조선 태조가 고려왕조의 마지막을 이어받아 수창궁壽昌宮에서 즉위하고 경덕궁敬德宮으로 들어가 문무백관을 세울 때 고려왕조의 유신 72명이 입조를 거부하고 고개峴를 넘어 갔기 때문에 그 고개의 이름이 부조현不朝峴이 되었다. 경덕궁 앞에 그 비碑가 존재하고 그 비는 다음해 이성계李成桂가 세웠다.

목청전穆清殿(개성군)

(목청전은) 조선 태조(지금부터 510년 전)의 옛 저택舊邸으로 (개성) 남대문南大門에서 동쪽으로 약 18정町떨어져 있다. 3대 태종(지금부터 약 500년 전)이 그것을 수리하여 목청전穆清殿이라 하였다. 분로쿠의 전쟁(임진왜란)으로 완전히 재로 변하여 황폐해져서 누구도 돌아보는 자가 없었으나 20년 전 뜻이 있는 사람이 그것을 재건했다.

선죽교善竹橋(개성군)

(선죽교는) 대묘리大廟里 자남산子南山 동쪽 기슭에 있다. (개성) 남대문南大門에서 약 10정十町 떨어져 있다. 고려말 충신 정몽주鄭夢周[20]가 지금부터 470여 년 전 조선 태조의 아들 방원芳遠의 자객 조영규趙英珪[21]에 의해 암살되었던 곳이다. 영조 16년(180여 년 전)에 비각을 세워 그 충절을 기렸다. 그 후 고이태왕 즉위 9년

---

20) 정몽주鄭夢周(1337(충숙왕 복위 6)~1392(공양왕 4))는 고려말의 문신·학자이다. 자는 달가達可이고, 호는 포은圃隱이다. 공민왕 때 성균관의 교관으로서 경전 해석에 탁월한 실력을 발휘하면서부터 학문적인 명성을 얻게 되었다. 『고려사』 「열전」에 따르면, 이때 성균관을 책임지고 있던 이색은 정몽주를 칭찬하여 '우리 나라 성리학의 시조(東方理學之祖)'라고 추켜세웠다고 하는데, 이 말이 조선 시대에 정몽주를 기리는 호칭으로 굳어지게 된다. 우왕 때 정몽주는 특히 명과 일본에 외교 사절로 파견되어 눈부신 활약을 보였다. 또 이성계 휘하에서 왜구와 여진 토벌에 참여하기도 하였는데, 이 인연으로 위화도 회군 이후 정몽주는 정치적인 실력자 중 한 사람으로 부상하였다. 이때 그는 5부학당과 향교를 세우고 『주자가례』에 따라 집집마다 사당을 만들게 하여 유학을 진흥하였으며, 새 법률을 제정하고 의창義倉을 세우며 수령 선발 방식을 개선하는 등 제도를 정비함으로써, 유교적 이상 정치의 실현에 애썼다. 그가 이성계를 축출하려다가 이방원에 의해 피살됨으로써 '두 임금을 섬기지 않는다(不事二君)'는 절의節義의 표상이 되었던 것은 잘 알려진 사실이다. 정몽주는 피살된 지 9년만인 1401년(태종 1)에 영의정에 추증되었으며, 익양부원군益陽府院君에 봉해졌다. 정몽주의 문집인 『포은집』에 성리학적 주제를 본격적으로 천착한 논저는 보이지 않는다. 그러나 그는 많은 시와 논설을 통해 일관되게 불교를 비판하고 있으며, 이 과정에서 불교에 대비되는 유학의 사상적 특징을 명확히 제시하고 있다. 이것은 송대 신유학의 학문적 목표 중 하나가 불교에 대한 대응 이론의 정립이었음을 연상케 하는 대목이다. 그래서 여기서는 이 같은 관점이 잘 드러난 글 5편을 옮겨 실었다. 3편의 시를 비롯해 모두 촌철살인의 묘미를 느끼게 하는 것들이다. 본서에 실린 것 외에 정몽주의 사상적 깊이를 가늠해 볼 수 있는 글로는, 「호중관어湖中觀魚(연못에서 물고기를 보다)」·「호연권子浩然卷子(호연의 책에 쓰다)」·「동지음冬至吟」·「독역讀易」·「척약재명惕若齋銘」 등이 있다.

21) 조영규趙英珪(? ~ 1395년 1월 9일)는 고려 말 조선 초의 무신이다. 고려 평민 출신이고 신창 조씨(新昌 趙氏)의 시조이며 초명初名은 조평趙評이다. 이성계李成桂를 따라다니며 왜구를 격퇴하였고, 이후 이성계의 세력 구축에 활약했다. 이방원의 심복이고, 정몽주를 직접 살해하기도 하였다. 1392년 7월 17일 조선 개국에 참여하여 개국 2등공신에 녹훈되었고, 예조 전서禮曹典書를 지냈다. 1395년 1월 9일 졸했고, 아들 조주趙珠·조인趙仁·조우趙祐를 두었다.

(이태왕이) 이곳에 행차하여 친필御製御筆의 비각을 세웠다.

등경암_{증경암}(개성군)

(등경암은) 고려말의 충신 손등孫登, 하경河檠 두 사람이 고려의 멸망을 분개하고 길가의 바위 위巖上에서 궁궐을 향해 절을 하며 슬픈 이별哀別을 표하고 마침내 그 바위에 머리를 받아 순사한 곳이다. 이후 수백 년간 이 유적은 황폐해져 잡초 속에 매몰되어 있었는데 근래 개성 시가지에서 약 10정町 떨어진 길가 옆에서 발견되었다 한다.

숭양서원崧陽書院(개성군)

(숭양서원은) 읍내 동부(역을 지나 15정)에 있다. 정몽주의 구 터舊址로 산을 등에 지고 계곡에서 들리는 바람이 흔들리는 소리가 자못 청아한 곳이다. 조선 선조宣祖 때 처음으로 서원書院을 세우고 사액賜額을 받아 숭양서원崧陽書院이라 했다. 서원 내에는 정몽주鄭夢周의 화상畵像이 보존되어 있다.

성균관成均館(개성군)

(고려 성균관은) 남대문南大門에서 약 20정町 떨어져 있다. 고려 선종宣宗 8년에 중국 송나라 국자감國子監을 본받아서 현인 72명의 화상畵像을 벽위壁上에 그리고, 25대 충렬왕忠烈王 때 국학國學으로 바꾸어 성균관成均館이라 칭하였다. 31대 공민왕恭愍王 36년에 서쪽에서 현재 지금의 장소로 옮겨 규모를 확대하였다. 정몽주鄭夢周 등을 교관教官으로 삼아 명륜당明倫堂에서 강좌를 열어 학생들을 양성

하는 곳이 되었다.

부산동扶山洞(개성군)

(부산동은) 개성 시가지의 북쪽 송악산松嶽山의 기슭에 있다. 경치가 그윽하고 조용하며 한가함과 더불어 우아한 곳으로 풍치가 자못 아름답다.

중대동中垈洞(개성군)

(중대동은) 부산동扶山洞과 마찬가지로 송악산松嶽山 기슭에 있다. 수목이 울창하고 바위 돌에 계곡의 물이 세차게 흘러 시원한 바람에 소맷자락이 날려 유람객들이 항상 끊이지 않는다.

채하동彩霞洞(개성군)

(채하동은) 앞의 두 동과 마찬가지로 송악산松嶽山 기슭에 있다. 경치가 그윽하고 조용하여 다른 곳에서 볼 수 없는 곳이다. 선죽교善竹橋와 함께 좋은 유원지이다. 유원지 내에 수목이 울창하고 그 가운데 활수濶水가 솟아 흐르고, 유원지 가운데에 서양식洋館風의 석조가옥石造家屋 및 일본식內地風의 가옥을 건설하였다. 이 일대는 개성의 명문가 박우현朴宇鉉 소유로 거주하고 있다.

만월대滿月臺(개성군)

(만월대는) 역에서 약 20정町 떨어진 곳에 있다. 하나의 작은 언덕小丘으로 뒤쪽에 송악산松嶽山을 배경으로 하고 고려왕궁이었던 연경궁延慶宮의 유적이 있다.

지금으로부터 470여 년 전 공민왕恭愍王 때 홍건적의 난賊亂[22]으로 인하여 아무 것도 남지 않게 되었다. 지금은 겨우 주춧돌만 남아 당시의 장대함을 추정해 상상해 볼 뿐이다.

수창궁壽昌宮(개성군)

(수창궁은) 고려 중세이후 역대 제왕들이 즉위하는 궁전宮殿이다. 조선 태조 역

---

22) 홍건적의 난: 원나라의 사회계급은 몽고인, 색목인色目人, 한인, 남인南人으로 분류되었고 몽고인이 대부분의 권력을 장악하였다. 색목인은 몽고족을 보좌하는 차관급을 담당하였고 한인과 남인은 천대를 받았다. 유목에 익숙한 몽고인은 정치에 능하지 못했고 생활은 세련되지 못했다. 더구나 원나라 황제는 라마교를 숭배하였는데 라마교 승려들은 많은 재물을 요구하여 백성들의 원망을 사게 되었다. 라마교 승려들은 모든 백성들에게 추앙받는 존재여야 했고 승려를 멸시하는 자는 사형에 처해졌다. 또한 몽고 귀족들의 전횡이 점점 심각하여 조세와 부역등으로 백성들의 생활은 궁핍해져만 갔다. 이런 배경으로 한족들의 불만이 커져 저항의 무리가 생겨나기 시작했다. 홍건적의 중심세력은 백련교白蓮敎와 미륵교彌勒敎 신자들로서 붉은 천조각으로 머리를 싸매어 동지의 표시로 삼았기 때문에 홍건적이라고도 하였다. 원나라 조정의 압제하에서 허베이성[河北省]에 본거를 둔 비밀종교결사 백련교회의 두령 한산동韓山童은 일찍부터 미륵불하생彌勒佛下生의 설을 가지고 포교활동을 하여 허베이 · 허난[河南] · 안후이[安徽] 등 각지에서 널리 신도를 확보하고 있었다. 때마침 1351년 대범람을 일으킨 황허강 수리를 위하여 수많은 농민과 노동자를 징발하였는데, 그로 인하여 생긴 민심의 동요를 틈타서 '송나라 휘종宋徽宗 8세世의 손자'라고 칭하고 반란을 일으켰다. 홍건적은 최초의 탄압으로 교주 한산동이 전사하였으나, 교도 유복통劉福通 등은 그의 아들 임아兒를 받들고 안후이성을 빠져나와 그를 제위에 올려서 송국宋國을 세우고 원나라 타도의 격문을 사방에 띄웠다. 이를 계기로 후베이[湖北]의 서수휘徐壽輝, 안후이의 곽자흥郭子興 · 주원장朱元璋 등을 비롯해 허난 지방의 농민들이 잇달아 반란을 일으켰다. 홍건적의 세력은 점차 확장하여 화북華北 · 화중華中 일대에 미쳤으나, 내부분열로 인하여 통일된 정권을 이룩하지 못하였고, 전열을 정비하여 반란군 진압에 나선 원군元軍에게 쫓기게 되었다. 홍건적 중 일부는 원나라 진압군을 피해 만주로 진출하여 2차에 걸쳐 고려를 침략하였으나 고려군에게 격파당해 괴멸되었다. 이러한 가운데서 주원장만이 착실하게 지반을 닦아서 중국 천하를 평정하는 데 성공하였다. 만주로 진출한 홍건적은 랴오양[遼陽]을 점령하였다가 원나라 군대에게 쫓기게 되자 홍건적은 퇴로退路를 한반도로 잡아 1359년(공민왕 8)에 고려를 침범하였다. 이 해 12월 홍건적의 장군 모거경毛居敬 등은 4만의 무리를 이끌고 결빙된 압록강을 건너 일거에 의주義州 · 정주靜州 · 인주麟州 · 철주鐵州 등을 차례로 함락하고 이어 서경西京(平壤)을 함락하였다. 그러나 편장偏將 이방실李芳實, 안주만호安州萬戶 안우安祐 등이 이끄는 고려군의 맹렬한 반격을 받아 서경을 버리고 퇴각하다가 다시 고려군의 추격을 받고 궤멸되어 겨우 잔병 300명이 압록강을 건너 달아났다. 그후 홍건적들은 수군水軍을 동원하여 황해도와 평안도의 해안지대를 침범하다가 1361년(공민왕 10) 10월에 다시 반성潘城 · 사유沙劉 · 관선생關先生 등 10여 만의 홍건적으로 압록강의 결빙을 이용하여 고려의 영내에 침입하였다. 홍건적이 절령慈悲嶺(慈悲嶺)의 방책防柵을 깨뜨리고 개경開京으로 진군한다는 보고가 있자 공민왕은 남으로 난을 피하고 도지휘사都指揮使 이방실, 상원수 안우 등이 홍건적과 대적하여 싸웠으나 중과부적衆寡不敵으로 패하여 개경은 이들의 손에 함락되었다. 홍건적은 이후 수개월 동안 개경을 중심으로 머물면서 잔학한 짓을 자행하고 그 일부는 인근의 주현州縣과 원주原州 · 안주安州 등지까지 침탈하였다. 이 해 12월 복주福州(安東)에 다다른 공민왕은 정세운鄭世雲을 총병관摠兵官으로 임명하여 홍건적 토벌의 명을 내렸다. 1362년 1월이 되자 총병관 정세운은 이방실 · 안우 · 김득배金得培 등 원수元帥 들과 함께 군을 수습, 홍건적을 크게 무찔러 개경을 수복하고 난을 평정하였다. 개경을 수복할 때 동북면東北面의 상만호上萬戶이던 이성계李成桂는 사병 2,000명을 이끌고 선봉에서 적장 사유沙劉 · 관선생關先生 등의 목을 베는 등 큰 공을 세워 두각을 나타냈다. 이로써 중국 직례지直隸地에서 일어나 만주에 진출한 홍건적은 고려에 대한 2차의 침공으로 오히려 고려에 의해 전멸상태에 빠지게 되었고, 고려도 막대한 타격을 입어 국운의 쇠퇴를 가져왔다.

시 조하朝賀를 받았던 곳이다. 후일 전쟁兵火으로 재만 남아 현재는 그 자취만 남아 있다. 이 수창궁壽昌宮 터는 역의 서북쪽으로 1리 반 떨어진 송악산松嶽山 아래 있고 본원사本願寺 앞의 석교石橋는 궐문교闕門橋라 하며 용과 호랑이龍虎의 조각이 있는 정문이지만 파손되어, 근래 목교木橋로 가설하였다.

관왕묘關王廟(개성군)

(관왕묘는) (개성) 시가지에서 북쪽에 있고, 무신武神 관우關羽를 제사지내는 곳이다. 지금부터 30년 전 개성의 부민開城府民이 건립한 것으로 조선인이 (관우를) 숭배하고 공경함이 매우 두텁다.

태평관太平館(개성군)

(태평관은) 고려시대 정동성征東省으로서 조선 세종世宗때 지금부터 약 500년 전에 건조되었다고 전해진다. 이 구관舊館의 유적은 경성전매지국 개성출장소京城專賣支局開城出張所의 구내에 있고, (태평관의) 문은 다이쇼 3년(1914) 4월 개성보승회開城保勝會에서 선죽교 호정虎亭 사이의 산 정산에 건설하고 모포정慕圃亭이라 명명했다.

　　부언: 모포정은 산 정상에서 선죽교를 바라보며 충신 정몽주 선생을 흠모한다는 의미이다.

관덕정觀德亭(개성군)

(관덕정은) 자남산子男山 중턱 중첩되어 있는 암석 위에 있다. 올라가 보면 개성

의 전 시가지가 한 눈에 들어온다. 지형의 기복이 심하고 높낮이高低가 자못 미묘하여 자연스러운 공원이 된다. 지난 날 활 터弓場였다고 전한다.

반구정反求亭(개성군)

(반구정은) 경덕궁敬德宮 후방 습주산襲宙山 앞 기슭에 있다. 왼쪽으로는 남산의 바위들이 병풍屛巖처럼 둘러서 있고 오른쪽으로는 개성의 전시가지를 조망할 수 있다. 반구정反求亭 주위에 고목이 뒤섞여 그 정자를 둘러싸고 있어서 경치가 아름답고 예부터 궁술장弓術場이었다.

호정虎亭(개성군)

(호정은) (개성군) 동쪽 숭양서원崧陽書院의 위쪽 응암應巖의 남쪽에 있다. 지대가 자못 높고 동남의 산야를 감시하는 관덕정觀德亭 반구정反求亭과 마찬가지로 예부터 무인武人의 궁술장이 되었던 곳이다. 지금도 항상 활 쏘는 모습을 볼 수 있고, 풍광 역시 아름답다.

현릉顯陵(개성군)

(현릉은) 송악산松嶽山 서쪽으로 역에서 서쪽으로 1리 반 떨어진 지파리池波里에 있다. 고려 태조太祖를 제사지내며 또 역대 왕릉의 대부분은 이 부근에 산재해 있다.

산성山城(개성군)

(산성은 개성) 시가지에서 북쪽으로 4리 떨어진 대흥산大興山에 있다. 고려 왕조의 피난지이고, 후에 조선 이태조가 그것을 수리했다. (산성은) 산 정상에 있고 게다가 사면이 횡단절벽으로 되어 있고 주위 1리에 걸쳐 성곽을 둘러 견고한 요충지였지만 지금은 그 초석만 남아 있다. 또 같은 산大興山에는 대흥大興, 관음觀音 두 개의 절이 있고, 대흥사는 약 10년 전 불타버리고, 관음사는 고려 4대 광종光宗 때 건립되었으며 경내에 7층의 탑이 있다.

박연폭포朴淵暴布(개성군)

(박연폭포는) 산성山城 아래에 있어서 산성의 폭포라고도 한다. 성거聖居, 천마天摩의 두 봉우리가 서로 대치하여 깊은 계곡을 만들어 그 사이를 몇 번 돌아 흐르는 물은 서로 합쳐져 큰 바위盤石에서 솟구쳐 올라 박연朴淵에 이르고 절벽에서 30장을 그 물 떨어지는 소리가 산악에 진동하면서 대폭포를 이룬다. 사계절의 경치가 평범하지 않아 가는 길이 힘들어도 수레를 타거나 걸어서 가게 되어 여름, 가을에 나들이객이 끊이지 않는다.

두문동杜門洞(개성군)

(두문동은) 개성역開成驛 서쪽 1리 반 정도 떨어진 곳에 있다고 전해진다. 고려의 유신 조의생趙義生, 임선미林先미 등 72명이 조선朝鮮을 섬기는 것은 깨끗하지 못하다고 여기고 이곳 (두문동)에 들어가 문을 닫고 세상을 끝냈기 때문에 얻은 이름이다. 영종(영조)때 비각을 세우고 그 절의를 칭찬했다.

송악산松嶽山(개성군)

(송악산은 개성) 읍의 북단北端에 우뚝 솟아 암석이 솟아 있고, 옛날에는 부소산扶蘇山이라 했다. 산 정상에 성벽을 두르고 개성 북문이 있으며 영험이 있는 땅 靈地이라 했다.

진봉산進鳳山(개성군)

(진봉산은) 개성에서 동남으로 약 1리 떨어진 진봉면進鳳面에 있다. 산 중턱에 도선암道詵庵이라는 사찰이 있고, 이 산에는 고려시대의 묘지가 많다. 유명한 고려자기高麗燒 발굴의 흔적이 있고, 산 기슭에 고려왕비高麗王妃의 능묘陵墓가 있다.

장항리獐項里(연천군)

(장항리는) 연천군漣川郡 서남면에 있다. 청일전쟁清日戰爭 당시 오시마大島 여단이 평양平壤을 공격할 때, 이곳에서 둔영屯營을 하였다. 부근에 우화정羽化亭이라는 작은 정자가 있어 어느 정도의 풍경을 감상할 수 있다.

옹현고전장甕峴古戰場(연천군)

(옹현고전장은 연천군) 미산면嵋山面에 있다. 분로쿠의 전쟁(임진왜란)때 명나라 장군 이여송李如松이 이곳에서 일본군日本軍과 전투하여 십 여일 고전하다가 마침내 패주한 곳이다.

설인귀비薛仁貴碑(연천군)

(설인귀비는) 연천군漣川郡 적성積城 감악산紺嶽山 정상에 있다. 당나라 설인귀薛仁貴[23]의 비碑로 인하여 산기슭의 암굴巖窟은 바로 설인귀가 동굴에서 살았던 흔적이라고 전한다. 또 여기서 북쪽으로 약 80여 년 전에 건조되었던 봉암사鳳岩寺가 있다.

재인폭才人瀑(연천군)

(재인폭은 연천군) 군내면郡內面 고문리古文里에 있다. 두 개의 수십 척 암벽에서 떨어지는 물은 깊어, 깊은 못을 만들고 못 주변에 깊은 동굴이 만들어져 있다. 늦은 가을에 일대를 조망하면 특히 절경이다.

숭의전崇義殿(연천군)

(숭의전은) 연천군지역漣川郡地域 내의 임진강臨津江 연안 뛰어난 지세形勝之地에 위치하고 있다. 그곳은 원래 앙암사仰巖寺라 하는 사찰이 있었다. 고려왕조 멸망 후 조선이 되자, 사승寺僧의 피폐를 인정하여 절을 폐사시켰다. 후에 또 이곳에 숭의전崇義殿을 건축하여 고려왕조에 높은 덕이 있는 분들의 혼령에 제사를 지내는 곳이 되었다.

---

23) 설인귀薛仁貴(613~683): 당 태종·고종高宗 때의 장수. 보장왕 4년인 645년 당태종이 고구려를 공격할 때 군졸로 응모하여 안시성에서 공을 세워 유격장군遊擊將軍으로 발탁되었으며, 658년 우령군 중랑장右領軍中郎將으로 임명되어 고구려 원정에 나섰고, 보장왕 25년인 666년 고구려의 대막리지 연개소문이 죽고 그 장남 남생男生이 아우 남건男建·남산男産에게 쫓겨 당唐의 원병을 청하자 좌무위장군左武衛將軍으로 요동안무대사遼東安撫大使 계필하력契苾何力을 도와 다시 고구려를 침략하여 남건男建의 군사를 격파하고, 668년 부여성·평양성을 함락하여 고구려를 멸망시켰다. 고구려 멸망 후 당이 평양에 안동도호부安東都護府를 설치하자, 그는 검교안동도호檢校安東都護가 되어 671년(신라 문무왕 11) 계림도행군총관鷄林道行軍總管으로 신라를 침공했다. 681년 과주자사瓜州刺史·대주도독代州都督으로 임명되었으며, 다음 해 돌궐突厥을 격파하였고 뒤에 본위대장군本衛大將軍으로 임명되고 평양군공平陽郡公에 봉해졌다.

풍혈風穴(연천군)

(풍혈은 연천군) 군내면郡內面 동막리東幕里 산기슭에 있고 십수년 전에 발견된 것이다. (풍혈을) 공사하여 오늘날에 이르러 혈내 온도가 28도를 유지하여 잠란지蠶卵紙(누에나방이 알을 슬게 하는 종이) 1,600여 장을 저장할 수 있다.

영평 8경永平八景(포천군)

(영평 8경은) 포천군抱川郡 읍내에서 북쪽으로 3리 떨어진 임진강臨津江 상류 한탄강漢灘江 유역에 있다. 맑은 물이 바위 주변을 흘러 깨끗한 곳 8경이 있다. 8경의 명칭은 금수정金水亭, 백로주白鷺洲, 창옥병蒼玉屛, 화적연禾積淵, 와룡암臥龍岩, 청학동靑鶴洞, 낙귀정樂歸亭, 선유정仙遊亭 이다.

반월성半月城(포천군)

(반월성은 포천군) 읍내 후방 반월산半月山 위에 있다. 석성石城이 반월형으로 이루고 있기 때문에 이 이름이 된 것이다. 주위 900여 척의 석루石壘가 있으나 그 유래는 알지 못한다.

용연서원龍淵書院(포천군)

(용연서원은) 포천읍내抱川邑內에서 북쪽으로 약 1리 떨어진 북면北面 신평리新

坪里에 있다. 문익공文翼公 덕형李德馨[24], 문간공文簡公 경趙絅[25]을 제사하며 또 숙종 때 사액賜額(임금이 사당이나 서원 등에 이름을 지어 그것을 새긴 편액을 내림)서원이 되었다.

도봉산道峯山(양주군)

(도봉산은 양주군) 시둔면柴芚面에 있다. 산세가 높고 험준하여 조망이 절경을 이룬다. 산 중에 있는 망월사望月寺는 신라의 고찰이라고 전한다.

회암사檜巖寺(양주군)

(회암사는) 양주군楊州郡 읍내에서 북쪽으로 3리 떨어진 천보산天寶山 중에 있다. 고려때 인도 승려 지공指空[26]이 이 산에 올라 산수의 형상이 본국의 아란타사阿

---

24) 이덕형李德馨(1561-1613): 조선 중기의 문신본관은 광주廣州. 자는 명보明甫, 호는 한음漢陰·쌍송雙松·포옹산인抱擁散人. 1580년(선조 13) 별시문과에 급제했습니다. 동부승지·우부승지·부제학·대사간·대사성 등을 차례로 역임하고, 예조참판이 되어 대제학을 겸했습니다. 1592년 임진왜란 때 정주까지 왕을 호종하였고, 청원사로 명나라에 파견되어 명군의 파병을 성취시켰습니다. 1613년 영창대군의 처형과 인목대비의 폐모론에 반대했다가 관직을 삭탈당했습니다. 오성 이항복과 절친한 사이로 어릴적 일화가 전해집니다. 저서로「한음문고漢陰文稿」가 있고 시호는 문익文翼입니다.

25) 조경趙絅(1586-1669): 조선 중기 문신. 이조정랑을 지내고, 사간 때 병자호란이 일어나자 척화를 주장, 이듬해 집의로서 일본에 청병하여 청군을 격퇴하자고 상소했으나 채택되지 않았다. 숙종 때 청백리에 녹선되고, 글씨도 잘 썼다. 본관 한양漢陽, 자 일장日章, 호 용주龍洲. 시호 문간文簡. 1612년(광해군 4) 사마시司馬試에 합격하고, 1623년 인조반정 후 유일遺逸로 천거되어 형조좌랑·목천현감木川縣監 등을 지내고, 1626년 정시문과庭試文科에 장원급제한 뒤 정언正言·교리校理 등을 역임. 사가독서賜暇讀書하였다. 그 뒤 이조정랑을 지내고, 1636년 사간司諫 때 병자호란이 일어나자 척화斥和를 주장, 이듬해 집의執義로서 일본에 청병請兵하여 청군을 격퇴하자고 상소했으나 채택되지 않았다. 그 뒤 응교應敎·집의 등을 지내고 통신부사通信副使로 일본에 다녀온 뒤 형조참의·전주부윤을 지냈다. 1645년 이조참의가 되고, 대제학·형조판서·예조판서를 거쳐 이조판서 때 이도吏道를 쇄신, 관리 등용의 공정을 기해 명망을 얻었다. 1648년 우참찬右參贊이 되고, 1650년(효종 1) 청나라 사문사查問使가 와서 그를 척화신斥和臣이라 하여 의주에 귀양보냈다. 이듬해 풀려나와 1653년 회양부사淮陽府使를 지내고 은퇴, 행부호군行副護軍이 되어 1658년 기로소耆老所에 들어갔다. 숙종 때 청백리에 녹선되고, 글씨도 잘 썼다. 포천의 용연서원龍淵書院, 흥해의 곡강서원曲江書院, 춘천의 문암서원文巖書院에 배향되었다. 문집에《용주유고龍洲遺稿》, 저서에《동사록東槎錄》이 있다.

26) 지공指空(미상-1363): 원나라 때의 고승高僧. 인도 마갈타국摩羯陀國 사람으로, 8살 때 승려가 되었다. 이름은 제납박타禔納薄陀(禪賢)다. 원나라로 건너가 불법을 전했는데, 이때 고려高麗의 나옹화상懶翁和尙에게 인가印可를 주었다. 충숙왕 15년(1328) 고려에 들어와서 금강산 법기도량法起道場에 예배하고 연복정延福亭에서 계를 설했다. 다시 원나라로 가 연경燕京 후에서 법원사法源寺를 짓고 머물렀는데 이때 고려의 혜근慧勤에게 선종을 전수하기도 했다. 그의 부도가 양주楊州 회암사檜巖寺와 개성시 화장사華藏寺에 남아 있다.

蘭陀寺와 유사하다고 감탄하고, 명승 나옹(懶翁[27])이 이 절을 경영하다가 중도에 죽자, 제자 등이 스승의 뜻을 받들어 계속 목적한 바를 이루었다. 그 규모가 장대하여 조선 반도에서는 드물게 나타난다. 그러나 애석하게 임진의 병화(임진왜란)로 완전히 재가 되어 지금은 단지 초석만 남아 있을 뿐이다.

회룡사回龍寺(양주군)

(회룡사는) 의정부議政府의 서쪽 도봉산道峯山의 기슭에 있으며 조선 태조太祖(이성계)가 왕자의 난을 피해 이 절에서 2년간 지냈다고 전한다.

소요산 및 광릉逍遙山及光陵(양주군)

동두천 역東豆川驛에서 1리를 지나 소요逍遙의 계곡에 이르면 예부터 경기도의 금강산金剛山이라 칭하고, 가을의 단풍이라 칭하는 실로 그 산 계곡처럼 (아름다운 것은) 없다. 계곡의 흐름을 따라 험준한 길을 올라가면 산의 모습이 변하고 물소리는 (마치) 가야금을 타는 것 같다. (그 계곡) 주변의 붉은 모습은 물속에서 붉게 불타오르는 광경으로 나들이객들이 저절로 쾌재를 부른다. 계곡에 바싹 다가오면 절이 있어 쉬기에 족하며 게다가 깊은 가을의 정취를 맛보려면 의당 광릉 산속으로 들어가야 된다. 진접면榛接面 광릉光陵이 산중으로 들어가 설치되어, 여기에 400여 년 동안 산봉우리에 손을 대는 소리를 들을 수 없고 솔밭 기슭으로 둘러싸여 잡다한 숲에 들어가지만 잡목 중에 단풍나무가 많고 산형山形이 동북東

---

27) 나옹懶翁(1320~1376): 고려 말기의 승려. 속성俗姓은 아牙, 호는 나옹·강월헌江月軒. 문경聞慶 대승사大乘寺의 요연선사了然禪師에게 가서 중이 되었다. 지공指空·무학無學과 함께 삼대화상三大和尚이라 일컬어졌다. 중국 서천西天의 지공화상指空和尚을 따라 심법心法의 정맥正脈을 이어받고 돌아왔다. 공민왕 때 왕사王師를 지냈으며, 우왕의 명을 받고 밀양密陽 영원사瑩原寺로 가다가 여주驪州 신륵사神勒寺에서 죽었다. 이색李穡이 글을 지어 세운 비碑와 부도浮屠가 양주楊州 회암사檜巖寺에 남아 있으며 《서왕가西往歌》2편과 《심우가尋牛歌》·《낙도가樂道歌》 등이 전한다.

北으로 확장되어 모든 것들이 아름답지 않은 것이 없다.

보광사普光寺 일명 古靈寺(양주군)

(보광사는 양주군) 백석면白石面 고령리古靈里에 있고 신라 말 최도선崔道銑 국사가 창립했다. (보광사는) 선조 임진壬辰의 병화임진왜란를 만나고, 후10년(임인壬寅에 설미雪眉, 정인征仁 두 화상의 재건으로 인하여 현재에 이르고 있다. (보광사) 경내에는 개명산開明山 서쪽 일대의 땅을 차지하고, 절은 그 산 중턱에 위치하고 있어 (분위기가) 장엄하고 그윽하여 조용함이 사람에게 경건한 분위기를 불러일으킨다. 절의 승려寺僧는 총 30여 명인데 부근의 집에서 생활하며 근무하는 사람을 포함하면 실로 80여 명에 달한다고 한다.

봉선사奉先寺(양주군)

(봉선사는 양주군) 진접면榛接面 접동리接洞里 광릉산 중의 운악산雲岳山에 있다. 원래 신라시대의 고찰로 묘적암妙寂庵이라 칭하고 광릉光陵의 땅에 있었으나, 광릉이 만들어지자 당시 조선朝鮮의 예종睿宗은 현 지역으로 옮겨 봉선사奉先寺의 명칭을 부여하여 건립했다. (이 봉선사를) 13대 명종明宗 때 사찰의 규격을 승격하여 교종教宗의 본산本山으로 삼았다. 그 유명한 범종梵鐘은 명明 성화成化 5년(1469) 7월에 주조한 것이고, 승려寺僧는 주지이하 30여 명이다. 그들의 일과는 새벽에 일어나 밤에 잠들 때까지 조석으로 독경讀經과 좌선座禪을 하고 나머지는 농경과 잠업農蠶을 하는 것이다.

보납산寶納山(가평군)

(보납산은 가평군) 읍내 동쪽에 솟아있는 약 1천척千尺의 준봉峻峰으로 되어 있다. (보납산은) 단암斷岩으로 하천을 압박하고 기묘하게 생긴 돌이 떨어지는 것 같은 사이에 노송老松이 홀로 녹음을 드러내고 있다. 절벽아래 푸른 물이 비치는 곳은 경성에서 춘천사이의 나들이객으로 하여금 (그것을) 느끼고 배회하지 않을 수 없게 만든다. 늙은 독수리가 조용히 하늘을 날다가 급전직하急轉直下하면서 내는 소리 그리고 바위 위에서 휴식하는 그 웅대한 기상 역시 한 폭의 활동사진이 된다. 만일 큰 비가 한번 오면 산 전체가 일시에 수백 개의 폭포를 만들고 겨울에는 그 폭포가 얼어붙는 장관을 보이고 있다. 예부터 가평군의 안산案山으로 손을 대는 것을 금하고 있다.

용추폭포龍湫暴布와 청평천淸平川의 급뢰急瀨 (가평군)

용추폭포龍湫瀑布는 (가평군) 읍내에서 서북쪽으로 1리 떨어진 곳에 있으며 여름 피서객이 적지 않다. 청평천淸平川의 급뢰急瀨(깊은 여울)는 읍의 동남쪽으로 약 7정町 떨어진 가평천加平川이 북한강北漢江과 합쳐지는 곳에 있다. 강바닥의 큰 바위河床盤石가 융기하여 급뢰를 만들고 맑은 날에도 구름과 비雲雨를 일으켜 대낮에 백마白馬가 도약하는 것 같은 장관을 보여 배를 운행할 때 매우 위험하다. 겨울철 결빙할 때는 결빙이 멀리까지 계속되어 은판銀板을 만들어놓은 것 같다. 급뢰 아래 결빙의 얼음을 뚫고 얼음 낚시하는 사람이 많다.

현등산懸燈山(가평군)

(현등산은 가평군) 하면下面의 서북쪽에 있다. 경성京城에서는 동대문東大門 밖 11

리로 읍에 도달하며 자동차가 편리하다. 표고 925척으로 산 전체에 소나무가 무성하여 계곡과 폭포가 적지 않다. 그 산 중턱에 현등사懸燈寺가 있다. 신라 때 건립되었다고 하고 여러 종류의 전당殿堂은 견고하며 기타 불화 족자 몇 점과 일본 병풍 2쌍(가노 츠네노부狩野常信[28]가 그렸다고 전한다)이 존재한다. 모두 국보國寶에 편입되었다고 한다.

문주산文珠山(김포군)

(문주산은) 김포군金浦郡 월곶면月串面에 있다. 해발 2천척千尺으로 김포군에서 가장 높은 산이다. 산 중턱의 문주성文珠城은 지금부터 200여 년 전 숙종肅宗 때 축조築造한 것으로 주위가 1여 리가 되지만 지금은 그 터만 남아 있다. 산 정상에서 강화도江華島 및 한강漢江의 유역을 조망하면 풍경이 좋고, 게이오慶應 2년 프랑스 육전대陸戰隊에 대패한 곳이라고 전한다.

장릉章陵(김포군)

(장릉은 김포군의) 중앙 군내郡內, 검단黔丹 두 면을 넘어(읍내에서 동남으로 10정 떨어져 있음) 장릉산章陵山 중턱에 있다. 조선 원종대왕元宗大王을 제사 지내는 곳으로, 주위 1여 리에 고목이 울창하여 그윽하고 조용한 곳이 된다.

---

28) 가노 츠네노부[狩野常信](1636~1713): 에도 전기의 화가. 고비키초[木挽町] 가노파의 제2대 당주로 가노 나오노부[尚信]의 장남. 호는 요보쿠[養朴], 고간사이[耕寬齋], 시비오[紫薇翁], 고센소[古川叟], 세이하쿠사이[青白齋], 간운시[寒雲子], 센야[潛屋] 등을 썼다. 15살 때 부친을 잃고 백부인 탄유[探幽] 손에 양육됐다. 1709년 호인法印을 제수 받았다. 경쾌한 화풍을 보면 부친보다 탄유의 화풍을 계승한 것을 알 수 있다. 고비키초 가노파의 영광을 구축했다. 탄유의 원작을 계승한 《오동나무에 봉황도 병풍》과 에이토쿠[永德]의 《당사자도 병풍》의 짝을 맞춰 제작한 《당사자도 병풍》 등이 대표작이다.

안해루燕海樓(강화군)

(안해루는) 강화군 교동도喬桐島에 있다. 240여 년 전에 축조되고 당시 수군水軍이 서해西海를 방어하기 위해 준비한 것이다. 또 부근에 철종哲宗이 등극하기 전(기금부터 약 70년 전, 일본 고메이〈孝明〉천황 가에이〈嘉永〉3년) 잠저潛邸(임금이 되기 전에 살던 집)가 있는 것을 피해 이곳에 세웠다고 한다.

참성단塹城壇(강화군)

(참성단은) 강화군江華郡 읍내의 남쪽 약 4리 떨어진 마니산摩尼山 위에 있고, 참성단參星壇이라고도 한다. 고대 단군檀君이 하늘에 제사를 지내는 곳이라 한다.

고려산高麗山(강화군)

(고려산은 강화군) 강화읍에서 서쪽으로 약 1리 떨어진 곳에 있고 서쪽 기슭에 적석사積石寺가 있었다고 전한다. 고려 때 인도天竺의 중이 건립했다고 한다.

전등사傳燈寺(강화군)

(전등사는 강화군) 강화읍의 남쪽 전등산傳燈山에 있는 고찰이다. 산은 단군檀君이 세째 아들에게 축성하게 하여 삼랑성三郞城이라 칭한다. 고려 충렬왕忠烈王 때 인도의 중이 송나라에 가서 대장경大藏經 및 옥등玉燈을 가지고 돌아와 경經과 장藏의 법등法燈을 전했기 때문에 전등사傳燈寺의 명칭이 되었다고 한다.

부치내성府治內城(강화군)

(부치내성의) 축조 연월은 상세하지 않으나 읍내 주위를 둘러 성벽을 만든 것은 고려 고종高宗 19년부터 원종元宗을 거쳐 충렬왕忠烈王 58년 사이에 내성內城 및 외성外城을 축조했다.(일본 후시미〈伏見〉 천황때 지금부터 620여 년 전) 외성은 바로 섬의 외부를 두르고 그 후 조선 숙종 3년(1676, 지금부터 240여 년 전) **일본 레이겐**靈元 **천황 엔포**延寶 **5년,** 내성을 돌로 쌓고 치첩수雉堞數(활과 포를 발사할 수 있는 혈수) 1,813개를 만들었다고 한다. 게다가 후에 대원군大院君이 그것을 수리하여 성내城內에 행궁行宮(이궁) 병영兵營 무기고武庫 등이 있었으나 지금은 겨우 행궁의 건축물만 존재하고 있다. 그 행궁은 조선 인조 8년(1630, 지금부터 약 290년 전) 조영한 것이고 숙종 37년(1710, 지금부터 약 210년 전) 개축한 것이다. 또 강화도 연안은 일찍이 미국 군함의 폭격을 받은 곳이고, 연안의 포대는 조선 숙종 5년(1678)에 축조한 것으로 그 수가 53개였으나 그 후 증축하여 56개가 되었다. (연안 포대의) 축조는 함경咸鏡 황해黃海 강원江原 3도의 승군僧軍 8천명 및 어영군御營軍 4,300명이 대략 40일 간 노동하며 완성되었다고 전한다. 또 메이지 8년(1875) 일본 군함 운양호雲楊號가 조선해朝鮮海 측량중 물이 떨어져 물을 공급받기 위해 강화만江華灣에 들어오자 영종도永宗島의 포대가 포격을 하여 강화도사건江華島事件이 야기된 것도 이 부근이다.

포대砲臺(강화군)

강화도 동안東岸 각 곳에 축조된 포대로서 김포군金浦郡의 문주성文珠城과 서로 마주해서 해안海岸을 방비하기 위한 것이다. 현재 석루石壘가 존재하고 일찍이 미국 군함軍艦의 포격을 받았던 곳이다.

왕릉王陵(강화군)

(강화도의 왕릉은) 가릉嘉陵, 홍릉弘陵, 곤릉坤陵, 석릉碩陵 등의 능이 있다. 모두 읍내에서 1리 내지 3리 떨어진 곳으로 왕과 왕비를 제사 지내는 곳이다.

고산성터古山城址(부천군)

(고산성터는 부천군) 계양면桂陽面 계양산桂陽山 위에 있다. 분로쿠文祿 전역(임진왜란)때 고니시 유키나가小西行長[29]가 축조한 것이라고 한다. 지금은 가시덩굴 사이로 그 터만 남아 있다. 멀리 인천仁川 용산龍山 영등포永登浦가 보이며 경성京城역시 희미하게 보인다.

문학산文鶴山(부천군)

(문학산은 부천군) 문학면文鶴面에 있고, 백제 시조 온조왕溫祚王의 형 비류沸流가 도읍한 곳이라 한다.

관악산冠岳山(시흥군)

(관악산은) 시흥역始興驛에서 동쪽으로 약 1리 반 정도 떨어진 곳에 있다. 시흥군의 동쪽에서는 최고봉으로 그 남단에 우뚝 솟은 삼성산三聖山은 해발 3천척尺의 준봉峻峰으로 산 위에 삼막사三幕寺라 하는 고찰이 있다. 지금부터 약 1,970년 전전한前漢의 선제宣帝 오봉五鳳 5년에 건립되었다고 한다. 멀리 인천만의 풍광을

---

29) 고니시 유키나가[小西行長](미상 - 1600년): 천주교 신자인 일본의 무장武將. 도요토미 히데요시의 가신으로 임진왜란 때 선봉을 섰다. 히데요시가 죽은 후 이시다 미쓰나리[石田三成]와 한 패가 되어 도쿠가와 이에야스[德川家康]와 싸웠으나 패하여 피살되었다.

한 눈에 볼 수 있고, 남한산南漢山및 북한산北漢山과 대치하여 풍경이 자못 아름답다. 또 그 봉우리 중 금지산衿芝山 정상에 있는 호복사虎伏寺는 임진 전역(임진왜란)때 일본군 사령부를 두었던 곳이고, 연못은 일본군이 음료수로 하기 위해 굴착한 것이라 한다.

방학정放鶴亭(시흥군)

(방학정은) 영등포역永登浦驛 부근의 작은 언덕에 있다. 메이지 36년 중 한국 황실皇室에서 건축한 것이다. 오락장소로 황제가 와서 놀 때 매번 많은 학鶴을 놓아 춤을 추는 모양을 관람하였던 곳이라 하여 (방학〈放鶴〉이라는) 이름이 붙은 것이다.

팔달문八達門(수원군)

수원 성곽城郭은 정조대왕 18년(1794)에 기공하여 20년(1796, 일본 간세이[寬政] 8년 지금부터 125년 전)에 낙성되고, 팔달문八達門은 이 당시 건축된 것으로 이층 누각의 웅대한 규모는 수원水原의 장관壯觀을 잃지 않는 실로 조선미술의 연구자료이다.

팔달산八達山(수원군)

(팔달산은) 수원읍 남쪽 소나무가 울창한 산봉우리로 일명 남산南山이라고 한다. 산 정상에 화성장대華城將臺의 고적古蹟이 있고, 옛날 장군이 이곳에 올라 만군萬軍을 지휘하는 곳이라 한다. 수원 8경의 하나이다.

화홍문華虹門(수원군)

(화홍문은) 읍의 동북쪽에 있고, 수원 제일의 명승지勝地로 저명하다. 하천 바닥에 돌을 부설하고, 장엄하고 화려한 문루門樓를 설치하여 그것을 화홍문華虹門이라 했다. 과천果川에서 흐르는 맑은 물소리는 주변의 풍경을 아름답게 한다. 또 그 인근에 방화수류정訪花隨柳亭이 있고 정자 오른쪽에 용두각龍頭閣이 아치형 수문 7개위에 세워져 있다. 건물 아래로 흐르는 맑은 물은 용지龍池를 맑고 차게 잠기게 한다. 여름과 가을에 좋은 유원지로서 화홍관창華虹觀漲은 수원 8경의 하나이다. 수원의 풍경을 말하는 것도 이 화홍문을 칭하는 것이다.

북지北池(수원군)

(북지는 수원군) 수원읍에서 북쪽으로 반리半里 떨어진 곳에 있다. 정조왕 때 지금으로부터 100여 년 전 관개灌漑의 편리를 도모하여 설계한 것으로 뒷면에 푸른 산봉우리를 한 연꽃의 명승지이다. 역시 수원 8경의 하나 북지관련北池觀蓮이다.

서호西湖(수원군)

(서호는) 수원정류장水原停車場 부근에 있다. 정조대왕이 설계한 것으로 주변 1여리 3방면의 푸른 산봉우리는 그 요염한 자태를 그리고 있고 풍광風光의 아름다움이 있다. 지금은 수원권업모범장水原勸業模範場 관리아래 양어장養魚場이 되었으니, 수원 8경西湖落照의 하나이다.

화산華山의 능(수원군)

(화산의 능은) 수원역水原驛에서 서남쪽으로 1리 떨어진 병점역餠店驛의 서18정町 안용면安龍面에 있다. 화산華山은 실로 조선 유일의 모범적 대삼림을 가지고 있다. 정조왕(일본 간세이[寬政] 원년) 및 순조왕純祖王이 지속적(43년간 식림〈殖林〉사업의 땅)으로 식림하여 주위 15리에 걸쳐 소나무가 울창하게 되었다. 산 속에는 장헌세자莊獻世子 및 그의 둘째 아들인 정조대왕(지금부터 약 130년 전)의 능陵 및 용주사龍珠寺가 있다. 그 곳에는 경치가 그윽하고 조용하여 온 산이 취록翠綠으로 물들일 때 녹음綠陰 중에 철쭉꽃이 붉게 물들여져 있는 수원 8경의 하나이다.

광교산光教山(수원군)

(광교산은) 수원역에서 북으로 1여리 떨어져 있고, 산 전체가 소나무로 뒤덮혀 사시사철 풍경이 아름답다. 특히 (광교산의) 적설積雪은 수원 8경의 하나이고 산 중턱에 백운사白雲寺가 있으며 부근의 경치가 그림 같다.

지지대遲遲臺(수원군)

(지지대는) 수원의 북쪽 약 2리 떨어진 언덕길에 있다. 옛날 정조대왕 이래 국왕이 화산華山으로 행차할 때 이곳에 봉련鳳輦을 주차시켰다고 한다. 언덕 위에 지지대遲遲臺 비석이 있고, 또 거기서 읍내로 통하는 남제南堤 1여 리에 소나무를 가로수로 하였다. 고목은 사시사철 변하지 않으며 특히 철도 길은 일직선으로 하고 게다가 평탄함으로써 한 눈에 그 풍광을 볼 수 있다. 그 미관美觀 역시 수원 8경의 하나이다.

세마대洗馬臺(수원군)

(세마대는) 병점역에서 서쪽으로 약 1리 떨어진 곳에 초목이 무성한 소나무 숲松林이 있다. 세마대洗馬臺라고 하는 산 위에 성터가 있다. 임진 전쟁(분로쿠[文祿]의 전역. 지금부터 약 330년 전)의 전쟁터古戰場이었다고 전한다.

남한산南漢山(광주군)

(남한산은) 경성京城에서 동남으로 6리 떨어진 남한산南漢山 위에 있다. 천연의 요새로 교통이 매우 불편하다. 읍민邑民은 이 성내에 거주하고 옛날 백제百濟의 시조 온조왕溫祚王이 마한馬韓을 멸망시키고 (백제를) 건국하고, 13년 도읍을 위례성慰禮城(직산)에서 이곳으로 옮겨 남한산성南漢山城이라고 했다. 신라 문무왕文武王 때(지금으로부터 1,250년 전, 일본 덴지[天智] 천황의 때) 장성을 축성하여 일장산성日長山城이라 칭하고, 고려 태조에 이르러 지금의 명칭으로 고쳤다. 성종成宗 2년 각지에 목牧을 설치하여 본군本郡이 그 하나가 되었다. 14년 절도사를 두고 봉국군奉國郡이라 하고 관내도關內道에 속했다. 현종왕顯宗王이 이것을 폐지하고 후에 다시 목牧을 복구하고, 조선의 초기에 그로 인하여 세조世祖 때 진鎭을 두고 후에 그것을 다시 파기했다. 근세에 이르러 군郡이 되어도 교통이 매우 불편하여 다이쇼 6년(1917) 12월 본 군청은 경안면慶安面으로 옮겼다. (군청이 경안면으로 옮기자) 남한산성 내의 인구는 계속 감소하여 적막할 정도가 되었다. 현재의 성벽은 지금부터 약 300년 전 인조仁祖 때 이서李曙[30]로 하여금 축성하도록 한 것

---

30) 이서李曙(1580~1637): 조선 인조仁祖 때 무신武臣. 자 인숙寅叔, 호 월봉月峰, 시호 충정忠正. 효령대군의 10세손. 제주목사 경록慶祿의 아들. 1603년(선조 36) 무과에 급제, 외관직으로 진도군수珍島郡守 등을 역임하였다. 1618년(광해군 10)에 인목대비仁穆大妃의 폐모론廢母論에 반대, 중형을 받을 뻔 했으며, 뒤에 장단부사長湍府使와 경기방어사를 겸직, 1623년(인조 1) 김유金瑬 · 이귀李貴 등과 군사를 일으켜 광해군을 폐위, 인조를 세워 호조판서가 되고, 정사공신靖社功臣으로 완풍부원군完豊府院君에 피봉되었다. 1626년(인조 4) 수어사守禦使가 되어 남한산성을 수축하였고, 방자호란 때 남한산성에서 역전力戰하다가 진중에서 병사病死하니, 왕이 통곡하고 비단을 주어 장례케 하였다. 환도 후 남한산성에 백제 온조왕溫祚王의 사장을 세우고 함께 모셨으며, 후에 인조의 사장에 함께 모셨다. 산수에 밝고 독서를 좋아했으며, 어머니에게 효도하였다. 각종 총의 사격법을 설명한 저서 〈화포식언해花砲式諺解〉가 있다.

으로 약 2리를 연장하여 동서남북의 4문 및 암문 16개가 있으며, 조선의 피난처가 되는 곳이다.

봉은사奉恩寺(광주군)

(봉은사는) 읍내에서 서북쪽으로 3여 리 떨어진 언주면彦州面 수도산修道山에 있다. (봉은사는) 선종 갑찰 대본산禪宗甲刹大本山이고 지금부터 약 1,460년 전 신라 눌지왕訥祗王 때 아도阿度[31] 화상이 건립되었다고 했으나 280여 년 전 조선 인조때 청淸의 병자호란丙子胡亂으로 인해 완전히 재로 변했다. 그것을 재건한 것으로 즉 현재의 사찰로 말사末寺 86개를 관리하고 승려 6백 수십 명이 있다.

서장대西將臺(광주군)

(서장대는 광주군) 읍내 일장산성日長山城에 있는 하나의 누각이다. 지금부터 160여 년 전 영조英祖때 건조한 것이다. 옛날에는 밖에 동·남·북의 장대將臺가 있었으나 지금은 모두 훼멸되었다.

숭열전崇烈殿(광주군)

(숭열전은) 백제百濟 제일세第一世 온조왕溫祚王의 초혼각招魂閣이다. 온조왕의 후사 31세 670여 년간 문화를 국내에 펼치고 유교儒敎 불교佛敎를 일본日本에 소개했던 것은 진실로 백제왕조百濟王朝의 공적이다. 왕의 초혼각을 건조한 것은 조선

---

31) 아도阿度: 삼국시대 구미 지역에서 활동한 승려. 아도는 선산 사람 모례毛禮를 후견인으로 하여 신라 왕성에 불교를 전도한 승려로서 후에 신라 불교 초전자로 추모되었다. 별명은 아도我道·아두阿頭. 아버지는 정시正始 년간에 고구려에 사신으로 왔던 조위인曹魏人 아굴마我堀摩, 어머니는 고구려인 고도령高道寧이다.

개국 245년 즉 일본 간에이〈寬永〉 13년이고 그 후 개국 404년 즉 일본 간세이寬政 7년에 금일봉宣額을 하사하여 숭열전崇烈殿이라 칭하고 지금에 이르기까지 매년 봄·가을에 제사를 지내고 있다.

설봉산雪峯山(이천군)

(설봉산은 이천군) 읍내면邑內面에서 서북쪽으로 약 반리半里 떨어져 있고, 산 정상에 성지城池 왜성倭城의 흔적이 있다. 분로쿠의 전역(임진왜란) 당시 옛 전쟁터이다.

설성산雪城山(이천군)

(설성산은 이천군) 청미면淸渼面에 있다. 산 정상에 성터가 남아 있고 지금부터 1천여 년전 신라시대에 축성했다고 한다.

용문산龍門山(양평군)

(용문산은 양평군) 읍내에서 동북쪽 태백산맥太白山脈 중 높은 봉우리이다. 용문사龍門寺는 그 산중에 있는 큰 절로서 경내境內에 수령 1천여 년이 지난 은행나무公孫樹가 있어 (그 은행나무) 둘레가 3장 7척에 미치고 있다. 지금도 항상 울창하고 무성하여 그 부근 일대 명승지가 많다.

이왕비강탄지李王妃降誕地(양평군)

왕비 윤씨尹氏는 양평군 서종면西宗面 수여리水餘里에서 태어났고 어릴 때 별장이 있었다. 기타 조비趙妃 홍비洪妃 역시 같은 면에서 출생했다고 한다.

봉황대鳳凰臺(양평군)

읍내에서 동북쪽으로 약 5리 떨어진 곳에 고대高臺가 있는데, (이를) 봉황대鳳凰臺라 칭한다. 봉황대는 약 3층으로 이루어져 하층은 깊은 연못深淵과 면하고 있고 중층은 지면에서 점점 높아지고 상층은 지반이 평이平夷하여 시계가 탁 트여通豁 있고 넓어서 수백명이 앉을 수 있는, 산천山川의 뛰어난形勝之地 곳이다.

신륵사神勒寺(여주군)

(신륵사는 여주군) 주내면州內面 읍내를 동북쪽으로 약 30정町 떨어진 북내면北內面 4리四里 한강 우안右岸 봉미산鳳尾山 기슭에 있고 풍경이 풍부하다. 지난 날 나옹懶翁이 건립했다고 한다. 절의 뒤쪽에 보제석종普濟石鐘이 있는 곳은 나옹의 분묘이고 보제普濟는 나옹의 시호追號이다. 나옹은 국가에 공로가 있어 부근에 토지가 하사되고, 각 토지의 수확으로 신륵사 유지비를 충당한다. 경내에 있는 오층전탑은 신라시대에 삼층석탑, 보제(존자)석종, (보제존자)비, (보제존자 앞) 석등은 신우辛隅 5년(1379) 일본 덴쥬天授 5년에 대장각기비大藏閣記碑는 동 9년(1383) 일본 고와弘和 3년에 건조된 것으로 모두 고려시대(560년 전)의 유물이다. 다층대리석탑多層大理石塔은 조선 세조 3년(1457, 450년 전)에 조사당祖師堂은 예종睿宗 원년(1469, 450여 년 전)에 극락전極樂殿은 그 후에 세워졌으며 모두 유명하다. 최근 세키노關野 박사의 고적조사보고古蹟調査報告에 의하면 그 이름이 더욱 현저하다.

고달원사터高達院址(여주군)

(고달원사터는 여주군) 북내면北內面에 있다. 망가진 고달원 원종대사高達院元宗大師[32] 혜진탑慧眞塔 및 비碑는 고려시대 광종光宗 26년(974) 일본 天延 3년(약 940년 전)에 건조되었고 또 부도浮屠 및 석조불좌石造佛座가 있다.

영릉英陵 · **영릉**寧陵(여주군)

(영 · 영릉은 여주군) 흥천면興川面 왕대리旺垈里 북성산北城山 기슭에 있다. 영릉英陵은 지금부터 470년 전 조선 제4대 세종대왕世宗大王의 능이다. 조선 개국138년 (일본 교로쿠[享祿] 원년) 양주楊州에서 이장하고, 영릉寧陵은 지금부터 260년 전 조선 효종대왕孝宗大王의 능으로 현종顯 14년에 만든 것이다. 능산陵山은 수목이 무성하고 벚꽃 및 철쭉 역시 색깔을 물들여 봄꽃놀이에 관광객이 많다. (그래서) 옛날부터 이릉춘색二陵春色이라고 선전되고 있다.

부언: 세키노 박사의 고적조사보고서에 의하면 영릉英陵은 조선의 초기를, 영릉寧陵은 조선 중기를 대표하며 모두 좋은 지역에 모든 것을 갖추고 있다. 호석護石, 석란石欄, 석상石床, 망주장명석望柱長燈石, 양석羊石, 호곡장虎曲墻, 문무석文武石, 인석人石, 마석馬石, 정자각丁字閣, 비각碑閣, 수자방水刺房, 홍문紅門 등이 모

---

32) 원종대사 찬유元宗大師 璨幽(869~958): 선승禪僧. 성은 김씨金氏. 자는 도광道光. 계림鷄林하남河南(현재의 경상남도 하동) 출신. 아버지는 용勇이다. 13세 때 상주 삼랑사三朗寺의 융제融諦를 찾아갔으나 융제는 그가 법기法器임을 알고 혜목산慧目山심희審希를 스승으로 모시게 하였다. 890년(진성여왕 4) 삼각산 장의사莊義寺에서 구족계具足戒를 받고 광주송계선원松溪禪院에서 심희의 권유에 따라 892년에 상선商船을 타고 입당入唐하여, 서주舒州투자산投子山의 대동大同에게 선을 배우고 곧 도를 깨달았다. 그 뒤 중국의 여러 사찰들을 유람하다가 921년(경명왕 5) 귀국하여 심희를 찾아가자, 심희는 삼창사에 머물 것을 명하였다. 3년 동안 삼창사에 머물다가 고려 태조의 청에 따라 경주사천왕사四天王寺에 머물렀으나, 곧 혜목산을 좋아하여 이주하였다. 이 곳에서 많은 제자들을 배출하여 대선림大禪林을 이룩하였다. 혜종과 정종은 가사袈裟를 내렸고, 광종은 그를 왕사王師로 책봉하고 증진대사證眞大師라는 호를 내렸다. 광종은 또 개경 사나원舍那院에 머무르게 한 뒤 3일 만에 중광전重光殿에서 설법하게 하고 국사國師로 삼았으며, 은병 · 은향로 · 수정염주 · 법의 등을 내렸다. 뒤에 은퇴하여 혜목산에서 입적하였다. 혜목산 고달사高達寺에 세워졌던 그의 비는 현재 경복궁에 보존되어 있다. 제자로는 흔홍昕弘 · 동광同光 · 행근幸近 · 전인傳印 등 500여 인이 있었다. 시호는 원종대사元宗大師, 탑호塔號는 혜진慧眞이다.

두 같다.

마암馬巖(여주군)

(마암은 여주군) 읍의 동쪽 교외에 있다. 기암괴석이 한강 연안에 병립하고 풍경이 아름답다. (마암의) 한 동굴洞穴에서 민비閔妃의 조상이 그곳에서 출생했다고 전해진다. 다른 속담에 황마黃馬 여마驪馬가 이 물가水濱에서 나왔기 때문에 마암馬巖이라 했고, 또 군의 명칭郡名을 황여黃驪로 고쳤다. 이 부근은 여름 가을시절에 낚시하는 사람들이 끊이지 않고 여주 8경의 하나이다.

능주陵州(여주군)

(능주는 여주군) 여주읍에서 남쪽으로 약 1리 떨어진 곳에 있다. 하나의 작은 부락으로 민비閔妃의 출생지로 알려져 있다.

청심루淸心樓(여주군)

(청심루는 여주군) 주내면州內面 강 위에 있다. 고려왕조 이래 명승名勝이었고, 종래 객사客舍였으나 지금은 공립보통학교公立普通學校로 사용한다.

처인성處仁城(용인군)

(처인성은 용인군) 용인읍내龍仁邑內 남쪽으로 2리 반 떨어진 곳에 있다. 왕성王城이라 하나 지금은 폐허가 되어 그 터만 남아 있고 유래는 알 수 없다.

산성대山城垈(안성군)

(산성대는 안성군) 죽산竹山 부근에 있고 매성梅城이라고 한다. 성안에 하나의 사당祠堂이 있는데 송장군宋將軍의 묘廟라 칭한다. 송장군은 고려 고종高宗 때, 지금부터 680년 전 사람으로 죽주방호별감竹州防護別監의 신분으로 이곳을 축성하여 몽골의 공격을 방어하다가 패하자 자살했다. 후세 그 충성을 표창하기 위해 (사당을) 건립하고 또 그것에 부속해야 할 토지를 구입하여 지금에 이르기까지 제사가 이루어지고 있다.

칠장사 및 칠현산七長寺及七賢山(안성군)

안성군安城郡 읍내면邑內面에서 동북으로 4리반 나아가면 이죽면二竹面 죽산리竹山里에 이른다. 여기서 다시 남南으로 약 1리 반을 지나 가파른 언덕을 넘으면 바로 칠장리七長里이고 칠장사七長寺가 있는데 조선의 저명한 고찰이다. 지금부터 약 1천 년 전 고려왕조의 스님 혜소국사慧昭國師[33]가 임제종臨濟宗 포교를 위해 건립했다. 수제자 7명이 깨달아서 칠현산七賢山이라 하고, 이전에 화재로 완전히 재가 되어 보물을 불태웠 버렸으나 지금은 대웅전大雄殿 외에 5개의 불전佛殿이 있

---

33) 혜소국사 정현慧昭國師 鼎賢(972-1054): 성은 이씨李氏. 어려서 출가하여 광교사光敎寺충회忠會의 제자가 되었고, 죽산 칠장사七長寺의 융철融哲에게서 유가행瑜伽行(유가 즉, 요가법에 의한 수행)을 배운 뒤, 영통사靈通寺에서 구족계구足戒를 받았다. 996년(성종 15) 미륵사의 5교대선五敎大選에 급제한 뒤 칠장사로 돌아왔다. 999년(목종 2)에 대사大師가 되었고, 현종 때에는 수좌首座에 올랐으며, 덕종이 즉위하자 왕명에 따라 법천사法泉寺에 머물렀고, 그 뒤 승통僧統으로 임명되어 현화사玄化寺에 머물렀다. 이 때 왕은 가사袈裟를 하사하였다. 1046년 문종이 즉위하자 내전에서 『금고경金鼓經』을 강하였고, 1048년(문종 2)에는 문덕전文德殿에서 8권의 『금광명경金光明經』을 강하여 기우祈雨하였는데 영험이 있었다. 1049년 문종의 왕사가 되었고, 1054년 국사가 되었으며, 그 해 칠장사로 돌아와서 머물다가 11월 15일 문인들에게 임종게를 남기고 앉아서 입적하였다. 나이 82세, 법랍 74세였다. 시호는 혜소국사慧昭國師이며, 제자로는 영념靈念 · 돌운咄雲 · 인조仁祚 등 수십 명이 있다. 칠장사 사적事蹟에는 정현이 중국에 가서 임제정맥臨濟正脈을 계승하였고, 송나라 태조太祖가 궁중에 청하여 법문을 들은 뒤 왕사로 삼았으며, 그가 귀국하여 칠장사를 창건하여 일곱 악인을 교화하였으므로 칠현산七賢山 칠장사라 하였다고 기록되어 있다. 그러나 이 사적은 1755년(영조 31)에 원일圓一이 지은 것이고, 그의 비문에 의하면 정현이 송나라에 간 일이 없으며, 갔다고 해도 그가 송나라 태조와 만날 수 있는 연대에 살지 않았다. 또, 그가 어렸을 때 칠장사에서 공부하였으므로, 그 절을 정현이 창건하였다는 것 등의 사적기 기사들은 모두 잘못된 것이다. 또한, 임제정맥을 이은 선승禪僧이라기보다는 그의 행적으로 보아 유가밀교瑜伽密敎의 고승이었음을 알 수 있다.

다. (불전은) 여러 곳에 산재하여 산을 따라 사방을 에워싸고 있고, 멀리 세속俗
塵을 피해 스스로 신선의 경지仙境에 있는 스님 30여 명이 있다. 모두 사찰 부속
의 전답을 경작하여 옷과 먹거리를 해결한다. 또 동남쪽에 명적암明寂庵이 있고,
고목 사이에 계곡의 물이 용솟음치며 그 일대의 풍경을 풍부하게 만들어 봄 · 가
을의 시절에 철쭉과 단풍을 보러오는 관광객이 적지 않다.

기공루紀功樓 일명 克敵樓(안성군)

(기공루는 안성군) 안성읍安城邑에서 남쪽으로 1리 떨어진 곳에 있다. 고려 말 공
민왕恭愍王 10년(540여 년 전) 홍건적이 지나(중국)에서 일어나 원나라 원수를 갚고
밀고 들어와 송도(개성)을 함락시키고 파죽의 세력으로 이 성에 이르렀다. 왕은
이것을 피하기 위해 남순南巡하고, 게다가 이 성을 잘 방어하고 잘 이겨내어 적
들이 남하할 수 없었다. 난을 평정한 후 성주城主 신군愼君은 이 (기공)루를 건축
하고 영세永世의 기념으로 하여 이 이름이 된 것이다. 지금은 황폐하여 그 모습이
없다. (기공루) 동쪽은 수목이 무성하고 또 안성천이 남류하여 서해로 들어가고
서쪽은 평야로 되어 조망하기에 좋다.

안성 나루터安城渡(안성군)

(안성나루터는) 안성군安城郡의 서남 모퉁이를 흘러 안성천安城川 하류에 있다.
지금부터 28년 전 청일전쟁淸日戰爭 당시 일본군이 성환成歡 대승을 넓혀 일거에
아산을 돌파할 때 이곳을 건너갔고, 그 유명한 마츠 자키松崎 대위가 전사한 곳
이다. 후에 뜻이 있는 사람이 서로 도모하여 부근의 산 위에 비를 세웠다. 당시
오시마大島 혼성여단의 포병진지가 되어 기념한 것으로 평택역에서 약 1리반 동

쪽에 있다.

부용산芙蓉山(진위군)

(부용산은 진위군) 평택읍내平澤邑內의 북방에 있다. 이 지방에서 가장 높은 산으로 고목이 무성하고 그 모습이 연꽃芙蓉같아서 이 이름을 얻은 것이다. 동쪽은 평택평야에 접하고 서쪽은 안성천安城川 하류에서 멀리 해양을 바라볼 수 있는 전망이 매우 좋다. 산 위山上에 토성土城의 기반이 되어 있는 터가 있다.

백봉산栢峰山(진위군)

(백봉산은 진위군) 청북면靑北面 백봉리栢峯里에 있다. 지금부터 250여 년 전 조선 중엽에 해당되는 정조대왕이 수원 화산水原華山 선왕先王의 능으로 가는 도중이 매우 높고 커서 구름을 어르만지는 웅자한 모습을 바라볼 수 있고, 그 우수함을 부러워한 이래 산 아래에 말을 묶고 쉰 것이 6년간이나 된다고 한다.

무봉산舞鳳山(진위군)

(무봉산은) 진위군振威郡의 북방에 있다. 이 지역에서 최고의 산으로 한번 바라보면 서해안을 굽어볼 수 있고, 북쪽으로는 수원의 팔달문八達門을 바라볼 수 있다. (무봉산의) 동쪽으로 3정町을 가면 공자묘孔子廟가 있고 서쪽으로 10정町을 가면 고대 부성군釜城郡의 옛 터가 있고 성곽의 형태도 남아 있다.

3부

교통交通

01
도로道路

경기도京畿道의 도로道路는 종래 경성京城을 기점으로 각 도道에 이르는 9노선으로 되어 있다. 즉 현존하는 경성의주선京城義州線, 경성인천선京城仁川線, 경성목포선京城木浦線, 경성부산선京城釜山線, 경성오리진선京城五里津線, 경성원산선京城元山線 및 기타 3노선이 있다. 그들의 도로는 폭이 좁고 가파른 언덕이 존재하며 단지 도로의 이름만 있는 것에 불과한 것도 있다. 화물貨物의 운송은 사람의 어깨나 소의 등人肩牛背을 이용하면 다행일 정도로 운반하는 교통수단의 어려움을 상상할 수 있다. 특히 각 하천河川에는 교량橋梁 시설이 결핍되어있기 때문에 평시에는 도보로, 약간은 불완전하지만 나룻배에 의해 겨우 연락連絡이 유지되지만, 하루아침에 비가 내리게 되면 갑자기 교통이 두절되는 상황이 된다. 경인선京仁線 경부선京釜線 및 경의선京義線 등 철도가 점차 개통되고 교통의 상태가 일약 쇄신되었으나, 교통의 정비는 2-3철도에만 의지한 게 아니다. 그래서 메이지 39년(1906) 통감부統監府설치 이래 도로개수의 사업이 점점 그 단서를 열고 메이지 43년(1910) 총독부總督府가 설치되어 조선의 모든 도로에 걸쳐 1등도로 및 2등

도로의 도로망道路網을 규격화하고 제정하여 대규모 도로계획을 실시하기에 이르렀다.

경기도 역시 정부의 방침에 따라 정부 직할노선 이외에 모든 관내管內에 걸쳐 주요한 노선을 선정選定하고 그것에 대해 많은 지방비地方費를 투여하고 또는 국고國庫의 보조를 받아 혹은 부역夫役을 부과하여 오로지 도로를 개수하는데 노력하지 않을 수 없었다. 각 군郡에 있어서도 역시 관행慣行으로 부역夫役을 이용하여 (도로) 개수를 도모하여 갑자기 장족의 발전이 있었다. 마침내 옛날 비탈길은 변하여 평탄한 도로가 되고, 걸어서 건넜던 하천河川은 교량橋梁을 가설하고 나룻배도 역시 선박船舶으로 개량되고 혹은 발동기 배를 사용하는 등 개선되었고, 우·마차의 운행이 자유자재로 이루어지고 자동차 역시 각 방면으로 운전하기에 이르러 교통의 상태가 완전히 일신되었다. 게다가 도로의 개수는 폭이 대개 2칸間 내지 4칸이 되어 현재 관내도로는 경성부京城府 및 인천부내仁川府內의 구분을 제외하고 1등도로 5선, 2등도로 4선, 3등도로 33선 총연장 375리에 달했다. 그 중 356리는 대개 개수改修가 완료되었고 나머지는 착착 계획에 따라 진행될 것이다.

지금 경기도에 있어서 각 등各等 도로의 일람, 자동차 운전의 상황, 교통의 정비를 수반한 운반運搬 그 발달 상황 등을 나타내면 다음과 같다.

:: 관내 도로 일람표(경성부 및 인천부내에 한해서는 구분 및 각등노선의 중요부분을 제외한다)

	1등 도로	2등 도로	3등 도로
총 이정(里程)	89리 18정 6칸	67리 33정 45칸	217리 15정 14칸
개수한 이정	89, 6, 33	61, 27, 21	204, 30, 02

:: 1등 도로 일람표(경성부 및 인천부내 구분을 제외하고 관내 이정을 표시함)

노선명	구간	경유지	총 이정	개수한 이정
경성부산선	경성원표 도계 간	수원, 금양장 이천, 장호원	30리, 17정, 8칸	30리, 5정, 35칸
경성목포선	동 상	수원, 평택	20, 31, 11	20, 31, 11
경성인천선	경성원표 인천원표 간	영등포	10, 15, 16	10, 25, 16
경성의주선	경성원표 도계 간	문산, 개성	22, 9, 45	22, 9, 45
경성원산선	경성원표 도계 간	의정부, 포천군 신읍리	18, 32, 25	18, 32, 52

:: 2등 도로 일람표(경성부내를 제외한 관내 이정을 표시함)

노선명	구간	경유지	총이정	개수한 이정
의정부평양선	경성원표 도계 간	연천, 삭령	19리, 29정, 58칸	18리, 9정, 46칸
경성오리진선	동상	청평천, 가평	18, 7, 14	18, 7, 14
경성해주선	동상	개성, 토성	23, 32, 0	19, 9, 47
경성강릉선	동상	경안리, 이천, 여주	26, 5, 32	26, 5, 32

:: 3등 도로 일람표(경성부 및 인천부내의 것을 제외함)

노선명	구간	경유지	총 이정	개수한 이정
경성 양평리 간	경성부 광화문통(원표) 시흥군 북면 양평리간		1리, 34정, 52칸	1리, 25정, 5칸
경성 금양장 간	경성원표 용인군 수여면 금양장리 간	서빙고, 용인	13, 1, 4	13, 1, 4
영등포 강화 간	시흥군 영등포 강화군부내면 관창리 간	김포	12, 12, 16	12, 12, 16
김포 부평정류장 간	김포군 군내면 관청리 부천군 부내면 마분리 간		4, 31, 47	4, 31, 47
관교리 주안정류장 간	부천군 문학면 관교리 부천군 다주면 사충리 간		33, 23	33, 23
인천 관교리 간	인천부 항정(원표) 부천군 문학면 관교리 간		1, 34, 34	1, 29, 49
인천 수원 간	인천원표 수원군 수원면 신풍리 간	안산, 반월장	13, 16, 57	13, 9, 11
시흥정류장 안산 간	시흥군 동면 독산리 시흥군 수암면 수암리 간		3, 16, 22	3, 16, 22

노선명	구간	경유지	총 이정	개수한 이정
수원 마산포 간	수원군 수원면 남수리 수원군 송산면 고포리 간	남양	10리 9정 10간	10리 9정 10간
수원 발안리 간	수원군 수원면 남수리 수원군 형남면 발안리 간		5, 15, 52	5, 12, 52
발안리 평택 간	수원군 향남면 발안리 진위군 병남면 평택리 간	안중리	8, 27, 32	8, 27, 32
평택 온양 간	진위군 병남면 평택리 충청남도 천안군 온양 간	서면석근리	관내 2, 0, 14	2, 0, 14
평택 장호원 간	진위군 병남면 평택리 이천군 청미면 장호원리 간	안성, 죽산	15, 9, 59	15, 9, 59
안성 서정리 간	안성군 읍내면 동리 진위군 송탄면 서정리 간	양성	7, 14, 26	6, 11, 22
안성 성환 간	안성군 읍내면 동리 충청남도 천안군 성환 간	미양면 개정리	관내 1, 32, 52	
성환 진천 간	충청남도 천안군 성환 충청북도 진천군 진천 간	안성군 서운면 지내	관내 25, 22	
죽산 진천 간	안성군 이죽면 죽산리 충청북도 진천군 진천 간	이죽면 두교리	관내 2, 15, 35	2, 15, 35
양지 죽산 간	용인군 내사면 양지리 안성군 이죽면 죽산리 간	백암	6, 23, 5	6, 16, 10
금양장 경안리 간	용인군 수여면 금양장리 광주군 경안면 경안리 간		5, 17, 28	5, 17, 28
경안리 청평천 간	광주군 경안면 경안리 가평군 외서면 청평리 간		10, 32, 13	8, 19, 51
경성 양평 간	경성 원표 양평군 갈산면 양근리 간	덕소리	15, 14, 37	14, 30, 57
양평 장호원 간	양평군 갈산면 양근리 이천군 청미면 장호원리 간	여주	13, 12, 51	13, 12, 51
이천 광탄 간	이천군 읍내면 창전리 양평군 용문면 광탄리 간	이포리	9, 0, 19	9, 0, 19
양평 홍천 간	양평군 갈산면 양근리 강원도 홍천군 홍천 간	광탄리,용두리	관내 8, 3, 29	8, 3, 29
양평 횡성 간	양평군 갈산면 양근리 강원도 횡성군 횡성 간	광탄리,용두리	관내 9, 3, 30	9, 3, 30
청평천 포천 간	가평군 외사면 청평리 포천군 서면 신읍리 간	현리	10, 31, 15	7, 24, 26
마전 영평 간	연천군 미산면 마전리 포천군 영중면 성동리 간	영평,전곡	6, 24, 59	6, 17, 29
연천 철원 간	연천군 군내면 차탄리 강원도 철원군 철원 간	군내면 와초리	관내 1, 20, 22	1, 20, 22

노선명	구간	경유지	총 이정	개수한 이정
연천 장단정류장 간	연천군 군내면 차탄리 장단군 진동면 동장리 간	마전, 고랑포	14리 6정 6칸	14리 6정 6칸
문산정류장 마전 간	파주군 임진면 문산리 연천군 미산면 마전리 간	적성	7, 31, 21	7, 29, 51
장단 삭령 간	장단군 군내면 읍내리 연천군 북면 삭령리 간	구화리	11, 23, 37	10, 23, 25
개성 강화 간	개성군 송도면 남대문 강화군 부내먼 판청리 간		7, 14, 13	7, 14, 13
강화 교동 간	강화군 부내면 관청리강화군 화개면 읍내리 간		3, 32, 48	3, 6, 13

:: 자동차 운전구간 일람표(주요한 것을 드러냄)

운전구간	거리 수	경유지	비고
경성 춘천 간	26리 8정	청량리, 망우리, 금곡리 마석우리, 청평천, 가평	
경성 충주 간	35, 25	경안리, 곤지암리, 이천 장호원리	제천, 금천방면으로 가서 연결됨.
경성 포천 간	11, 26	의정부, 송양리	
포천 금화 간	14, 15	만세교, 양문리, 지포리	
경성 원주 간	32, 32	경안리, 곤지암리, 이천 여주	강릉행으로 연결됨.
경성 덕소리 간	5, 0	청량리, 망우리	
경성 양평 간	23, 19	경안리, 곤지암리, 이천 이포리	이천 경유
경성 벽제관 간	5, 25	홍제외리	
경성 강화 간	15, 6	영등포, 양천, 김포, 통진	
인천 부평 간	4, 26	부평정류장	
수원 원주 간	29, 3	금양장, 양지, 우천, 이천, 여주	강릉행으로 연결됨
수원 고천리 간	2, 11		
수원 발안리 간	5, 15		
평택 장호원 간	15, 9	안성, 죽산	
양평 홍천 간	13, 0	광탄리, 용두리	
양평 홍성 간	14, 0	광탄리, 용두리	
장단정류장 고량포 간	4, 10	장단	
사성 벽란 간	2, 10		예성강 대안(對岸)에서 해주행으로 연결됨

비고: 그 외 경성목포선 및 경성의주선은 모두 운전이 가능하고 현재 영업하는 것도 있다.

:: 육상 운반도구 일람표

연차	자동차	인력거	짐수레	소달구지	짐마차	마차	합계
다이쇼5년(1916)	21	2,143	4,637	1,853	590	24	9,268
다이쇼6년(1917)	25	2,233	6,472	2,179	629	17	11,555
다이쇼7년(1918)	49	2,139	6,841	2,687	522	9	12,247
다이쇼8년(1919)	100	2,063	6,598	3,262	682	11	12,716
다이쇼9년(1920)	137	2,245	7,462	3,738	1,523	11	15,116

02
철도鐵道

1. 국유철도國有鐵道

철도는 경부京釜, 경의京義, 경원京元 및 경인京仁의 각 노선이 경기도 관내를 관통하고 총길이 176리哩 2분分으로 각 지방으로 통하는 간선幹線을 이루고 있다. 실로 경성京城은 그 중심이 되어 여객 화물旅客貨物의 운송이 매년 증가하고 있다. 사방 각지로 가는데 이용이 매우 편리하다. 최근 운송 수입을 보면 조선의 전체 노선에서 2,270여만 원인데 (그 가운데) 경기도 관내 수입은 616만 여원 약 27%를 차지한다. 그 중 남대문역(경성)에서는 287만 여원을 올려 전노선에서 제1위를 차지하고 매년 증가하는 추세이다. 현재 관내管內에서 운수상황을 나타내는 통계는 다음과 같다.

연도	거리	여객		손짐		화물 짐		운수 수입(원)		
		승차인원	하차인원	발송	도착	발송	도착	객차수입	화차수입	합계
다이쇼7년 (1918)	163,8	2,886,977	2,877,976	5,018,858	12,080,839	541,044	566,734	2,745,999	1,895,967	4,641,966
다이쇼8년 (1919)	163,8	3,427,238	2,648,814	8,899,170	13,492,772	739,505	918,939	3,573,665	1,582,254	5,155,919
다이쇼9년 (1920)	176,2	3,626,290	3,625,315	2,489,744	14,401,776	596,612	793,315	4,085,114	2,079,093	6,164,207

:: 경기도 관내 주요 화물 발착 톤수(1)

연차	발송 톤수	도착 톤수	적요
다이쇼 7년(1918)	532,086	521,007	
다이쇼 8년(1919)	738,216	883,446	
다이쇼 9년(1920)	596,612	793,315	

:: 경기도 관내 주요 화물 발착 톤수(2)

노선 별	발송 톤수			도착 톤수
	대량화물	소량화물	합계	
경부(京釜)	347,630	81,324	428,954	710,518
경의(京義)	35,703	5,689	41,392	38,257
경원(京元)	122,067	4,199	126,266	44,540
계	505,400	91,212	596,612	793,315

2. 사설 철도私設鐵道 및 궤도軌道

경기도 관내에 있어서 경성전기주식회사京城電氣株式會社 경영에 담당하는 경성부내京城府內에 있어서 전차電車를 제외하고 아직 사설철도私設鐵道 및 궤도軌道가 개통開通된 것은 없고, 이미 부설허가敷設許可를 받은 철도는 다음 3선이 있으나 공사에 착수했던 것은 안성 군산대안安城群山對岸 간의 일부분만이다.

:: 미개설 사설철도 일람표

경영자	구간	원동력	비고
조선경남철도주식회사	안성군산대안간	증기	충청남도 천안온양간 공사 착수중
조선경동철도주식회사	수원여주간	증기	미착수
경춘전기철도주식회사	청량리춘천간	전기	미착수

03
해운海運

경기도의 해안선海岸線은 길이가 5백 해리로 항만港灣이 풍부하지만 조석간만潮汐干滿의 차가 커서 인천항仁川港을 제외하고는 모두가 항만이 얕아 거선巨船을 정박하기에 적당하지 않다. 게다가 종래 조선朝鮮에 있어서 해운업海運業은 발달되지 않아 큰 배를 소유한 자도 없었다. 모두가 300석石 미만의 범선帆船을 사용하거나 혹은 노를 저어 운행하는 작은 배로 항해航海하는 것이었다. 따라서 항해권航海權은 거의 내지경영자內地經營者(일본경영자)의 독점하고 있는 상황이다. 일본우편선주식회사日本郵船株式會社, 오사카상선주식회사大阪商船株式會社, 조선우편선주식회사朝鮮郵船株式會社를 주로 하고 기타 개인경영個人經營의 선박船舶은 연안沿岸 및 내지요항內地要港 기타 해외제항海外諸港을 항행航行한다.

지금 인천항仁川港에서 정기항로定期航路 및 선박출입船舶出入 상황을 나타내면 다음과 같다.

:: 인천항 정기항로 일람표

종별	노선	항해도 수	사용선		경영자	적요
			선수	총톤수		
조선총독부 명령항로 (朝鮮總督府命令航路)	인천목포선 (仁川木浦線)	월 3	1	92	조선우편선주식회사 [朝鮮郵船株式會社]	
동(同)	인천진남포선 (仁川鎭南浦線)	월 4	1	240	동(同)	
동(同)	신의주사카카미선 [新義州坂神線]	월 3	2	1,458	동(同)	
관동청(關東廳) 동(同)	다렌즈푸인천선 [大連芝罘仁川線]	월 4	1	1,380	아와공동기선주식회사 [阿波共同汽船株式會社]	
경기도 황해도 동(同)	인천해주선 (仁川海州線)	월13	1	61	조선우편선주식회사 [朝鮮郵船株式會社]	
체신자(遞信者) 동(同)	요코하마북지나선 [橫濱北支那線]	월 4	3	5,201	일본우편선주식회사 [日本郵船株式會社]	가는 배만 인 천에 기항함
동(同)	조선서안선 (朝鮮西岸線)	연26	2	2,854	조선우편선주식회사 [朝鮮郵船株式會社]	
자영(自營)	인천다렌칭따오선[仁川大連靑島線]	월 3	1	722	동(同)	
동(同)	인천구도선 (仁川舊島線)	월 3	1	39	다나카 츠네마츠 [田中常松]	
동(同)	인천선장선 (仁川仙掌線)	월 6				
동(同)	인천강화도선 (仁川江華島線)	일항	1	14	유진식(兪鎭植)	발동기선
동(同)	인천해주선 (仁川海州線)	월13	1	28	다나카 츠네마츠 [田中常松]	
동(同)	오사카안동선 [大阪安東線]	월15	1	997	천화양행(天華洋行)	
동(同)	동(同)	월2	2	1,966	오사카상선주식회사[大阪 商船株式會社]	

:: 인천항 선박 출입수 일람

척수	종별	다이쇼 7년(1918년)		다이쇼 8년(1919년)		다이쇼 9년(1920년)	
		척수	톤수	척수	톤수	척수	톤수
입항선 (入船)	기선	181	123,994	269	175,721	613	344,993
	범선	1	74	11	1,782	7	765
	중국의 소형범선	655	33,451	684	37,490	304	16,910
	계	837	157,549	964	214,993	924	362,668
출항선 (出船)	기선	182	124,960	271	177,175	608	342,766
	범선	4	228	8	1,653	8	876
	중국의 소형범선	655	33,451	683	37,480	305	16,920
	계	841	158,639	992	216,308	921	360,562

04
강운江運

경기도에 있어서 큰 강은 한강漢江 및 임진강臨津江 두 강으로 배舟揖가 편리하였다. 그럼에도 불구하고 종래 조선朝鮮에 있어서 조선술造船術은 유치幼稚하여 선체船體의 구조構造가 조잡할 뿐만 아니라 그 조종操縱이 느리고 둔하여遲鈍 수리 이용 기술이 결핍되었기 때문에 하늘이 준 강운江運도 충분히 이용할 수 없는 상태가 되었다. 지금 각 하천河川에 대한 그 개요槪況를 서술한다.

1. 한강漢江

한강은 조선 5대강의 하나로 총길이 120리里에 달한다. (한강은) 강원도 삼척군 응봉鷹峰의 북쪽 계곡에서 발원하여 정선旌善 영월寧越 단양丹陽 충추忠州 부근을 흘러 경기도에 들어오고 여주驪州 및 양평부근楊平附近을 흘러 광주군廣州郡 우천리牛川里 부근에서 북한강北漢江의 지류와 합쳐져 경성京城의 남쪽을 지나 김포군金浦郡 북쪽 끝에 이르고 임진강臨津江과 합쳐 강화도江華島 부근에서 황해黃海로 들어간다. (한강의) 흐름은 대개 느리게 흐르기 때문에 수심은 배舟揖에 편리하고, 한강 유역 각 곳에 경치가 아름다운 곳形勝之地이 많고 도읍都邑 역시 적지 않다. 게다가 그 하류는 경성京城을 중심으로 철도선로鐵道線路에 의해 운수교통運輸交通이 대단히 편리하다. 그러나 중류이상 한강유역 대부분은 아직 철도 및 도로의 이용에 미치지 못하고 있다. (따라서) 물자의 이동과 출입移出入은 대부분 한강의 수운에 의지한 상태이다.

한강은 평상시 배 운항이 편리한 것은 하구河口(임진강 합류점)에서 강원도 영월寧越에 이르는 약 76리 구간으로 동계 결빙기간(보통 12월 중순에서 다음해 3월 상순까지)을 제외하고 항상 배와 뗏목舟筏으로 이용하기에 얼음이 녹은 후解氷後 및 얼음이 얼기 전結氷前이 가장 성수기였다. 그 안에 충청북도 단양부근丹陽附近에서 우천리牛川里 부근에 이르는 약 38리 구간은 주로 조선형 범선朝鮮型帆船 50 - 60석石을 쌓을 수 있는 것 및 소수의 일본형 범선日本型帆船 400 - 500관貫을 적재할 수 있는 것을 이용한다. 통행通行을 보면 우천리 부근에서 하구河口에 이르는 약 23리 구간은 100석 내지 150석을 적재할 수 있는 조선형 범선朝鮮型帆船이 상·하행하고, 용산龍山 이하에서 소증기선小蒸汽船을 통해서 이들 구간은 종래 화물 운반만이 아니라 여객을 이용하는 자가 많았다. (그러나) 근래 도로의 개수改修와 함께 자동차自動車 인력거人力車의 교통이 편리하게 되어 그 이용이 크게 감소되지만 오히려 하항下航에서는 여객의 편승자가 줄어들지 않았다. 철도 개통 이전開通以前은 경인간京仁間 운수運輸는 첫째로 한강의 수운에서 소기선小汽船이 왕래해도 현재는 철도를 이용하는 자가 많고 기선汽船의 왕래가 끊어졌지만 중량화물重量貨物 및 긴급을 필요로 하는 화물은 수운水運에 의한 것이 많고 매일 일본 범선, 조선범선日鮮型帆船이 항행航行하는 것이 수십 척에 이르고 있다. 용산龍

山, 마포麻浦, 양화진楊花津 등은 돛대가 죽 늘어서서 수많은 화물들의 출입이 많고, 아울러 상류에 있어서 각 하진河津에 대한 중개仲介가 이루어지고 있다. 한강에서 주요한 기항지는 영성(寧城: 강원도) 영춘永春 단양丹陽 탄금대彈琴台 목계牧溪: 충청북도) 백암白岩 여주驪州 양평楊平·우천리牛川里 뚝도纛島 서빙고西氷庫 용산龍山 마포麻浦 양화진楊花津 등이다. 특히 용산은 예부터 계림8도의 세공미(歲貢米:공물로 바친 쌀)의 집적지로 알려져 있다. 그리고 충주부근에서 용산간 조선형 범선으로는 상항遡航에 7일 내지 14일 걸리고 하항下航은 5일 걸리고, 일본형 범선으로는 상항 5일 내지 7일 걸리고 하항 2일 내지 3일이 필요하고, 경성 인천간京城仁川間은 상항 3-4일을 필요로 한다.

　　지류 북한강北漢江은 강원도 회양군淮陽郡과 함경남도와 경계를 이루는 철령鐵嶺에서 발원하여 화천華川 춘천春川(강원도) 부근을 흘러 경기도로 들어와 가평청加平淸, 평천平川을 지나 본류에 들어온다. (북한강) 물길이 83리里가 되며 통상 배를 이용한다. 합류점에서 강원도 양구군楊口郡 서호리西湖里에 이르는 약 35리에서는 조선형 범선 50석 내외로 궤도를 돌아다니며 춘천春川은 일본형 400 - 500관貫을 적재할 수 있는 것을 사용해 통행한다. 북한강의 수운(水運)도 역시 경성 오리진선京城五里津線 도로가 개수됨에 따라 여객 화물의 수가 감소했다. (그래도) 중량화물 및 긴급을 필요로 하는 화물은 수로를 의존하는 것이 많다. 특히 일본형 범선은 항행이 신속하여 대체적으로 정기 항행을 하며 하항下航의 여객 대부분은 이것을 이용한다. 주요 기항지는 화천華川(강원도) 가평加平 청평천清平川 등으로 춘천용산간春川龍山間 조선형 범선으로는 상항 10일 내지 20일 하항 7일이 걸리고 일본형 범선으로는 상항 5-6일 하항은 1일 내지 2일을 필요로 한다.

　　본류 및 북한강 수원지는 목재의 생산이 많아 주벌舟筏(뗏목)로 하여 용산에 하역하는 것이 매년 수십만 원에 달한다. 또 본강의 지류에는 북한강 외에 달천達川 섬강蟾江 조양강照陽江 홍천강洪川江 등이 있고 모두 뗏목을 이용한다.

2. 임진강臨津江

임진강의 발원지는 함경남도咸鏡南道 덕원군德源郡 마식령馬息嶺에서 발원하여 남쪽으로 흘러 이천伊川 안협安峽(강원도)을 지나 경기도로 들어와 마전麻田 동남쪽에서 지류 한탄강漢灘江과 합쳐 고랑포高浪浦 장단長湍및 문산 부근汶山附近을 흘러 파주군坡州郡 탄현면炭縣面에 이르러 한강漢江과 합쳐져 황해黃海로 들어간다. 물 길이가 65리에 달해도 하류부근을 제외하고는 대개 급류로 강둑河岸(하천이나 호수, 바다와 육지를 분리시키기 위해 쌓아놓는 둑)이 낭떠러지를 이루는 부분이 많아 수운水運을 이용하기 어렵다. 그래서 배가 통하는 부분인 하구河口에서 이천군伊川郡 안협安峽에 이르는 31리 구간도 물깊이가 얕아 소형선小型船만 통행이 가능하다. (따라서) 상시 완전히 머물수寄港 있는 곳은 장단군長湍郡 고랑포高浪浦에 이르는 10리 여에 불과하다. (임진강) 본류는 경원선京元線 철도 개통이전에는 평강平康 및 철원일대鐵原一帶의 고원高原지대와 연천부근 漣川附近 평야에서 나오는 농산물을 밖으로 내보내고移出 소금과 기타 수산물을 들여오는移入 것은 어려움과 험준함을 참아내고 본 강(임진강) 이용에 기대해야 한다. (그러나) 철도의 개통과 함께 배 다니는게航行 거의 끊어져서, 단지 고랑포 이하에서 선박의 운행을 볼 수 있으며 그 수도 옛날에 비해 반에 불과하다. 대부분은 조선형 범선으로 100석 내외로 선적할 수 있는 것이 가장 많고, 일본형 범선 역시 약간 운행되고 있다. 기항지 고랑포는 이른바 장단 대두大豆 집산지로 유명하다.

4부

통신通信

01
통신기관 배치상황

통신기관通信機關의 배치 상황配置狀況은 아래 표처럼 점차 배치 수가 증가하고 있는데, 이는 토지의 발전, 통신력通信力의 증가에 따른 결과로써 일반사람들이 이용하는 것이 편리해진 것은 틀림없다.

연도별	우편국	우편소	전신취급소	우편함	우편어음 수표 판매소
다이쇼 7년 (1918)도 말	17 외분실 1	62	18	616	509
다이쇼 8년 (1919)도 말	17 외분실 1	64	18	619	543
다이쇼 9년 (1920)도 말	13 외분실 1	69	18	630	539

비고: 다이쇼 9년도(1920년)에 우편국 수가 감소하는 것은 각 국용局에서 사무의 실황을 조사하여 거래 건수가 적은 우편국을 우편소로 개정했기 때문이다. 그 때문에 대중이 누리는 편리함에는 어떤 영향이 없다는 것은 말할 필요도 없다.

02
우편국 · 소 사무취급 구별

(다이쇼 10년〈1921년〉 5월말 현재)

1) 우편국 사무취급

경성	우(郵), 전(電), 교(交), 화(話), 세불급(歲不扱)
경성국분실(총독부구내)	우무집배(郵,無集配), 무배(無配), 세불급
서대문	우, 전, 화, 세불급
광화무	우, 전, 화, 세불급
남대문	우, 전, 화, 세불급
용산	우, 전, 교, 화, 세불급
인천	우, 전, 교, 화, 세불급
영등포	우, 전, 교, 화
개성	우, 전, 교, 화
수원	우, 전, 교, 화
이천	우, 전, 화
연천	우, 전, 화
강화	우, 전, 화
문산	우, 전, 화
경성철도	철도우편사무에 한함

2) 우편소 사무취급

명칭	사무취급
경성 본정(本町) 3가(丁目)	우, 무집배(無集配), 전무배(電無配), 화, 세불급
경성 본정 5가	우, 무집배, 전무배, 화, 세불급
경성 종로 3가	우, 무집배, 전무배, 화, 세불급
경성 본정 2가	우, 무집배, 전무배, 화, 세불급
경성 명치정(明治町)	우, 무집배, 전무배, 화, 세불급
경성 남대문내	우, 무집배, 전무배, 회, 세불급
경성 황금정(黃金町) 2가	우, 무집배, 전무배, 화, 세불급
경성 관훈동	우, 무집배, 전무배, 화, 세불급
경성 종로	우, 무집배, 전무배, 화, 세불급
경성 태평통	우, 무집배, 전무배, 화, 세불급
경성 고시정(古市町)	우, 무집배, 전무배, 화, 세불급
경성 원남동	우, 무집배, 화, 세불급
경성 황금정 3가	우, 무집배, 전무배, 화, 세불급
경성 종로 5가	우, 무집배, 전무배, 화, 세불급
경성 통의동	우, 무집배, 전무배, 화, 세불급
용산 원정(元町) 2가	우, 무집배, 전무배, 화, 세불급
용산 한강통	우, 무집배, 전무배, 화, 세불급
용산 원정 3가	우, 무집배, 전무배, 화, 세불급
인천 화정(花町)	우, 무집배, 전무배, 화, 세불급
인천 화방정(花房町)	우, 무집배, 전무배, 화, 세불급
인천 내리(內里)	우, 무집배, 전무배, 화, 세불급
수원 정류장(停車場)앞(前)	우, 전, 화
평택	우, 전, 화
소사(素砂)	우, 전, 화
오산	우, 전, 화
토성(土城)	우, 전, 화
마포	우, 전, 화
뚝도(纛島)	우, 전, 화
노량진	우, 전, 화
군포장	우, 전, 화
교하	우, 전, 화
가평	우, 전, 화
금곡	우, 전, 화
고양	우, 전, 화
안양	우, 전, 화
부평	우, 전, 화

명칭	사무취급
과천	우, 전, 화
죽산	우, 전, 화
장호원	우, 전, 화
양지	우, 전, 화
영평	우, 전, 화
마전	우, 전, 화
오나리(吾羅里)	우, 전, 화
양성	우, 전, 화
용인	우, 전, 화
삭령	우, 전, 화
풍덕	우, 전, 화
교동	우,
의정부	우, 전, 화
고랑포	우, 전, 화
양천	우, 전, 화
안성	우, 전, 화
김포	우, 전, 화
양평	우, 전, 화
여주	우, 전, 화
안령리	우, 전, 화
동두천	우, 전, 화
관청리	우, 전, 화
송파	우, 전, 화
일산	우, 전, 화
남양	우, 전, 화
왕십리	우, 전, 화
장단정류장앞	우, 전, 화
발안	우
금곡	우
서정리	우
포천	우, 전, 화
장단	우, 전, 화
광주	우, 전, 화

3) 전신취급소

명칭	사무취급
남대문	화(和), 구(歐)
용산	화, 구
수원	화
인천	화
개성	화
조선호텔내	화, 구
문산	화
토성	화
소사	화
장단	화
평택	화
일산	화
뉴현(杻峴)	화
오산	화
청량리	화
의정부	화
영등포	화
연천	화

범례 1. (우)는 통상적인 우편 및 소포우편의 집배사무와 아울러 외국환저금, 세출 · 세입 수납과 지불사무를 취급하는 것.
　　 2. (우,무집배)는 우편물 집배사무를 취급하지 않는 것
　　 3. (전)은 전신사무를 취급하는 것
　　 4. (전무배)는 전보 배달사무를 취급하지 않는 것
　　 5. (교)는 전화교환사무를 취급하는 것
　　 6. (화)는 전화통화사무를 취급하는 것
　　 7. (세불급)은 세입금 세출금 세입세출외 현금의 대체 교환 수납과 지불에 관한 사무를 취급하지 않는 것
　　 8. 전신취급소 중(화)가 있는 것은 일문 전보만을 취급하고 (화,구)가 있는 것은 일문 및 영문전보만을 취급하는 것
　　 9. 경성국 총독부구내 분실은 통상우편 소포우편의 인수 및 전보의 접수 교부, 외국환저금의 수납과 지불에 한해
　　　 취급한다.

03
통신 상황 일람

최근 3년간 통신상황通信狀況은 아래 표와 같이 매년 증가하며 더욱이 장래 더욱 늘어날 추세임을 엿볼 수 있다. 그것은 조선이 개발開發된다는 상징으로서 기뻐할만한 현상이다.

1. 우편, 전신, 전화

연도	통상우편물통수		소포우편물개수		전보통수		전화	
	인수	배달	인수	배달	발신	착신	가입자수	통화도수
다이쇼 6년 (1917)도	34,016,052	30,302,289	690,770	376,212	853,033	881,294	4,555	18,530,907
다이쇼 7년 (1918)도	38,143,671	33,360,969	886,385	466,634	1,013,055	1,080,991	4,792	21,149,111
다이쇼 8년 (1919)도	42,738,197	36,829,041	950,881	504,240	1,208,074	1,330,129	4,908	24,085,179

2. 국내 우편환전

(단위 : 엔)

연도	발 행		지 불	
	개수	금액	개수	금액
다이쇼 6년(1917)도	404,758	9,563,314	595,036	9,593,148
다이쇼 7년(1918)도	428,909	12,262,336	681,416	13,135,375
다이쇼 8년(1919)도	434,860	14,161,381	674,465	16,933,197

3. 우편저금

(단위 : 엔)

연도	예 입		지 불		1회 평균 금액	
	회수	금액	회수	금액	예입	환불
다이쇼6년(1917)도	650,471	4,297,302	186,130	4,145,404	7	22
다이쇼7년(1918)도	637,851	5,174,608	190,128	4,779,700	8	25
다이쇼8년(1919)도	533,758	6,066,267	180,505	6,131,032	11	34

참고

:: 내선인(內鮮人 : 일본인 조선인) 우편저금 비교

(단위 : 엔)

연도	내지인(일본인) 저금			조선인 저금		
	인원	금액	1인평균액	인원	금액	1인평균액
다이쇼6년(1917)도	65,246	2,176,252	33	163,789	392,249	2
다이쇼7년(1918)도	69,059	2,654,163	38	177,427	417,388	2
다이쇼8년(1919)도	71,803	2,702,922	38	186,877	18,188	2

04

우편물 송달送達 소요 일수
(다이쇼 10년〈1921〉 5월말일 현재)

1) 경기도 관내

주소지	송달일수	주소지	송달일수	주소지	송달일수
광주	1일	이천	1일	양평	2일
마포	동	여주	2일	문산	1일
영등포	동	오산	1일	장단	동
노량진	동	평택	동	개성	동
양천	동	안성	동	풍덕	동
오나리	동	양성	동	토성	동
김포	동	죽산	동	고랑포	동
군포장	동	장호원	2일	의정부	동
안양	동	뚝도	1일	안녕리	동
과천	동	고양	동	동두천	동
소사	동	일산	동	관청리	동
인천	동	교하	동	송파	동
부평	동	금곡	동	발안	동
강화	2일	마전	동	왕십리	동
교동	3일	연천	동	금곡	동
수원	1일	삭령	동	서정리	동
남양	동	포천	동	수원정류장앞	동
용인	동	영평	동		
양지	동	가평	동		

2) 조선내 주요지

주소지	송달일수	주소지	송달일수	주소지	송달일수
공주	1일	대구	1일	청진	3일내지 6일
목포	동	김천	동	혜산진	9일내지11일
부산	동	사리원	동	강릉	4일내지 7일
대전	동	의주	2일	진남포	1일
광주	동	함흥	1일	중강진	8일
마산	동	경성(慶城)	3일내지 5,6일	성진	2일내지 4일
강경	동	포항	2일	제주	3일내지 8일
순천	3일	황주	1일	해주	1일
진주	2일	신의주	동	안주	동
청주	1일	북청	3일내지 5일	원산	동
군산	1일	회령	3일내지 7일	나남	3일내지 6일
울산	2일	춘천	1일	울릉도	4일내지 9일
충주	2일	평양	동		
전주	1일	강계	3일		

3) 내지(일본) 및 만주 북지나(북중국) 주요지

주소지	송달일수	주소지	송달일수	주소지	송달일수
후쿠오카[福岡]	2일	미토[水戸]	3일	쓰[津]	3일
미야자키[宮崎]	동	모리오카[盛岡]	4일	가나자와[金澤]	동
다카마쓰[高松]	동	봉천[奉天]	2일	요코하마[橫濱]	동
나라[奈良]	3일	텐진[天津]	3일	지바[千葉]	동
교토[京都]	동	사가[佐賀]	2일	센다이[仙台]	4일
도야마[富山]	동	오카야마[岡山]	동	삿포로[札幌]	5일
고후[甲府]	동	도쿠시마[德島]	3일	장춘[長春]	2일
마에바시[前橋]	동	오사카[大阪]	2일	나가사키[長崎]	2일
아키타[秋田]	4일	와카야마[和歌山]	3일	마쓰에[松江]	3일
안동현[安東縣]	1일	시즈오카[靜岡]	동	고베[神戸]	2일
베이징[北京]	3일	니가타[新潟]	4일	기후[岐阜]	3일
오이타[大分]	2일	후쿠시마[福島]	동	후쿠이[福井]	동

주소지	송달일수	주소지	송달일수	주소지	송달일수
가고시마[鹿兒島]	2일	아오모리[青森]	4일	토쿄[東京]	3일
히로시마[廣島]	동	다롄[大連]	2일	우쓰노미야[宇都宮]	동
돗토리[鳥取]	3일	칭따오[青島]	4일	야마가타[山形]	4일
오쓰[大津]	동	구마모토[熊本]	2일	하얼빈[哈爾賓]	3일
나고야[名古屋]	동	마쓰야마[松山]	동		
나가노[長野]	동	고치[高知]	3일		

범례 1. 본 표는 경기도청과 관내 각국·소 소재지, 조선내 각도청 및 부청소재지 기타 주요지, 내지(일본) 각부·현·도청
　　　 소재지, 만주북지나(만주북중국) 각 주요지간 발착우편물 송달 소요일수(우편국·소에 도달하기까지의 일수)를 나타내는 것.
　　 2. 본 표는 모두 오전 경성발 도착에 의한 것을 조사한 것임.

5부

지방행정地方行政

01
도 · 부 · 군 · 면道府郡面

경기도 면적은 830만 방리(方里: 10里평방) 69이며 2개의 부府 20개의 군郡 249개의 면面을 관할한다. 지금 한일병합 당시의 2부府 36군郡 495면面과 비교하면 군郡에서 16개, 면面에서 246개가 감소되었다. 대체로 종래 부 · 군 · 면府郡面의 구역은 그 경계가 얽혀錯綜 있고 게다가 면적面積 호구戶口 자금력資金力에서 심한 격차가 있다. 군郡 가운데 작은 것은 큰 면面의 면적에도 미치지 못하여 면面이 작은 것은 면민面民의 부담이 과중하여 고통을 느끼고 게다가 (면을) 유지하기가 곤란하기 때문에 각종 시설이 통일되지 못하고 있다. 그 보조步調 하나로 할 수 없기 때문에 이들 면민面民의 부담을 경감輕減하고 행정行政을 원활하게 하기 위해 다이쇼 3년(1914) 3월 부 · 군府郡의 통폐합을 실시했다. 더욱이 동년 4월 면面의 통폐합을 실시하여 지방행정의 기초인 부 · 군 · 면을 통일시켰다. 게다가 부府내 정 · 동리町洞里 및 면面내 동리洞里의 통폐합에 관해서도 역시 다이쇼 3년에서 동 4년(1914-1915년)에 걸쳐 토지조사사업을 진행하면서 동시에 면적面

積 자금력資金力 기타를 조사하고 관찰하여 실시했다. 현재 2,730개의 정·동리町洞里를 갖기에 이르고 도·부·군·면道府郡面에 있어서 사무는 매년 모두 늘어나고 직원의 증가를 불러옴과 동시에 그 경비도 역시 매년 많이 늘어나고 있다. 나라의 행정 외에 도·부·군·면의 행정에 관해서는 도道에 지방비령地方費令이 있고 부府에 부의 제도府制가 있으며 면面에는 면의 제도面制가 있어서 모든 범위에서의 지방자치의 실질을 가지고 있다. 각 지방에 적용할 수 있는 행정을 행하고 나라의 행정과 연결해 지방의 발전을 도모하고 민복民福을 증진시키는 것이다.

다음에 도道의 행정구획 기타 관계사항을 표시하고, 도지방비 및 부제와 면제 등에 관한 항項을 개정하여 기술한다.

:: (一) 도관구표(道管區表) (다이쇼 10년〈1921〉 10월 조사)

| 부군명 | 부군청 위치 | 면적 | 행정구획 | | 도청과의 거리 | | |
			면수	정·동·리 수	육로	기차로	수로
경성부	본정(本町) 1가	2.34빵리		186	0리 15정	매분	해리
인천부	중정(仲町) 1가	0.41		51	0.07	24.1	
고양군	경성부죽첨정(竹添町) 1가	30.72	12	155	0.15		
광주군	경안면 경안리	49.81	16	183	10.10		
양주군	시둔면(柴芚面) 의정부리	63.03	16	148		21.4	
연천군	군내면 차탄리	52.74	13	111		47.9	
포천군	서면 신읍리	53.17	12	88	6.11	21.4	
가평군	군내면 읍내리	46.16	6	47	16.17		
양평군	갈산면 양근리	65.62	12	112	14.22		
여주군	주내면 창리	41.68	10	159	20.24	25.8	
이천군	읍내면 창전리	29.90	11	132	15.28		
용인군	수여면 금양장리	41.07	12	115	6.29	25.8	
안성군	읍내면 동리	35.14	12	170	4.18	46.9	
진위군	병남면 군문리	26.36	11	128		46.9	

부군명	부군청 위치	면적	행정구획		도청과의 거리		
			면수	정·동·리 수	육로	기차로	수로
수원군	수원면 신풍리	56.78방리	21	277	0리 28정	25매분 8	
시흥군	북면 영등포리	24.54	10	83		5.7	
부천군	인천부 내리	34.37	15	146	0.10	24.1	
김포군	군내면 북변리	25.14	9	88	5.27	5.7	
강화군	부내면 관청리	27.32	14	96	1.00	24.1	20.0
파주군	임진면 문산리	28.39	11	84	0.05	28.5	
장단군	군내면 읍내리	46.83	10	67	1.28	3.85	
개성군	송도면 대화정(大和町)	49.17	16	104	0.13	45.6	
계		830.69	249	2,730			

:: (二) 면의 명칭

부군명	면 수	면 명(面名)
경성		
인천		
고양	12	용강(龍江), 연희(延禧), 은평(恩平), 숭인(崇仁), 뚝도(纛島), 한지(漢芝), 벽제(碧蹄), 신도(神道), 원당(元堂), 지도(知道), 송포(松浦), 중(中)
광주	16	중부(中部), 동부(東部), 퇴촌(退村), 경안(慶安), 초월(草月), 실촌(實村),도척(都尺),돌마(突馬), 오포(五浦), 낙생(樂生), 대왕(大旺), 언주(彦州), 중대(中垈), 서부(西部), 구천(九川), 남종(南終)
양주	16	주내(州内), 회천(檜泉), 은현(隱縣),광적(廣積),백석(白石),시둔(柴芚), 별내(別内),진접(榛接),진건(眞乾),화도(和道),와부(瓦阜),미금(渼金),구리(九里),노해(蘆海),이담(伊淡), 장흥(長興)
연천	13	군내(郡内), 군남(郡南), 중(中), 관인(官仁), 북(北), 서남(西南), 동(東), 남(南), 적성(積城), 미산(嵋山), 왕징(旺澄), 백학(百鶴), 영근(嶺斤)
포천	12	군내(郡内), 가산(加山), 내촌(内村), 소흘(蘇屹), 서(西), 신북(新北), 청산(靑山),영중(永中),창수(蒼水),영북(永北), 일동(一東), 이동(二東)
가평	6	군내(郡内), 북(北), 남(南), 외서(外西), 상(上), 하(下)
양평	12	갈산(葛山), 양서(楊西), 설악(雪岳), 용문(龍門), 지제(砥堤), 청운(靑雲), 단월(丹月), 강상(江上), 강하(江下), 양동(楊東), 고읍(古邑), 서종(西宗)
여주	10	주내(州内), 점동(占東), 가남(加南), 능서(陵西), 흥천(興川), 금사(金沙), 개군(介軍), 대신(大神), 북내(北内), 강천(康川)
이천	11	읍내(邑内), 신둔(新屯), 백사(栢沙), 부발(夫鉢), 대월(大月),모가(暮加) 호법(戶法), 마장(麻長), 청미(淸渼), 설성(雪星), 율(栗)
용인	12	수여(水餘), 포곡(蒲谷), 모현(暮賢), 읍삼(邑三), 수기(水技), 기흥(器興), 남사(南四), 이동(二東), 내사(内四), 고삼(古三), 외사(外四), 원삼(遠三)

부군명	면 수	면 명(面名)
안성	12	읍내(邑內), 보개(寶蓋), 금광(金光), 서운(瑞雲), 미양(薇陽), 대덕(大德), 양성(陽城), 공도(孔道), 원곡(元谷), 일죽(一竹), 이죽(二竹), 삼죽(三竹)
진위	11	북(北), 서탄(西炭), 송탄(松炭), 고덕(古德), 병남(丙南), 청북(靑北), 포승(浦升), 현덕(玄德), 오성(梧城), 부용(芙蓉), 서(西)
수원	21	수원(水原), 일형(日荊), 태장(台章), 안용(安龍), 매송(梅松), 봉표(峰漂), 향남(鄕南), 양감(楊甘), 음덕(陰德), 마도(麻道), 송산(松山), 서신(西新), 비봉(飛鳳), 팔탄(八灘), 장안(長安), 우정(雨汀), 의왕(儀旺), 반월(半月) 정남(正南) 성호(城湖) 동탄(東灘)
시흥	10	영등포(永登浦), 북(北), 동(東), 서(西), 신동(新東), 과천(果川), 서이(西二), 남(南), 수암(秀岩), 군자(君子)
부천	15	다주(多朱), 문학(文鶴), 소래(蘇來), 남동(南洞), 영종(永宗), 용유(龍游), 덕적(德積), 부내(富內), 계양(桂陽), 오정(吾丁), 계남(桂南), 서곶(西串), 북도(北島), 대부(大阜), 진흥(震興)
김포	9	군내(郡內), 검단(黔丹), 고촌(高村), 월곶(月串) 대곶(大串) 양촌(陽村) 하성(霞城) 양동(陽東) 양서(陽西)
강화	14	부내(府內), 불은(佛恩), 길상(吉祥), 양도(良道), 하점(河岾), 내가(內可) 양사(兩寺) 송해(松海) 삼산(三山) 서도(西島) 화개(華蓋) 수정(水晶) 선원(仙源) 하도(下道)
파주	11	주내(州內), 천현(泉峴), 월롱(月籠), 광탄(廣灘), 조리(條里), 임진(臨津), 파평(坡平), 와석(瓦石), 청석(靑石), 탄현(炭縣), 아동(衙洞)
장단	10	군내(郡內), 진남(津南), 진서(津西), 소남(小南),대남(大南),강상(江上), 대강(大江), 장도(長道), 장남(長南), 진동(津東)
개성	16	송도(松都), 동(東) 청교(靑郊) 남(南) 중서(中西) 서(西) 북(北) 영남(嶺南) 영북(嶺北) 광덕(光德) 대성(大聖) 상도(上道) 흥교(興敎) 임한(臨漢) 진봉(進鳳) 중(中)
계	249	

1. 지방비地方費

도 지방비道地方費는 메이지 42년(구한국 융희3년: 1909) 법률 제12호를 발포하고 이후 13년의 세월을 검열하여 지방문물地方文物은 현저한 변천을 이루었다. 또 여러 번 제도도 개폐됨과 동시에 지난 지방제도가 개정되자 각 지방비법地方費法도 역시 개정되었다. 조선에서 도道는 행정구획인 점에 있어서 내지內地(일본)의 부 · 현府縣과 마찬가지이다. (그러나) 실질에 있어서 취지趣旨는 크게 다르다. 즉 조선朝鮮에 있어서 도道는 내지內地(일본)의 부 · 현府縣처럼 자치제自治制를 시행하지 않고 단지 지방비법의 실시에 의해 마치 지방자치체를 실행하는 것처럼 행정行政을 시행해 온 것이다. 요컨대 도 지방비道地方費는 거기에 속한 재산 및 그 수입과 부과금을 재원財源으로 하여 권업勸業 토목土木 교육敎育 구휼救恤 위생衛 生 소방消防 기타 지방의 공공사업을 행하는 재산권의 주체가 되고 동시에 각종 의 사업능력을 부여하여 마치 내지(內地:일본)에 있어서 자치단체와 동일한 권한 을 인정한 것이다. 종래 지방에서 징수하는 제세諸稅에 관해 부과금을 징수하기 에 이르렀다. 대개 조선에서 지방 차원의 공과公課는 지방비법 시행 전에 있어서 도 그 수는 자못 많았다. 경기도에 있어서도 시장세市場稅, 포구세浦口稅, 도선세渡 船稅 기타 10여 종의 잡세雜稅가 있다. 그 세금으로 지방의 토목土木 교육敎育 위 생衛生 등의 경비에 충당함과 동시에 면·동리面洞里 장의 수당과 기타 도·부· 군道府郡 경비의 일부도 여기서 지원했던 것이다. 게다가 과세 대상課稅物件 과세 율課率은 지방에 따라 반드시 일정하지 않고 거기에 종사하는 관리吏員의 결정에 의지한 적이 많았다. 그렇기 때문에 가렴주구苛斂誅求가 이루어질 여지가 있었던 것이다. 지방비법 실시 후, 과세 대상을 통일하고 시행할 수 있는 사업의 종류를 한정했다. 그리고 경기도에 있어서는 먼저 지세부가세地稅附加稅, 시장세市場稅 및 도장세屠場稅의 3종류에 관한 세목을 정하였다. 후에 한일합병이 되어 경기관찰 도는 한성부를 합쳐 현 경기도가 되어 이상의 3세稅 이외에 도축세屠畜稅, 토지가 옥소유권 취득세土地家屋所有權取得稅 및 동저당권 취득세同抵當權取得稅의 3세稅를 추가했다. 이후 세태의 변천에 따라 누차 부과금賦課金 부과규칙賦課規則을 개정 하고 과세물건課稅物件의 정리를 통하여 재원의 충실을 기하였다. 현재에 있어서 경기도 지방세의 종목은 지세地稅 및 시가지세부가세市街地稅附加稅, 호세戶稅, 가 옥세家屋稅, 시장세市場稅, 도축세屠畜稅, 어업세漁業稅, 선세船稅 및 차량세車輛稅 9 종류가 되고 시설사업도 역시 점차 확장되었다. 특히 다이쇼 9년(1920)도 지방비령道地方費令이 개정되어 도지방비에 관한 도지사道知事의 자문에 응하기 위해 도평의회道評議會를 두었다. 게다가 장기간의 이익, 구채권의 상환 또는 천재사변을 위해 필요로 하는 경우에는 (도 평의회에서) 공채발행능력起債能力을 인정하고 또 관리吏員를 위해서는 은퇴금退隱料, 퇴직급여금退職給與金, 사망급여금死亡給與金 또는 유족부조료遺族扶助料 지급의 단서를 만드는 등 그 권한을 확장했다. 그뿐만 아니라 근래 사회가 발전함에 따라 (지방비는) 교육비처럼 매년 팽창하는 것은 물론 사회구제사업社會救濟事業처럼 역시 현저하게 발전을 보이게 되었다.

오히려 지방비地方費와 함께 도의 수산授産(실업자에게 일을 주어 생활의 길을 얻게 함), 교육教育 및 사회사업비社會事業費에 충당시키는 임시은사금臨時恩賜金은 황송하게도 한일병합에 있어 일본의 메이지 천황이 하사하였다. 새롭게 부속된 민족적폐民族積幣의 재앙을 받고 혹은 직업을 잃어 생활을 하기가 어려워 떠돌아다니고 굶어죽는 자流離饑餓들이 생겨서 민력民力의 휴양休養을 하루도 소홀히 할 수 없다는 생각으로, 먼저 융희隆熙 3년(1909년)도 이전의 지세地税를 미납한 자 및 동년 이전에 빌려 준 사환미社還米의 환납을 특별히 면제하고, 또 융회 4년(1910년) 가을에 징수해야 할 지세의 1/5을 경감시키고 동시에 국가의 재회國帑 1,739만 8천원을 지출하여 (그것을) 조선 13도 당시 329 부·군府郡에 하사했다. 경기도 부·군에 있어서도 263만 7천원이 배부되고, 후에 다이쇼 3년(1914) 3월 부·군府郡의 통폐합에 따라 경성부 이하 각 부·군 배당액配當額의 증감이 있었다. 현 연천군(당시 삭령군) 관내 인문寅文, 내목乃目, 마장馬場의 3면이 강원도로 이속되어 2만1천원을 강원도로 옮기고 동시에 충청남도에서 경기도로 이속된 평택군(현 진위군)의 일부 소속 은사금(하사금) 2만8천5백원을 배당받아 차액 7,500원이 증가했다. 현재 경기도 은사금 총액은 264만 4,500원으로 도는 그것을 기금基

金으로 하여 영원히 보유하고 매년 거기서 생기는 이자 13만 3,225원(연 5분)으로 운영했다. 대체로 이자의 6할을 수산비授産費로 3할을 교육비敎育費로 1할을 구휼 자선비救恤慈善費로 충당하려 했다. (그러나) 최근 지방의 실정에 따라 수산비의 일부는 그것을 사회사업비로 충당하려고 했다. (이에) 도는 그 방침에 기초하여 은사금 사업의 개폐를 행하고, 지방비와 서로 의지하여 지방민의 복리 증진, 생활의 향상에 도움을 주고 있다.

이상 기술한 지방비地方費 및 임시은사금臨時恩賜金에 관한 사항의 개항은 다음과 같다.

:: 다이쇼 6년(1917년)도부터 다이쇼 10년(1921년)도까지　경기도 지방비 세입 경향

연도 \ 종류	지방세	임시은사금수입	잡수입	이월금	국고보조금	기부금	합계
다이쇼 6년(1917)도	193,363	136,589	231,585	35,010	157,021		753,568
동 7년(1918)도	248,529	137,382	229,133	37,595	220,241	3,001	875,881
동 8년(1919)도	515,191	137,104	273,597	29,531	373,970	1,300	1,330,693
동 9년(1920)도	1,052,635	137,761	622,128	29,023	620,052		2,722,789
동 10년(1921)도	1,191,230	137,761	362,541	30,000	339,394		2,150,926

:: 다이쇼 6년(1917)도부터 다이쇼 10년(1921)도까지　지방세 누년 비교표

지방세의 종류 \ 연도별	지세부가세	시가지세부가세	시장세	도축세	도장세	호세	호별세
다이쇼 6년(1917)도	36,846	10,311	41,804	38,146	66,256		
동 7년(1918)도	38,176	10,380	54,881	78,126	2,941		64,022
동 8년(1919)도	97,192	18,424	60,169	119,756	306	129,672	13,754
동 9년(1920)도	340,414	59,890	66,574	81,850		344,433	
동 10년(1921)도	349,885	60,835	50,000	130,000		378,128	

연도별 \ 지방세의 종류	가옥세	선세	어업세	토지가옥소득권취득세	동저당권취득세	차량세	합계
다이쇼 6년(1917)도							193,363
동 7년(1918)도							248,526
동 8년(1919)도	75,917						515,190
동 9년(1920)도	156,715						1,049,876
동 10년(1921)도	162,272	1,390	1,453			57,267	1,191,230

비고: 다이쇼 8년(1919)도까지는 결산액, 동 9년(1920년)도 및 10년(1921년)도는 예산액을 게시함.

:: 다이쇼 6년(1917)도부터 다이쇼 10년(1921)도까지 국고보조금 누년 비교표

연도 \ 보조비목	토목비	권업비	교육비	위생비	임시수당	평의회비	합계
다이쇼 6년(1917)도	33,591	23,049	99,581	800			157,021
동 7년(1918)도	28,897	25,931	156,720	1,300	7,393		220,241
동 8년(1919)도	90,197	76,528	195,224	12,021			373,970
동 9년(1920)도	121,820	76,413	295,643	121,484		4,692	620,052
동 10년(1921)도	20,800	5,131	303,403	10,060			339,394

:: 다이쇼 6년(1917)도부터 다이쇼 10년(1921)도까지 지방비 세출 누년 비교표

연도 \ 종별	토목	권업	수산	교육	위생	소방	사회사업
다이쇼 6년 (1917)도	107,837	104,418	286,193	181,231	6,988	800	2,024
동 7년(1918)도	124,995	94,466	321,590	238,016	6,560	1,200	3,451
동 8년(1919)도	143,047	119,041	307,284	374,834	19,275	1,200	26,222
동 9년(1920)도	623,556	425,118	609,870	660,095	131,948	1,800	45,880
동 10년(1921)도	503,843	339,596	338,691	748,596	23,470	2,000	75,568

연도 \ 종별	평의회	지방세취급	잡지출	조선어수당	교환금	은사금반환	임시수당	예비비	합계
다이쇼 6년(1917)도		11,589	1,277		393	13,222			715,972
동 7년(1918)도		13,097	1,131		657	13,586	27,602		846,351
동 8년(1919)도		7,851	583		451		60,693		1,060,481
동 9년(1920)도	4,692	39,419	13,746	4,453	700	12,747		148,765	2,722,789
동 10년(1921)도	9,084	46,074	6,220					58,784	2,150,926

비고: 1. 본 표는 다이쇼 8년(1919)도까지는 결산에 의하고 동 9년(1920)도 및 10년(1921)도는 예산액에 의함.

부군명	기금	기금이자 (연 5분)	수산비 (기금이자의 6/10)	교육비 (동 3/10)	흥년구제비 (동 1/10)
경성부	871,700	43,585	26,151	13,076	4,358
인천부	34,200	1,710	1,026	513	171
고양군	173,800	8,690	5,214	2,607	869
광주군	65,000	3,250	1,950	975	325
양주군	76,600	3,830	2,298	1,149	383
연천군	120,500	6,025	3,615	1,808	602
포천군	79,700	3,985	2,391	1,196	398
가평군	41,500	2,075	1,245	623	207
양평군	61,900	3,095	1,857	929	309
여주군	53,400	2,670	1,602	801	267
이천군	75,400	3,770	2,262	1,131	377
용인군	94,400	4,720	2,832	1,416	472
안성군	100,400	5,020	3,012	1,506	502
진위군	82,300	4,115	2,469	1,235	411
수원군	120,700	6,025	3,621	1,811	603
시흥군	98,700	4,935	2,961	1,481	493
부천군	63,100	3,155	1,893	947	315
김포군	99,700	4,985	2,991	1,496	498
강화군	85,700	4,285	2,571	1,286	428
파주군	77,000	3,850	2,310	1,155	385
장단군	56,500	2,825	1,695	848	282
개성군	112,300	5,615	3,369	1,685	565
계	2,644,500	132,225	79,335	39,674	13,216

2. 부府

부府의 제도는 다이쇼 2년(1913) 제령制令 제7호에 의해 제정되고 다이쇼 3년(1914년) 4월 1일부터 실시되었다. 그 시행구역施行區域은 행정구역行政區域인 부

지역府地域과 완전히 동일하다. 경기도 관내에서 경성京城, 인천仁川을 2부로 한다. 게다가 내선인內鮮人(일본인 조선인) 및 외국인 공통의 제도이며 부는 법인法人으로 공공사무 및 법령에 의해 부에 속하는 사무를 처리한다. 그리고 부는 부윤府尹의 자문에 응하기 위해 협의회協議會를 두고, 협의회원은 선거에 의해 선출하는 것으로 정했다. 부는 부 주민府住民의 권리의무權利義務 또는 부 사무에 관한 부 조례府條例를 제정한다. 또는 조선총독이 정한 바에 의한 부 조례로서 부세府稅, 사용료使用料, 수수료手數料 및 부역현품夫役現品과 그에 대한 부과징수賦課徵收를 한다.

이상과 같이 부의 협의회원協議會員을 공선公選하게 된 것은 다이쇼 9년(1920) 제령制令 제9회 개정의 결과에 의거한 것이다. 부에 협의회를 설치한 것은 그 취지가 민의民意를 창달하고 지방의 행정을 각 지방의 실상에 적합하게 함과 동시에 장래 완전한 지방자치제地方自治制 실시의 가능성을 만들려고 한 것이다. 게다가 최근 도시에 있어서 경제상의 발전과 민지民智의 발달에 비추어 지방제도地方制度의 혁신을 가할 필요가 있다고 인식하고 (그래서) 종래 관선官選의 소수의 협의회원 (선출을 협의회원)을 늘려서 모두 다 공선公選으로 한다고 개정한 것이다. 그래서 부는 이후 현저하게 사무 쇄신의 개선을 행하여 매년 그 발전을 보기에 이르렀다. 현재 부 사업으로 하는 것은 부제 시행府制施行 때 구단체舊團體(경성부는 경성거류민단〈京城居留民團〉, 한성위생회〈漢城衛生會〉. 인천부는 인천거류민단〈仁川居留民團〉, 각단 거류지회〈各團居留地會〉, 지나 전관거류지회〈支那專管居留地會〉)에서 계승한 도살장屠場, 전염병원傳染病院, 묘지墓地, 화장터火葬場 등의 경영 및 도로공원 청소除穢 및 소방 등에 관한 사업을 한다. 오히려 경성부에 있어서는 하수의 범람과 난류亂流를 방지하기 위해 다이쇼 7년(1918)도부터 7개년 계속사업으로 하고 총공사비 161만 여원으로 하수도의 개수공사를 일으켰다. 또 최근 사회의 추세에 비추어 다이쇼 8년(1919)도 이후 공설시장을 경영하고, 다이쇼 10년(1921)도는 주택완화를 목적으로 주택 경영을 개시했다. 또 인천부에 있어서는 다이쇼 9년(1920)도 이후 공동숙박소共同宿泊所를 경영하고, 다이쇼 10년(1921)도에 있어서는 공동세탁장共同洗濯場의 경영, 기타 공회당公會堂의 개축과 공설운동장의 설치 등 부민府民의 복리증진을 기대하고 있다. 현재 경성부의 채권은 26만 3,525원 44전이고 인천부의 채권은 12만 9,969원 9전이다. 오히려 경성부에 있어서는 하수사업비의 차입 미제액未濟額48만 4,133원 44전과 주택건축비 6만5천원이 있다. 그리고 이 부채 중 경성부에 속한 것은 구단체舊團體에서 계승했던 것과 시가지 축조市街地築造와 하수사업비下水事業費가 된 것이다. 또 인천부의 부채는 모두 구단체에서 계승했던 것으로 그 종류 금액 등은 다음 표와 같다.

:: 부의 채권 조사표
경성부

차입연월일	차입액	상환미제액	연리	상환기한	차입선	공채모집 목적
다이쇼3년 (1914)4월1일	72,125엔.440	20,015엔.300	년7분	다이쇼12(1923) 년3월31일	동양척식주식 회사	구채권 정리
다이쇼4년 (1915)6월5일	35,000.000	5,601.480	년8분	다이쇼11(1922) 년3월31일	제국생명보험 주식회사	元한성병원 부 지건물매수비
다이쇼9년 (1920)3월31일	86,400.000	86,400.000	년7분	다이쇼25(1936) 년3월31일	주식회사조선 식산은행	시가지축조비
다이쇼10(1921) 년4월16일	70,000.000	70,000.000	년8분	다이쇼27(1938) 년3월31일	동상	하수사업비
합계	263,525.440	182,016.780				

인천부

차입년월일	차입액	상환미제액	연리	상환기한	차입선	공채모집 목적
다이쇼3년 (1914)4월1일	129,969엔.090	74,123엔.950	년7분	다이쇼16(1927) 년3월31일	주식회사조선식 산은행	구채권 정리

:: 부의 세입출 누년 비교표
경성부 (단위 : 엔)

연도	세입			세출		
	경상부	임시부	합계	경상부	임시부	합계
다이쇼 6년(1917)	345,337	59,894	405,231	293,640	92,340	385,980
동 7년(1918)	438,598	188,790	627,388	341,525	231,061	572,586
동 8년(1919)	528,707	364,847	93,554	425,639	392,119	817,758
동 9년(1920)	984,805	495,443	1,480,248	943,497	536,751	1,480,248
동 10년(1921)	972,657	617,173	1,589,830	823,890	765,940	1,589,830

인천부 (단위 : 엔)

연도	세입			세출		
	경상부	임시부	합계	경상부	임시부	합계
다이쇼 6년(1917)	66,178	12,876	79,054	42,897	31,300	74,197
동 7년(1918)	74,422	10,444	84,866	44,526	33,392	77,918
동 8년(1919)	91,423	17,509	108,932	61,883	42,475	104,358
동 9년(1920)	161,658	49,679	22,337	105,458	105,879	211,337
동 10년(1921)	195,283	59,294	254,577	120,914	133,663	254,577

비고: 다이쇼 9년(1920)도 및 10년(1921)도는 예산을 기록하고 기타 다른 것은 결산을 기록한 것임.

:: 다이쇼 10년(1921년)도에 있어서 부(府)의 재정과 사업의 일반
세입 (단위 : 엔)

경상부			임시부		
과목	경성부	인천부	과목	경성부	인천부
부세	800,723	180,658	이월금	35,000	8,794
사용료 및 수수료	49,488	10,065	국고보조금	205,000	
교부금	13,397	848	지방비보조금	94,868	30,243
재산수입	20,516	1,131	기부금	15,100	19,135
증지수입	16,944		과년도수입	8,400	1,122
잡수입	71,590	2,581	재산매각대	30,000	
			부채	228,417	
			적립금이월금	389	
계	972,657	195,283	계	617,173	59,294
			합계	1,589,830	254,577

세 출 (단위 : 엔)

경상부			임시부		
과목	경성부	인천부	과목	경성부	인천부
사무비	167,785	28,926	사무비	400	
토목비	139,442	20,629	토목비	95,355	42,425
도로철수비	18,091		도로철수비	13,650	
전염병예방비	22,948	2,134	전염병예방비	2,450	
전염병원비	38,220	4,065	전염병원비	23,884	
오물소제비	270,713	17,825	오물소제비	10,200	5,565
도수장비(屠獸場費)	15,138	3,824	도수장비(屠獸場費)	2,027	
묘지 및 화장장비	13,235	2,869	묘지 및 화장장비	2,630	1,538
공원비	5,996	1,460	공원비	5,751	3,000
구조비	6,066	190	경비비	10,900	
경비비	52,113	20,476	시장비	300	
시장비	10,532		주택비	86,000	
주택비	2,300		도시전람회출품비	5,000	
권업비	137	1,030	기부 및 보조	8,700	9,600
도시강좌비	1,850		부채비(府債費)	39,693	15,552
기본재산 조성비	13,779	1,517	하수개수비	249,000	
재산관리비	2,677	1,926	용산배수공사비	210,000	
접대비	3,000	1,500	토지매입비		5,000
공동숙박소비		2,132	공회당비		23,800
공동세탁소비		1,000	화장장건축비		22,000
잡지출	2,045	1,818	공동세탁소신설비		2,000
예비비	37,823	7,593	호별세조사비		2,691
			구휼자금적립금		492
계	823,890	120,914	계	765,940	133,662
			합계	1,589,830	254,577

3. 면面

면面에 관해서는 메이지 43년(1910) 10월 총독부령 제8호 면에 관한 규정 및 다이쇼 2년 (1913) 3월 동령 제16호 면 경비부담방법面經費負擔方法이 있다. 면은 재산을 가지고 또 면 부과금을 부과징수賦課徵收하여 면장面長의 수당과 사무집행事務執行에 필요한 비용을 충당한다. (면이) 어느 정도 단체의 색채를 인정하여도 당시 사업능력이 부여받는 것에 이르지는 못했다. 다이쇼 6년(1917) 6월 제령 제1호로 면제面制가 시행되어 처음으로 특별한 중요능력을 부여받고, 또 비교적 민지民智의 발달한 면을 지정면指定面으로 했다. 특히 상담역을 두는 면에 중요사무重要事務에 있어 면장面長의 자문諮問에 응하는 등 점차 자치단체自治團體의 특색을 농후하게 가졌다. 더욱이 다이쇼 9년(1920) 제반諸般 지방제도 개정이 되어 면제面制도 역시 개정되었다. 지정면指定面에서 상담역 대신에 면민面民의 선거에 의해 협의회원協議會員을 두었다. 동시에 일반 면에 대해서도 역시 군수郡守 또는 도사島司를 임명하여 협의회원을 두고 또 지정면에 대해서는 특정의 경우에 있어서 채권발행능력起債能力을 인정하는 것처럼 더욱 자치제도에 접근하는 제도로 인정되기에 이르렀다. 그리고 경기도에 있어서 지정면은 수원군 수원면水原面, 개성군 송도면松都面, 시흥군 영등포면永登浦面 3개의 면으로 하였다. 이 지방은 무엇보다도 경부 및 경의선 양 철도의 연변에 있기 때문에 인문人文이 비교적 발달하였다. 특히 수원水原 송도松都 두 개의 면은 그 호수 인구戶數人口에 있어서 또 그 재정財政에 있어서 거의 부府에 필적하고 있다.

면이 시행할 수 있는 사무는 1) 도로교량, 나룻배渡船, 하천 제방, 관개배수 2) 시장, 조림, 농사, 양잠, 축산 기타 산업의 개량보급, 해충의 구제 3) 묘지, 화장장, 도살장屠場, 상수하수도, 전염병예방, 오물의 처리 4) 소방消防(화재예방), 수방水防(수해예방) 외 특별히 필요로 하는 경우에는 총독의 인가를 받아 기타의 사무도 처리할 수 있고, 각 지방의 실정에 따라 실제 시행한다. 어떤 사무중 시장市

場, 도살장屠場, 공동묘지共同墓地의 경영, 조림造林 및 농사의 개량보급 및 소방消防, 전염병傳染病의 예방 등은 그 중에서 현저한 것으로 점차 지방의 상황이나 재정의 여하에 따른다. 도로교량道路橋梁, 하천제방河川堤防, 관개배수灌漑排水 등의 사업에도 착수하고 있는데, 여기에 종사하는 면직원도 점점 많아질 필요가 있어 경비도 역시 매년 증가한다. 따라서 이 경비를 충당해야 할 중요한 재원은 면 부과금 및 시설사업의 수입으로 한다. 부과금에 있어서는 지세地稅부분, 시가지세市街地稅부분, 호별戶別부분 및 특별부과금特別賦課金으로 한다. 경기도에서 현재 부과하고 있는 특별부과금은 영업營業부분 잡종雜種부분 임야林野부분 등으로 하고, 시설사업수입은 주로 시장市場, 도살장屠場 및 묘지화장장墓地火葬場의 수입으로 한다. 지금 각 군·면郡面 경비의 개요를 나타내는 것은 다음과 같다.

:: 면 경비(1) (다이쇼 10년〈1921〉도)

부군명	면수	직원수				세입			세출				한면평균
		면장	서기	회계원	계	부과금	기타	계	수당 및 급료	사무소비	기타	계	
고양군	12	12	65	12	89	69,340	39,844	109,184	33,570	12,200	63,414	109,184	9,098
광주군	16	16	63	16	95	58,874	17,825	76,699	31,212	6,757	38,730	76,699	4,793
양주군	16	16	69	16	101	60,733	18,980	79,713	31,893	11,261	36,559	79,713	4,982
연천군	13	13	52	13	78	38,979	8,545	47,524	21,135	6,641	19,748	47,524	3,655
포천군	12	12	48	12	72	43,360	10,257	53,617	22,888	8,341	22,388	53,617	4,468
가평군	6	6	24	6	36	20,304	5,142	25,446	9,888	3,049	12,509	25,446	4,241
양평군	12	12	51	11	74	53,721	15,710	69,431	22,257	5,343	41,831	69,431	5,785
여주군	10	10	44	10	64	47,787	27,714	75,501	21,150	14,656	39,695	75,501	7,550
이천군	11	11	44	11	66	46,977	12,780	59,757	19,090	7,544	33,123	59,757	5,432
용인군	12	12	51	11	75	44,712	20,496	65,208	24,231	10,856	30,121	65,208	5,434
안성군	12	12	51	11	75	50,427	27,816	78,243	25,020	12,248	40,975	78,243	6,520
진위군	11	11	42	11	64	50,048	15,385	65,433	20,706	6,733	37,994	65,433	5,948
수원군	21	21	100	17	139	106,194	46,302	152,496	47,152	23,772	81,572	152,496	7,261

부군명	면수	직원수				세입			세출				한면평균
		면장	서기	회계원	계	부과금	기타	계	수당및급료	사무소비	기타	계	
시흥군	10	10	41	10	62	46,453	14,781	61,234	23,100	6,753	31,381	61,234	6,123
부천군	15	15	56	13	84	45,051	10,361	55,412	23,264	9,766	22,382	55,412	3,694
김포군	9	9	35	9	53	32,155	11,384	43,539	14,803	5,414	23,322	43,539	4,837
강화군	14	14	56	14	84	47,838	11,513	59,351	26,832	5,855	26,664	59,351	4,239
파주군	11	11	41	10	62	37,210	9,522	46,732	19,828	6,000	20,904	46,732	3,338
장단군	10	10	44	10	64	46,977	13,140	60,117	20,580	6,800	32,737	60,117	6,011
개성군	16	16	80	14	111	100,783	44,601	145,384	42,732	28,928	73,724	145,384	9,086
계	249	239	1,057	239	1,548	1,047,923	382,098	1,430,021	501,331	198,917	729,773	1,430,021	5,743
다이쇼9년 (1920)도 예산	249	249	1,052	237	1,538	969,022	325,966	1,294,988	459,770	192,244	642,974	1,294,988	5,200
다이쇼8년 (1919)도 결산	249	249	1,054	232	1,535	507,034	386,147	893,181	281,889	149,900	397,391	829,180	3,330
다이쇼7년 (1918)도결산	249	249	874	222	1,345	301,137	270,837	571,974	165,451	22,014	217,718	495,183	1,988
다이쇼6년 (1917)도결산	249	249	649	222	1,120	220,680	244,635	465,315	147,780	91,447	158,900	398,127	1,598

비고: 면장의 난 좌측에 쓴 것은 부장廳長을 나타냄.

:: 면 경비(2)   (단위 : 엔)

연도별	면 경비 총액에 대해						부과금에 대해					
	1호당			1인당			1호당			1인당		
	최고액	최저액	평균액	최고액	최저액	평균액	최고액	최저액	평균액	최고액	최저액	평균액
다이쇼 10년도(1921) 예산	10,721	2,293	4,981	1,920	482	941	6,096	1,961	3,690	1,284	412	703
동 9년도 (1920) 예산	9,950	2,321	4,453	2,310	468	846	6,140	1,484	3,445	1,094	325	645
동 8년도 (1919) 예산	6,425	955	2,565	1,492	217	486	3,048	918	1,680	648	169	316
동 7년도 (1918)예산	4,493	340	1,700	927	062	325	2,245	367	989	494	045	189
동 6년도 (1917) 예산	2,537	391	850	486	126	112	1,640	284	631	279	060	169

02
학교조합學校組合

내지인內地人(일본인) 교육에 관해서는 메이지 42년(1909) 12월 통감부령 제71호 학교조합령學校組合令에 의해 설립된 학교조합學校組合이 경영하는 학교 및 거류민단居留民團과 일본인회日本人會 등에서 경영하는 학교가 있다. 그리고 메이지 43년(1910) 총독 시정總督始政 초기에 있어서 경기도 학교조합學校組合은 그 수가 겨우 3개, 호수戸數 510호, 인구 1,750명에 불과했다. 신정新政 이래 조합의 설립이 점차 많아지고 증가하여 다이쇼 3년(1914) 4월 새로이 학교조합령이 시행되자, 경성京城 및 인천仁川 2부에서도 역시 새롭게 학교조합이 설립되었다. 종래 같은 지역 거류민단에서 취급하는 교육 사무는 학교조합에서 계승하기에 이르렀다. 이후 내지인內地人(일본인) 이주가 증가함에 따라 각지에 조합의 증설이 보여지기 시작했다. 현재 조합의 총수는 37개, 구역내 호수는 2만 2,040호 인구 8만 9,640명, 아동총수 1만 4,830명에 이른다.

조합의 재정 역시 해마다 팽창하고 신령新令 시행 당시에 있어서 세출·

입 총액은 37만 2,419원에 불과했으나 다이쇼 10년(1921)도에서는 별표처럼 실로 121만 5,458원에 달하고 있다. 조합원의 부담도 다이쇼 7년(1918)도에 있어서는 1호당 겨우 10원 35전錢 9리厘에 불과했으나 다이쇼 8년(1919)도에 있어서는 12원 45전 2리로 오르고, 다이쇼 9년(1920)도에 있어서는 단번에 23원 26전 7리에 달하고 있다. 더욱이 10년(12921)도에 있어서는 29원 45전 1리를 나타내기에 이르렀다.

:: 학교조합 예산 누년 비교표

연도	세 입			세 출		
	경상부	임시부	계	경상부	임시부	계
다이쇼 6년(1917)도	313,815엔340	124,101엔062	437,952엔402	325,729엔385	95,181엔840	420,911엔225
다이쇼 7년(1918)도	351,715.690	240,613.162	592,328.852	332,044.655	241,646.745	573,691.400
다이쇼 8년(1919)도	457,557.610	318,307.792	775,865.402	435,483.120	302,196.310	737,679.430
다이쇼 9년(1920)도	694,429.000	791,430.000	1,485,859.000	1,188,398.000	297,461.000	1,485,859.000
다이쇼 10년(1921)도	803,338.000	412,120.000	1,215,458.000	857,031.000	358,427.000	1,215,458.000

비고: 9년도(1920) 있어서 예산액의 현저한 팽창은 인천학교조합에서 그 세입에 재산매각대금 569,517원을 계상함과 동시에 세출부에 있어서 학교건축비 및 기본권 재산축적금을 계상했기 때문이다.(게다가 오른쪽은 년도 말에 이르러 38,362원으로 바로잡는다.)

:: 학교조합 호구와 부담액 조사표 (조합의 호구는 다이쇼 10년〈1921〉 4월 1일 현재이다)

학교조합명	호수	인구	1호당 부담액			
			다이쇼 10년(1921)	다이쇼 9년(1920)	다이쇼 8년(1919)	다이쇼 7년(1918)
경성학교조합	16,519	66,999	31엔241	24엔950	13엔012	10엔870
인천학교조합	2,829	12,003	30.334	20.444	14.829	9.720
강화학교조합	32	87	12.500	6.578	5.556	4.736
수원학교조합	525	2,518	23.042	17.477	12.292	10.707
영등포학교 조합	295	994	17.881	13.857	9.524	7.376
문산학교조합	57	186	17.386	12.821	13.365	6.215
뚝도학교조합	65	234	13.846	13.555	6.288	6.514
개성학교조합	352	1,212	18.298	17.569	10.678	8.386
안성학교조합	61	232	18.361	13.563	4.034	8.338
오산학교조합	89	506	19.959	19.666	10.329	8.461

학교조합명	호수	인구	1호당 부담액			
			다이쇼 10년(1921)	다이쇼 9년(1920)	다이쇼 8년(1919)	다이쇼 7년(1918)
여주학교조합	44	141	9엔 113	7엔 894	5엔 698	1엔 733
평택학교조합	132	484	21.114	18.625	15.225	11.260
의정부학교조합	81	328	8.025	8.505	5.769	4.346
김포학교조합	37	109	17.081	1.092	7.720	5.814
연천학교조합	71	254	20.197	15.141	10.500	9.862
장호원학교조합	21	75	13.000	9.100	8.565	5.564
이천학교조합	73	253	13.699	14.247	4.762	3.870
교하학교조합	18	765	15.722	11.428	8.222	5.291
용인학교조합	71	252	17.746	13.000	7.742	8.000
안녕학교조합	94	588	15.064	15.522	6.308	7.125
소사학교조합	80	325	13.888	10.693	7.055	5.125
양평학교조합	33	96	16.061	10.461	5.139	4.114
토성학교조합	23	89	8.609	6.678	5.030	1.424
가평학교조합	30	80	16.423	9.333	7.929	1.730
포천학교조합	30	100	16.500	13.411	9.269	6.515
벽제관학교조합	17	80	12.176	7.250	6.605	5.763
구리학교조합	37	143	9.730	16.608	6.800	6.656
기흥학교조합	38	172	18.500	16.256	6.833	8.200
고랑포학교조합	14	40	15.286	16.511	7.176	3.412
발안학교조합	11	50	25.636	16.000	9.909	7.272
동장학교조합	23	92	16.304	16.321	6.643	3.360
백전학교조합	32	135	7.281	10.000	7.438	7.518
신은학교조합	36	165	13.000	17.166	6.000	4.228
일산학교조합	68	207	8.838	5.942	5.115	3.459
신동학교조합	33	153	16.061	17.468	12.705	
송파학교조합						
광주학교조합	34	77	3.221			
계	22,005	89,524	29.451	23.267	12.452	10.359

03
수리조합水利組合

경기도에 있어서 수리조합水利組合은 현재 겨우 4개의 조합을 갖고 있는 것에 불과하다. 경기도는 다이쇼 6년(1917) 10월 조선수리조합령朝鮮水利組合令 발포 이래 설립을 장려했다. 특히 올해에 있어서 3개년 계획을 세워 조사방침을 수립하고 직원을 증원하여 관내 유리한 사업지를 조사했다. 게다가 그 일부의 실측實測을 행하여 유망한 것에 대해서는 힘써 수리조합水利組合을 조직하게 했는데 그 결과 현재 조합설립인가 신청 중에 있는 두 개의 조합이 있으며 이 외에도 신청 수속 중에 속하는 것이 하나의 조합이 있다. 그리고 이미 설립이 완료된 것과 설립 진행 중에 속하는 각 조합원 및 (수리시설에) 혜택을 본 면적 등은 다음과 같다.

(단위: 정町, 반反, 무畝, 보步)

소재지	명칭	설립년월일	조합원수	혜택 면적	비고
수원군	여화(麗華) 수리조합	다이쇼 8년(1919)5월22일	113	245정 2반 6무 15보	
포천군	심곡(深谷) 수리조합	다이쇼 8년(1919)12월25일	71	78정 7반 7무 20보	
수원군	장지제(長芝堤) 수리조합	다이쇼 9년(1920)7월15일	67	64정 8무 28보	
김포군	양동(陽東) 수리조합	다이쇼 10년(1921)9월15일	162	688정 1반 8무 5보	
포천군	영북(永北) 수리조합	다이쇼 11년(1922)1월23일	284	481정 6반 2무 23보	
파주군	임진면(臨津面) 수리조합	다이쇼 10년(1921)11월4일	246	454정 4반 5무 28보	
김포군	양천(陽川) 수리조합		215	464정 3반 7무 28보	신청수속중

04
학교비 學校費

조선인 교육朝鮮人敎育을 위해 설립하고 (그것을) 유지하기 위한 공립보통학교公立普通學校의 비용을 지원하기 위해 메이지 44년(1911) 제령制令 제12호로 공립보통학교비용령公立普通學校費用令을 발포 실시했다. 그 이후 10년을 경과하여 시세時勢의 발전에 따라 다이쇼 9년(1920) 제령 제14호로 각령을 근본적으로 개정하였다. 그리고 현행 조선학교비령朝鮮學校費令은 보통학교 기타 조선인 교육에 관한 비용을 지원하기 위해 부·군·도府郡島에 학교비(學校費:학교 운영비)를 제정한 것이다. 부윤府尹 군수郡守)또는 도사島司가 그 사무를 담당한다. 그리고 학교운영비는 부과금賦課金, 사용료使用料, 보조금補助金, 재산수입財産收入 기타 학교비에 속한 수입으로 그것을 지불한다. 부과금은 부·군·도내에 주소를 가지고 있거나 또는 토지 혹은 가옥을 소유하는 조선인에게 부과한다. 학교비에 관해 부윤 군수 또는 도사의 자문에 응하기 위해 학교평의회學校評議會를 둔다. 각 평의회評議會는 부府에 있어서는 선거를 하고, 군·도郡島에 있어서는 군수 또는 도사가 그들을 임명한다.

최근 향학열向學心이 증진됨에 따라 보통학교 입학자는 매년 많이 증가하여 이미 설립된 학교의 학급 증설과 기타 학교의 신설을 필요로 하는 등 학교기관의 보급과 확장에 일대 약진이 필요한 시기에 도달했다. 특히 경성부京城府처럼 학교증설 및 이미 설립된 학교의 자연팽창에 따라 막대한 경비가 필요했다. 다이쇼 10년(1921)도에서는 마침내 부과금이 제한 없이 부과가 이루어지고 동시에 특별부과금을 부과하지 않을 수 없었다. 오히려 30만원의 채권발행계획이 있는 등 다이쇼 10년(1921)도에 있어서 경기도 학교예산 총액은 다음 표처럼 실로 154만 8,900여 원에 달한다. 다이쇼 9년(1920)도에 비해 46만 8,191원이 동 8년(1919)도에 비해 실로 110만 1,270원의 증가를 보이고 있다.

:: 부·군 학교비 개황(다이쇼 8년〈1919〉도는 결산, 동9년 10년〈1920,1921〉도는 예산)　(단위 : 원)

부군명	학교수	아동수	세입				세출			
			부과금	보조금	기타	합계	학교유지비	학교건축비	기타	합계
경성부	13	4,158	257,606	122,100	320,614	700,320	152,090	511,425	36,805	700,320
인천부	1	689	2,486	15,091	2,654	20,159	18,799		1,360	20,159
고양군	5	1,281	21,340	22,042	16,496	59,878	38,593	17,872	3,413	59,878
광주군	2	435	22,206	10,239	21,396	53,841	19,976	29,999	3,866	53,841
양주군	3	569	26,011	6,074	10,969	43,054	24,581	13,060	5,413	43,054
연천군	5	781	19,801	9,977	2,312	32,090	29,158		2,932	32,090
포천군	3	456	17,369	1,330	3,822	22,521	15,950	225	6,346	22,521
가평군	1	149	7,490	9,727	6,267	23,484	9,526	11,900	2,058	23,484
양평군	3	486	19,259	6,260	6,091	31,610	23,436	4,680	3,494	31,610
여주군	3	660	24,160	5,138	14,084	43,382	24,171	12,100	7,111	43,392
이천군	6	993	22,780	16,587	6,729	46,090	34,612	7,960	3,524	46,090
용인군	5	989	23,683	11,760	9,417	44,860	28,781	11,190	4,889	44,860
안성군	3	688	25,176	6,498	8,130	39,804	21,148	13,830	4,826	39,804
진위군	2	631	18,743	4,220	11,764	34,727	20,569	10,770	3,388	34,727

부군명	학교수	아동수	세입				세출			
			부과금	보조금	기타	합계	학교유지비	학교건축비	기타	합계
수원군	4	1,362	40,123	14,493	26,268	80,884	47,447	22,043	11,394	80,884
시흥군	5	1,038	18,502	19,473	7,836	45,811	31,558	10,500	3,753	45,811
부천군	4	778	19,240	13,953	14,917	48,110	25,588	19,800	2,722	48,110
김포군	4	779	15,540	14,813	1,942	32,295	26,072	3,000	3,223	32,295
강화군	3	719	19,259	9,842	14,164	43,265	26,276	12,968	4,021	43,265
파주군	4	891	18,054	10,210	3,037	31,301	27,276		4,025	31,301
장단군	3	614	21,844	2,688	3,230	27,762	18,613	6,629	2,520	27,762
개성군	5	1,379	30,708	8,237	4,727	43,672	40,171		3,501	43,672
다이쇼10년 (1921)도계	87	20,525	691,380	340,680	516,860	1,548,920	704,391	719,951	124,578	1,548,920
다이쇼9년 (1920)도계	73	14,768	555,746	312,079	212,896	1,080,721	500,110	446,960	133,651	1,080,721
다이쇼8년 (1919)도계	64	11,974	97,836	247,836	122,924	468,596	257,095	72,781	117,774	448,650

05
향교재산鄕校財産

종래 향교재산鄕校財産에서 생기는 수입의 대부분은 그곳의 공립보통학교의 비용으로 충당하는 것이 일반적인 예였다. (그러나) 다이쇼 9년(1920) 6월 향교재산관리규칙鄕校財産管理規則이 발포되어 이후는 문묘文廟의 비용 기타 사회교화社會教化의 비용에 제공되었다. 게다가 (향교) 재산도 부윤府尹 군수郡守 또는 도사島司가 그것을 관리하고, 예산豫算은 도지사道知事가 정하는 바에 의해 선임되었던 장의掌議의 의견을 듣고 정하는 것으로 했다. 그리고 다이쇼 10년(1921)도 경기도 각 부·군府郡에 있어서 향교재산의 세입·출 예산은 다음 별지와 같다.

:: 향교재산 세입·출 일람표 　(다이쇼 10년〈1921〉도)　　　　　　　　　(단위 : 원)

부·군명	세입			세출				
	재산수입	기타	계	문묘 제비용	교화비	재산 관리비	기타	계
경성부								
인천부								
고양군	20	32	52	42		4	6	52

부 · 군명	세입			세출				
	재산수입	기타	계	문묘 제비용	교화비	재산 관리비	기타	계
광주군	353	461	814	90	113	486	126	814
양주군	278	152	430	136	15	192	87	430
연천군	810	153	963	296		490	177	963
포천군	1,035	52	1,087	296	320	358	113	1,087
가평군	154	23	166	69	24	54	19	166
양평군	398	323	721	184	110	145	282	721
여주군	484	2	486	160		226	100	486
이천군	742	738	1,480	327	284	693	176	1,480
용인군	1,420	421	1,841	312	200	802	527	1,841
안성군	943	25	968	441	100	340	87	968
진위군	428	206	634	134	73	322	104	634
수원군	2,256	1,535	3,791	535	472	821	1,963	3,791
시흥군	177	34	211	57	12	84	58	211
부천군	739	863	1,602	164	230	932	276	1,602
김포군	699	1,119	1,818	284		1,192	342	1,818
강화군	576	295	871	288	65	224	294	871
파주군	333	343	676	228	16	130	302	676
장단군	506	243	749	102	35	507	105	749
개성군	11,036	6,554	17,590	1,538	3,250	2,771	10,031	17,590
계	23,387	13,563	36,950	5,683	5,318	10,774	15,175	36,950

06
사회사업社會事業

사업사업社會事業이 일반적으로 제창된 것은 실로 최근에 속하는 일이다. 그래도 실제 시설은 내지內地(일본)는 물론 조선朝鮮에 있어서도 거의 존재를 볼 수 없다. 사환미社還米[34] 같은 것이 조선朝鮮에 있어서 그 하나의 예가 되지만 최근 경기도에서 사환미가 존재했던 지역은 겨우 고양高陽, 시흥始興, 진위振威, 용인龍仁, 수

---

34) 본래의 명칭은 환곡還穀이다. 1895년에는 이를 사환미社還米로 개칭한 것이다. 환곡은 흉년이나 춘궁기春窮期에 곡식을 빈민에게 대여하고 추수기에 이를 환수하던 진휼제도賑恤制度이다. 환상還上 또는 환자還子라고도 한다. 이 제도는 삼국시대부터 실시되었던 것으로, 고구려에서는 194년(고국천왕 16) 진대법賑貸法을 시행했으며, 신라에서는 진휼의 목적을 위해 점찰보占察寶가 설치되었다. 고려에서는 태조 때 흑창黑倉, 986년(성종 5) 의창義倉, 993년에 상평창常平倉 등을 두어 진휼사업을 확장했으나, 이것들은 모두 당시의 상황에 따라 두었던 긴급조치였으며, 이것이 제도로서 확립된 것은 조선시대이다. 1392년(태조 1)에는 의창을 두어 연 1~2할의 이식을 징수하였고, 1451년(문종 1)에는 의창의 보조기구로 각 촌락에 사창社倉을 두어 의창에서는 10말에 2되의 이식을, 사창에서는 15말에 3말의 이식을 각각 받았고, 1458년(세조 4)에는 흉년에 대비, 임시기구로 상평창을 두었고, 1626년(인조 4)에는 상평창을 진휼청賑恤廳에 통합, 평시에는 상평창으로 물가 조절, 흉년에는 진휼청으로 곡식의 대여를 담당하였다. 이와 같이 의창이 주체가 되어 환곡의 사무를 운영하였으나 원활히 실시되지 않았으며, 그 후 임진왜란 · 병자호란으로 국가의 재정이 어려워지자 환곡본래의 기능이던 비황備荒과 궁민 구제는 관청의 재정확보로 전환되었다. 따라서 환곡의 이식을 국비에 충당하기 위해 매관賣官 · 이곡移穀 등의 방법으로 곡식을 확보, 그 이식으로 경비를 충당했고, 곡식의 대여와 그 이식도 백성의 의사와는 관계없이 일방적으로 결정 · 시행되어 백성들의 원망을 사게 되었다. 따라서 이를 빙자한 탐관오리가 발호, 조선 중기 이후 삼정三政의 문란 중 이 환곡제도의 폐단이 가장 컸으며, 각처에서는 민란이 일어나는 등 사회적 혼란이 걷잡을 수 없게 되자 1867년(고종 4)에는 규칙을 엄하게 하는 한편, 이식도 줄여 1할로 하고 사창을 다시 두었다. 1895년에는 이를 사환미社還米로 개칭, 이식도 매섬당 5되씩을 감하는 등 환곡제도의 완벽을 꾀했으나 성공하지 못했으며, 국권침탈 후 이 제도는 무력화하여 1917년 사환미조례를 폐지하고 사환미를 각 부락의 기본재산으로 전환시켰다.

원水原, 파주坡州, 김포金浦의 7개 군이다. 그리고 그 금액은 1만6천여원에 불과하다. 게다가 면제面制 시행 후에는 그것을 전부 각 면面의 기본재산으로 편입하여 현재 존재하지 않게 되었다. 사환미는 나라의 시설이 되어 이미 조선 초에 있어서 그것을 인정하는 지방에 사창社倉[35]을 설치하여 관곡官穀을 저축했다. 춘궁기 농민의 식량이 부족하여 고통 당하고 있을 때 상당의 양을 대부해 주고 가을 추수기에 그것을 반환받는 것이다. 한해旱害와 수해水害가 특히 심하기 때문에 조선에 있어서 사회시설로 한 것으로 (이것은) 자연스러운 일이다.

　　단체의 시설로서 처음 사회사업으로 인정된 것은 지방비 실시地方費實施 이후의 일이다. 대한제국 융희隆熙 3년 처음 지방비법이 시행되었다. 지방비법에 토목土木, 권업勸業, 교육教育 기타 지방의 공공사무를 인정하게 되자 경기도에서는 먼저 그 경비 580여 원을 투자하여 이재민罹災民의 구호救護, 유기아遺棄兒의

---

35) 사창社倉: 조선시대 지방의 촌락에 설치됐던 곡물 대여기관. 왕조시대王朝時代에는 평상시 곡식을 저장했다가 흉년이 들었을 때 굶주리는 백성들에게 대여해주는 구호救護사업이 가장 중요한 국정의 하나였다. 삼국시대 초기부터 춘궁기春窮期에 곡식을 빌려줬다가 가을에 거둬들이는 제도가 시행됐다. 조선은 1392년(태조 1년) 개국과 동시에 의창義倉이라는 구호기관을 설치해 굶주리는 백성들에게 관곡官穀을 무이자로 대여했다. 그런데 흉년이 자주 들어 의창의 곡식이 부족해지자 군자곡軍資穀으로 보충할 수밖에 없었다. 1423년(세종 5년)에는 군자곡 106만 9,000여 석을 각 도道 의창에 분배해 원곡수元穀數로 했으며, 원곡(농가에 대여하는 양곡)의 수를 유지하기 위해 1석石(10말)마다 이자 3승升(되)을 내도록 했다. 그 뒤에도 구호곡의 지출은 늘어나는 반면, 회수는 극히 부진했다. 조정에서는 국영國營 구호기관인 의창과는 별도로, 촌락을 기반으로 한 민간자치적 구호기관 성격을 띤 사창社倉을 설치하기에 이르렀다. 사창 제도는 주자朱子의 제창으로 중국 남송南宋에서 처음 시행됐다. 사社는 중국의 지방 행정단위로 지금의 면面에 해당한다. 1444년(세종 26년) 의정부회의에서 사창이 처음 논의됐으며, 1448년(세종 30년) 대구현大丘縣에서 이보흠李甫欽으로 하여금 사창 제도를 시험하게 했다. 이어 1451년(문종 1년) 토호土豪가 적어 상대적으로 사창 제도에 대한 반대가 심하지 않았던 경상도 금산金山·거창居昌·영천永川·경산慶山·인동仁同·신녕新寧·산음山陰·지례知禮·하양河陽 등 10개 읍에 사창을 설치했으며, 1461년(세조 7년) 전국적으로 사창 제도를 실시했다. 의창은 각 군현郡縣에 설치된 반면, 사창은 촌락에 설치됐다. 사창은 원곡의 부족과 그것을 보충하기 위한 군자곡의 감소를 막는데 목적이 있었기 때문에, 원곡을 빌려주고 1석(10말)에 3두斗(말)의 이자를 붙여 반납하도록 했다. 그러나 의창곡과 사창곡의 이자 비율이 형평을 크게 잃으면서 사창은 구호기관이 아닌 고리대高利貸기관으로 성격이 변질됐다. 결국 1459년(세조 5년) 의창곡의 이자도 3승에서 3두로 올려 부과했다. 사창이 빈민들에게 큰 혜택을 주지 못한데다 관리들의 농간으로 원성만 사게 되면서 1470년(성종 1년) 폐지됐다. 16세기 이후 극심한 기아와 의창의 구호기관 기능 상실로 사창제 부활이 다시 논의됐다. 1684년(숙종 10년) 이단하李端夏의 건의로 7개조의 사창 절목節目이 제정돼 사창 제도를 혁신했다. 그 내용은 사창을 상대로 대출하는 관곡은 공평히 대여하야 할 것, 사창의 대여·환수 성적을 6년마다 조사해 우수한 곳에는 상을 주어 장려할 것, 사창에 저장된 곡식은 절반 이상을 사민社民에게 대여하고 연 2푼分(1푼은 전체 수량의 100분의 1)의 이자를 받을 것 등이었다. 이리하여 18세기 말에는 널리 시행되기도 했으나, 탐관오리들의 착복 등 폐단이 시정되지 않으면서 농민항쟁의 불씨가 됐다.

구육教育, 기타 행려병자行旅病人의 수용과 행려병자 사망자 매장 등의 사무에 착수했다. 이후 수년간 지방부과금地方賦課金의 약 1/100 이상을 동 사업비에 충당하고, 그 후 부과금의 1/200로 감소되어 동 사업을 계속했다. 후에 다시 한일합병 때 임시은사금臨時恩賜金 264만 4,500원을 경기도 각 부·군府郡에 하사되었다. (임시은사금의) 연이자 13만 2,220여 원내에서 약 1할을 흉년 구제의 자금으로 충당하기에 이르렀다. 경기도는 그것으로 재해시 화재로 인한 가건물 및 식량 구입의 비용은 물론 종곡種穀(씨앗으로 쓸 곡식)과 농구農具의 구입 등 경비에 충당하는 계획을 세웠다. 당초에 있어서는 다행히 재해를 감당할 수 있었다. (그러나) 다이쇼 8년(1919) 소요사건騷擾事件(3.1운동, 1919년 3월 1일을 기점으로 일본의 식민지 지배에 저항하여 전 민족이 일어난 항일독립운동으로 일제 강점기에 나타난 최대 규모의 민족운동이었으며, 제1차 세계대전 이후 전승국의 식민지에서 최초로 일어난 대규모 독립운동이기도 하다.)이 발발하고 수원군水原郡, 안성군安城郡에 있어서도 다수의 이재민이 발생했다. 그들 인민에 대해 가건물 식량 기타 종곡과 농구비 등을 위해 지출한 금액은 2만 3,900여 원 달했다. 면面에서도 그들에 대한 시설은 모두 소극적 구제시설에 머물러 있었지 적극적 구제시설을 찾아볼 수는 없었다. 더욱이 5년에 걸친 구주전란(歐洲戰亂: 제1차 세계대전)은 정치·경제상 미증유未曾有의 변란을 가져왔다. 민심이 동요하고 안정되지 않아 그것을 선도善導하는데 하루라도 소홀히 할 수 없는 것이다. 특히 민지民智의 발달이 아직 충분하지 않은 조선의 민중을 선도善導하고 올바른 신정新政의 취지를 이해시키는 것은 조선 통치에 있어서 가장 긴요한 일이다. 경기도에 있어서는 지난 다이쇼 9년(1920)도 도 지방비道地方費 추가예산追加豫算에 있어서 사회구제사업비 1만 8천여 원을 계상하여 적극적인 사회구제사업 시설에 착수했다. 더욱이 지금 10년(1921)도에 있어서는 동 사업을 확장하고 총 경비를 7만 5천여 원을 계상했다. 도道에 내선인內鮮人(일본인 조선인) 각 1명의 촉탁囑託 기타 서기書記 기수技手 고원雇員 등 필요한 직원을 두고 활동사진을 이용하여 지방에 순회 강연회를 개최했다. 일반민중을 위해 도 당국은 물론 각 지방에 있어서 지위 있고 명망 있는 독지가의 강연을 행하였다. 혹은 인쇄물을 배부하여 신정新政의 취지를 철저히 하려고 노력하고 문화촉진에 일조하였다. 혹은 면직원 및 지방실업가 유지의 내지內地(일본) 시찰을 권장하여 내지(일본)의 문물文物 · 인정人情 · 풍속風俗을 소개하였다. 또 도에 있어서 지방의 공직자 및 유지가有志家의 지방개량 강연회를 행하고 혹은 훌륭한 면직원을 선발하여 내지(일본)의 우량지역인 정촌町村에 위탁시켜 사무의 강습을 하게 하였다. 또 하나의 면 · 도面 · 道에 사회사업조사위원회社會事業調査委員會를 설치하여 사회사업의 조사 연구를 행하고 시행해야 할 사업의 종류 및 그 실행방법을 확립하여 (사회사업을) 실시함에 있어 잘못되지 않게 하였다. 지금 시정始政 이래 동 사업을 위해 지출되었던 경비의 개요를 나타내면 다음과 같다.

:: 메이지 43년(1910)도에서 다이쇼 10년(1921)도까지 사회구제비 조사
　(다이쇼 8년〈1919〉도까지는 결산액 동 9년〈1920〉도 이후는 예산액)　　　　　　　(단위 : 원)

종별 연도	사회사업비						흉년구제비							구휼 제 비	구휼 보조 비	합계
	봉급	잡급	잡비	공동 숙박 소보 조비	시찰 단비 보조 비	계	종곡 비	식량 비	화재 대응 비	가건 물비	농구 비	잡비	계			
메이지43 년(1910)															582	582
동44년 (1911)															801	801
다이쇼원 년(1912)															1,972	1,972
동2년 (1913)															1,853	1,853

종별 연도	사회사업비						흉년구제비							구휼제비	구휼보조비	합계
	봉급	잡급	잡비	공동숙박소보조비	시찰단비보조비	계	종곡비	식량비	화재대응비	가건물비	농구비	잡비	계			
동3년 (1914)														1,328		1,328
동4년 (1915)														1,466		1,466
동5년 (1916)														1,635		1,635
동6년 (1917)														2,024		2,024
동7년 (1918)										99			99	916	1,300	2,315
동8년 (1919)							1,924	5,140		14,596	1,075	1,235	23,970	529	1,680	26,179
동9년 (1920)			18,325			18,325	20,000	1,253	1,253	1,253			23,759	696	2,500	45,280
동10년 (1921)	4,800	16,550	27,020	1,026	6,700	56,096	3,194	3,194	3,194	3,194		1,000	13,776	696	5,000	75,568

01
조선인 교육朝鮮人教育

다이쇼 10년(1921년) 6월 말 기준으로 경기도내京畿道內 공·사립학교公私立學校는 공립보통학교公立普通學校 87교, 사립보통학교私立普通學校 8교, 사립고등보통학교私立高等普通學校 10교, 실업학교 공립사립實業學校公立私立 각 3교, 공립간이실업학교公立簡易實業學校 8교, 사립전문학교私立專門學校 2교, 사립각종학교私立各種學校 78교이다.

공립보통학교는 메이지 43년(1910) 말에 겨우 26교에 불과했으나 한일병합 때에 천황의 하사금으로 이루어진 임시은사금臨時恩賜金 이자를 기초로 그리고 거기에 국고國庫 및 지방비地方費의 보조, 향교재산鄕校財産의 수입과 설립구역내 인민人民의 부담금을 더하여 메이지 44년(1911)도 이래 매년 학교를 증설해 왔다. 시時勢의 진전에 따라 다이쇼 9년(1920) 7월 조선학교비령朝鮮學校費令을 발포하고, 조선학교비령에 의해 학교비學校費는 부과금賦課金, 사용료使用料, 보조금補助金 재산수입財産收入 기타 학교비에 속한 수입으로 지원하는 것이다. 특히 국고

보조를 증액하여 한층 더 보통학교의 증설 보급을 도모해 왔다. 지금 한 면面에 평균 대략 0.35교에 좀 못 미친다. 다시 말해 평균 세 개의 면에 1교가 조금 넘는 보급을 보이고 있다. 그리고 보통학교 입학 희망자는 다이쇼 8년(1919)도 이래 갑자기 격증하여 각 학교 모든 설비의 확장을 행하지 않을 수 없었다. 다이쇼 9년(1920) 11월 조선교육령 일부를 개정한 결과 보통학교의 수업연한은 6년으로 연장되어졌다. 경기도에 있어서 (보통학교 수업연한 6년을) 실시하는 학교로는 25교가 있다.

사립학교의 수는 115교로 헤아려진다. 그 중 39개교는 학과 중學科中에 종교宗教의 과목을 부과하거나 종교학교이다. 그리고 사립학교는 한일병합 전 일시 남설濫設의 상황을 나타냈다. (그러나) 그것이 유지 경영하기가 어려움에 이르자 근래 현저하게 그 수가 감소하고 이후 감소되는 경향을 나타내고 있다.

서당書堂은 각 부·군府郡에 걸쳐 그 수가 2,674개가 있고 아동 2만 6,091명을 수용하고 있다. 한문 및 습자 작문을 가르치고 있다. 그리고 다이쇼 7년(1918) 2월 서당규칙書堂規則이 발포되고 그것에 의해 국어國語 및 산술算術 등의 학과를 추가하는 것이 되었다. 지금 학교 및 서당의 상황을 나타내면 다음과 같다.

:: 조선인 교육 공립 제학교 (각년 6월말 현재)

(단위 : 엔)

년 차	보통학교			실업학교			간이실업학교		
	학교수	아동수	경비	학교수	아동수	경비	학교수	아동수	경비
다이쇼8년(1919)	65	11,974	266,935(엔)	3	291	37,195(엔)	14	266	4,613(엔)
다이쇼9년(1920)	75	14,945	590,045	3	264	83,170	13	333	6,136
다이쇼10년(1921년)	78	20,536	1,344,795	3	335	163,835	8	485	5,936

:: 조선인교육 사립제학교 (각년 6월말 현재)　　　　　　　　　　　　　　　　　　(단위 : 엔)

년차	보통학교			고등보통학교			실업학교			사립학교			전문학교		
	학교수	아동수	경비	학교수	생도수	경비	학교수	생도수	경비	학교수	생도수	경비	학교수	생도수	경비
다이쇼 8년 (1919)	8	1,257	15,001	9	1,580	142,795	1	162	46,408	60 x40	4,150 2,887	80,857 84,118	2	111	100,628
동 9년 (1920)	8	1,564	22,423	9	1,749	209,550	2	189	54,513	48 X37	5455 3,326	87,163 112,980	2	64	130,250
동 10년 (1921)	8	2,518	36,125	10	3,268	327,209	2	215	58,432	42 X36	7,170 4,498	128,241 137,401	2	174	147,119

비고 X표는 종교학교를 나타냄.

:: 서 당　　　　　　　　　　　　　　　　　　　　　　　　　　　(각년 4월말일 현재)

연차	서당 수	아동 수	경비(엔)
다이쇼 8년(1919)	2,481	25,428	220,509
다이쇼 9년(1920)	2,481	26,091	346,198
다이쇼 10년(1921)	2,551	27,782	255,726

:: 유치원　　　　　　　　　　　　　　　　　　　　　　　　　　(각년 5월말일 현재)

연 차	원 수	유 아	경 비(엔)
다이쇼 8년(1919)	1	51	2,580
다이쇼 9년(1920)	4	410	4,975
다이쇼 10년(1921)	5	372	9,361

02
내지인 교육內地人教育(일본인교육)

내지인(일본인)의 교육방침教育方針은 진실로 내지(일본)에 있는 사람과 하등의 차이가 없다. 비록 생도生徒의 교양상 스스로 특별한 규정을 필요로 하고, 이 규정들을 특별히 규칙에 명시하고 있다. 그리고 내지(일본)에 있어서 서로 해당되는 학교와는 피차 전입의 관계에 있어 상호 연락을 유지한다.

경기도내에 있어서 내지인(일본인)의 교육기관으로 공립公立은 소학교小學校, 고등여학교高等女學校, 실업전수학교實業專修學校, 간이실업전수학교簡易實業專修學校 등이 있고, 사립학교私立學校는 실업학교實業學校, 각종학교各鐘學校, 전문학교專門學校 등이 있다. 지금 그 통계를 나타내면 다음과 같다.

:: 내지인(일본인) 공립 제학교 (각년 6월말일 현재)   (단위 : 엔)

연차	소학교			고등여학교			실업전수학교			간이실업전수학교		
	학교수	아동수	경비	학교수	생도수	경비	학교수	생도수	경비	학교수	생도수	경비
다이쇼8년 (1919)	44	11,776	433,687	2	837	55,067	1	182	18,902	2	277	3,586
동 9년 (1920)	44	12,402	588,964	2	1,022	153,650	1	217	128,294	2	385	5,504
동10년 (1921)	45	12,938	644,332	2	1,196	364,015	1	188	34,180	2	313	6,014

:: 내지인(일본인) 교육 사립 각종학교 (각년 6월말일 현재)   (단위 : 엔)

연차	각종학교			실업전수학교			전문학교		
	학교수	생도수	경비	학교수	생도수	경비	학교수	생도수	경비
다이쇼 8년(1919)	4	455	54,278	1	262	45,408	1	82	131,385
동 9년(1920)	5	715	122,133	1	253	50,011	1	137	84,839
동 10년(1921)	5	1,128	228,847	1	367	52,728	1	165	69,231

:: 유치원 (각년 6월말일 현재)   (단위 : 엔)

연차	원 수	유아	경비(엔)
다이쇼 8년(1919)	5	398	9,827
다이쇼 9년(1920)	5	437	13,321
다이쇼 10년(1921)	4	381	13,207

03
도서관

:: (다이쇼 10년〈1921〉 3월말일 현재) (단위 : 엔)

명칭	공사립별	위치	창립	도서권수		개관일수	열람인원	본연도 수입총액		본연도 지출액		설립자
				일한서	양서			열람료	기타수입	경영비	임시비	
경성도서관	사립	경성부 가회동	다이쇼 9.11	22,952	218	82	807		154	328	129	윤익선 김윤식
만철경성도서관	사립	용산철도구내	다이쇼 9.7	9,695		223	21,686			14,614	688	만철경성관리국, 아카이 나오키치[赤井直吉]
인천문고	사립	인천부 산수정	메이지 44.3	1,395	382	350	3,520			144	8	인천기독청년회 모기와 사부로[茂木和三郎]
안성도서관	사립	안성군 읍내면	다이쇼 2.5	567	5	365	343					안성 나카시마 가츠야시[中島彌市]
개성도서관	공립	송도면 대화정	다이쇼 4.7	185		365	120					개성학교조합 츠보타 히데요시[坪田英俊]

7부

종교宗教 및 향사享祀

경기도에 있어서 조선의 재래사찰寺刹은 그 수가 186개가 되고 승려의 수는 1,547명이 된다. 그 중 수원의 용주사龍珠寺, 광주의 봉은사奉恩寺, 양주의 봉선사奉先寺, 강화의 전등사傳燈寺 등이 저명하다. (이들 사찰에는) 경승지에 거대한 가람을 세우고 다수의 승려가 거주하고 있다. 그 사찰의 구조 및 전래의 귀중한 보물은 역사를 말하고 있고, 미술에 적지 않은 참고가 된다. 또 그들 사찰은 소속된 경지耕地와 산림山林으로 유지할 자력을 갖고 있다. (그러나) 다른 많은 사찰은 상당한 자산을 갖고 있지 못하기 때문에 (사찰을) 유지하기에 어려움이 있다. 종래 불교佛敎가 부진한 관계, 승려의 대부분은 학문이 깊이가 없어서 포교를 감당하지 못한다.

조선 재래의 사찰 및 승려에 관해서는 어떠한 법령에도 근거가 없었기 때문에 사원寺院은 점차 황폐해지고 승려 역시 점차 타락하는 경향이 있었다. (그러나) 메이지 44년(1911) 6월 조선사찰령朝鮮寺刹令이 발포되자 동 령同令에 의해 사찰에 주지住持를 두게 되었다. 주지로서 사찰에 소속된 모든 재산을 관리하고 아울러 사찰 본말을 명확히 하여 사찰 포교의 단속, 가람의 보호 등을 규정하고, 승려로 하여금 호법護法, 자산을 다스리는資治 본래의 임무를 다할 것을 요구하였다. 그 결과 근래에 이르러 점점 좋은 성적이 나타나고 있다.

외국인이 전도宣傳한 기독교는 천주교天主敎, 감리파監理派, 장로파長老派, 복음파福音派, 성공회聖公會, 구세군救世軍, 희랍교希臘敎 등 종파 10여개이며 교회강의소敎會講義所 등의 수는 489개가 있다. 만약에 경성京城에 들어가면 홀연히 빼어난 대회당大會堂이 각 곳에 솟아 있는 것을 볼 수 있다. 안식일安息日에는 신자의 다수가 연이어 예배를 보러 가는 것을 볼 수 있다. 경성시 안에서 매주 일요일 천여 명의 집회자를 볼 수 있는 교회도 적지 않다.

내지內地(일본)의 포교와 관계있는 신도神道는 신리교神理教, 천리교天理教, 교습교教習教, 김광교金光教, 대신교大神教 등이 있고 회당會堂, 포교소布教所 등의 수가 78개이다.

불교佛教는 종파가 약 11개가 있다. 그 중 역사가 오래되고 세력이 큰 것은 대곡파大谷派 본원사本願寺이다. 본원사는 메이지 18년(1885년)에 인천仁川에 별원別院을 두었다. 그 이후 메이지 31년(1898년) 정토종淨土宗의 개교되고, 33년(1900년) 진언종眞言宗이 오고 선종禪宗 기타 여러 종파가 도래했다.

:: 내지인(일본인) 설립 포교소 포교사 (각년 3월말일 현재)

연별	교별	회당강습소	설교소	포교사
다이쇼 8년(1919)	신도	1	20	37
	불도	6	30	70
	기독교	8	7	17
	계	15	57	124
다이쇼 9년(1920)	신도	1	20	39
	불도	6	32	78
	기독교	8	7	18
	계	15	59	135
다이쇼 10년(1921)	신도	1	22	44
	불도	6	34	91
	기독교	8	7	17
	계	15	63	152

:: 조선인 설립 사찰 승려 및 사원 (각년 3월말일 현재)

연차	사찰	승려			사원(祠院)
		승(僧)	비구니(尼)	계	
다이쇼 8년(1919)	198	1,253	351	1,604	12
다이쇼 9년(1920)	186	1,242	353	1,595	12
다이쇼 10년(1921)	186	1,196	351	1,597	12

:: 외국인 설립 포교소 및 선교사 (각년 3월말일 현재)

연차	교회당	강의소	기타 집회소	선교사					조선인 목사 및 조수
				영국인	미국인	프랑스인	기타 외국인	계	
다이쇼8년(1919)	248	34	217	20	44	14	17	95	425
다이쇼9년(1920)	248	34	217	22	44	14	17	97	421
다이쇼10년 (1921)	238	34	217	17	44	14	17	92	419

또 조선朝鮮에 있어서는 역대 왕릉王陵을 수호하는 직원을 두고 인민人民의 침범이나 남행濫行을 제지하는 법이 있었다. (그러나) 근년 그 보호를 태만히 하고 (왕릉을) 감독한다는 명분으로 오히려 가축을 기르고放牧 벌채伐採 등을 행하여 그 폐해가 적지 않았다. (그래서) 메이지 45년(1912)도부터 능릉을 수호하는 직원을 배치하고 감독하도록 했다. 즉 경기도에 있어서는 개성開成, 장단長湍, 강화江華, 고양高陽, 연천漣川, 광주廣州 6개 군에서 고려왕 역대의 전릉殿陵 60개소에 대해 참봉參奉 2인 수호직원守護職員 45명을 배치했다. (그리고) 거기에 필요한 급료 연 6,732원을 배정했다. 그리고 개성開成 연천漣川 광주廣州 3군에 있어서 전릉殿陵 중 각 1개소에는 봄, 가을 2회의 제사의식祭典을 행하고 거기에 필요한 제사비용享祀費用 연 210원을 책정했다.

8부

재정 및 금융

01
재정財政

한일병합 이전 경기도에서 재무財務의 시설은 시정 방침始政方針에 따라 평온하고 원만하게 진전되고 있었다. 조선인朝鮮人의 내력은 비교적 (근대적) 납세관념이 결핍되어 있어 징세담당자徵稅擔當者의 독촉督促이 있어도 쉽게 그것을 납부하지 않는 폐습이 있었다. 이것은 필경 인민의 납세의무納稅義務의 중요성을 알지 못하고, (오히려) 헛되이 압제壓制로 임하고 불법의 징수, 공금의 포탈이 성행하게 되는 등 담당자의 조치가 정당하지 않았던 데에 기인한다. 이에 신정 시행新政施行 이후는 전적으로 납세 관념의 양성, 세원稅源의 함양涵養에 노력함과 동시에 부담의 공평公平을 기하고 또한 하급징세기관下級徵稅機關인 면장面長의 인선人選에 의견을 듣고 종래 징세상 악습惡習인 공금 포탈의 근절을 도모했다. 또 장부 서류의 정리를 행하는 등 예리한 개선에 노력한 결과 일반민중 역시 신정新政의 취지를 이해하고 납세 의무를 존중해야 하는 것을 알게 되었다. (그 결과) 면목이 일신하여 좋은 성적으로 진행되고 있다.

1. 국세國稅

다이쇼 9년도(1920) 경기도내京畿道內의 국세 총액國稅總額은 808만 8,598원이다. 이것은 메이지 44년도(1911) 71만 7,194원과 비교하면 실로 737만 1천여 원의 증가를 보이고 있다. 국세 중에서 수위를 차지한 것은 연초세煙草稅(담배세) 425만 3,890원으로 총액의 약 2/5를 차지한다. 다음은 지세地稅 137만 6,165원으로 총액의 1/7에 상당하고 있다. 그래도 다이쇼 10년도(1921) 이후는 연초전매령煙草專賣令 실시 결과 연초세煙草稅는 자가용 경작세自家用耕作稅만으로 하여 현저하게 세액이 감소되어 지세地稅가 경기도 세액의 수위를 차지하기에 이르렀다.

:: 국세 징수 상황 (단위 : 원)

구분	다이쇼 7년도(1918)			다이쇼 8년도(1919)			다이쇼 9년도(1920)		
	조정액	수입액	수입비율	조정액	수입액	수입비율	조정액	수입액	수입비율
지세	1,366,998 x 1	1,366,822 x 1	0.999	1,309,362	1,309,238	0.999	1,376,165 x 26	1,364,502 x 26	0.991
호세	74,682	74,664	0.999						
가옥세	83,831	83,801	0.999						
소득세	251,981	251,981	1.000	518,077	518,077	1.000	1,237,722	1,219,709	0.985
광세	67,083	64,092	0.955	47,443 x 447	43,665 x 202	0.920	35,097 x 643	32,061 x 87	0.913
주세	189,518	189,330	0.999	293,989	293,669	0.999	468,366	466,892	0.996
연초세	1,368,562	1,368,534	0.999	3,198,277	3,198,161	0.999	4,253,890 x 16	4,253,497 x 12	0.998
사탕소비세				14,981	14,972	0.999			
잡세	5,855	5,852	0.999	7,761	7,761	0.999			
조선은행권발행세	262,289	262,289	1.000	1,558,681	1,558,681	1.000	681,317	681,317	1.000
전시이득세	130,449	129,820	0.995	395,622	395,622	1.000	36,041	36,041	1.000
총계	3,801,248 x 1	3,797,185 x 1	0.998	7,344,193 x 447	7,339,842 x 202	0.999	8,088,598 x 687	8,054,019 x 125	0.995

비고: 본표 중 x가 부과된 것은 이전연도 소속을 나타낸다.

과세종목課稅種目

경기도에서 국세國稅의 과세 종목課稅種目은 지세地稅, 시가지세市街地稅, 소득세所得稅, 광세鑛稅, 주세酒稅, 연초세煙草稅, 조선은행권발행세朝鮮銀行券發行稅의 7종류이다. 지금 각 세稅의 개요를 나타내면 다음과 같다.

(一) 지 세地稅

지세地稅는 다이쇼 3년(1914) 3월 제령制令 제1호 지세령地稅令에 의해 토지대장土地臺帳 또는 지세대장地稅臺帳에 등록되어 있는 소유자所有者, 질권자質權者, 전당권자典當權者, 지상권자地上權者로부터 징수하는 것으로 그것을 표로 나타내면 다음과 같다.

:: 지세(다이쇼 10년〈1921〉 3월말일 현재)

지목	지번 수	지 적	지 가	세 액
밭	729,491	540,332,777평.7합	25,552,053엔.010	332,176엔.680
논	634,208	577,730,729.6	61,298,969.330	796,886.600
대지	142,250	38,727,887.0	4,646,341.430	60,402.430
못과 늪	279	201,142.0	7,976.550	103.690
잡종지	4,876	11,553,688.4	55,597.540	722.760
사찰지	1	641.0	64.100	.830
합계	1,511,105	1,168,546,865.7	91,561,001.960	1,190,292.990

비고: 본 표는 토지대장 시행 지분과 지세대장 시행 지분을 병산한 것임.

(二) 시가지세市街地稅

시가지세는 다이쇼 3년(1914년) 3월 제령制令 제2호 시가지세령市街地稅令에 의해 시가지市街地내 있는 토지土地에 관하여 시가제세를 과세하는 것이다. 토지대장土地臺帳에 등록되어 있는 소유자所有者 질권자質權者 전당권자典當權者 지상권자地上

權者로부터 징수한다. 시가지세를 표로 나타내면 다음과 같다.

:: 시가지세 (다이쇼 10년〈1921〉 3월 말일 현재)

지목	지번 수	지 적	지 가	세 액
밭	5,200	2,830,352평 3합	1,304,627엔 120	9,132엔 380
논	274	292,650.1	120,917.400	846.420
대지	43,203	3,344,627.8	27,818,439.490	194,729.070
못과 늪	1	74.0	370.000	2.590
잡종지	137	115,999.3	143,658.590	1,005.610
합계	48,815	6,583,703.5	29,388,012.600	205,716.070

비고: 시가지세 시행지는 경성부, 인천부, 수원군 수원면, 개성군 송도면이다.

(三) 소득세所得稅

소득세는 다이쇼 9년〈1920〉 7월 31일까지 사업연도가 종료한 것은 메이지 32년 〈1899〉 2월 법률 제17호 소득세법, 다이쇼 9년〈1920〉 8월 1일 이후 사업연도 종료한 것에서는 동 년 7월 제령 제16호 소득세령에 의해 부과한 것으로 그것을 표로 나타내면 다음과 같다.

:: 소득세 (다이쇼 10년〈1921〉 3월 말일 현재)

구 분		소 득 액	세 액
구 세법에 의한 것		10,910,025엔 000	816,768엔 890
신세령(新稅令)에 의한 것	초과소득	1,173,144.000	116,111.320
	유보소득	1,450,496.000	83,574.250
	배당소득	4,302,205.000	215,110.250
	세령 제2호의 법인 소득	15,880.000	1,191.000
	계	6,941,725.000	415,986.820
총계		17,851,750.000	1,232,755.710

(四) 광세鑛税

광세鑛税(광업권에 부과하던 국세)는 다이쇼 4년(1915) 12월 제령 제8호 조선광업령朝鮮鑛業令에 의해 부과하는 것으로 그것을 구분하여 광구세鑛區税(광구의 면적에 따라 부과하던 세금), 광산세鑛産税의 두 종류가 있으며 지금 광세鑛税를 표로 나타내면 다음과 같다.

:: 광구세 (다이쇼 10년〈1921〉 3월 말일 현재)

광구수	면 적	세 액	적 요
89	27,503,000평 51정	16,532엔 400	

:: 광산세

광구장 수	광산물 종류	산출수량(관)	광산물가격	세 액	적요
1	동	2,5057관	2,133엔 579	21엔 330	

비고: 광산세는 다이쇼 8년(1919)에 생산되어 다이쇼 9년도(1920)에서 조정된 것을 계상함.

(五) 주세酒税

주세酒税는 다이쇼 5년(1916) 7월 제령 제2호 주세령酒税令에 의해 부과되는 것으로서 면허인원免許人員, 제조장수製造場數, 제조석수 세액製造石獸税額을 보면 다음과 같다.

:: 주 세(다이쇼 9년〈1920〉 주조 연도 다이쇼 9년 9월 1일 현재)

주 류	면허인원	제조장 수	제조석수(석)	주정 용량 구분(석)		세액
				35분이하	45분이하	
조선주로 만든 탁주 x 89	6,498 x 89	6,499	105,116석 758			157,675엔 130
조선주로 만든 약주 x1,325	621 x1,325	621	14,419.338			86,516.020

| 주 류 | 면허인원 | 제조장 수 | 제조석수(석) | 주정 용량 구분(석) | | 세액 |
				35분이하	45분이하	
조선주이외의 양조주 x 8	37 x 8	37	11,586.164			231,723엔.280
주정이외의 증류주 x 571	489 x 571	489	12,465.239	4,873.393	7,591.846	190,824.060
재제주(再製酒) x 15	4 x 15	4	210.475	200.475	10.000	5,494.610
계 x 2,008	7,649 x 2,008	7,650	143,797.974	5,073.868	7,601.846	672,233.100
자가용주 (自家用酒) 탁주	1석미만 43,507 1석이상 1,980					71,200.500
약주	1석미만 739 1석이상 86					5,921.500
효주	5두미만 123 5두이상 118					538.500
이종이상 제조	1석미만 1,069 1석이상 393					12,057.500
계	48,015					89,718.000
총계 x 2,008	55,665					761,951.100

비고: x가 부가된 것은 여러 종류를 겸업하는 것을 겉으로 표기한 것임.

(六) 연초세煙草稅

연초세는 다이쇼 3년(1914) 3월 제령 제5호 연초세령(煙草稅令)에 의해 부과되는 것으로 그것을 구분하면 판매세(販賣稅), 소비세(消費稅), 자가용경작세(自家用耕作稅)의 3종류이다. 지금 연초세를 표로 나타내면 다음과 같다.

:: 연초세 (다이쇼 10년〈1921〉 3월 말일 현재)

종류			면허인원(명)	세액	적요
판매세	도매	제1종	254	2,540엔.000	
		제2종	163	3,260,000	
		계	417	5,800,000	
	소매	제1종	6,543	6,567,000	
			x 24		
		제2종	952	1,990,000	
			x 43		
		계	7,495	8,557,000	
			x 67		
	합계 x 67		7,912	14,357,000	
소비세				4,193,151,030	
자가용경작세			52,717	42,173,600	
총계				4,249,681,630	

비고: x가 부가된 것은 겸업을 겉으로 표기한 것임.

(七) 조선은행권발행세|朝鮮銀行券發行稅

조선은행권발행세는 메이지 44년(1911) 3월 법률 제48호 조선은행법 제22조 제3항에 의해 부과되는 것이다. 그것을 표로 나타내면 다음과 같다.

:: 조선은행권 발행세 (다이쇼 10년〈1921〉 3월 말일 현재)

조선은행법 제22조 제3항에 의한 발행고	세 액	적요
3,562,316,838엔.650	681,317엔.400	

비고: 본 표는 다이쇼 9년도(1920) 분이다.

2. 역둔토 수입驛屯土收入

역둔토 수입驛屯土收入이란 역둔토驛屯土[36] 또는 거기에 준해 취급되는 토지에서 생기는 수입을 말한다. 역둔토란 역토驛土 둔토屯土를 말하고, 그리고 역둔토는 조선 초 국내 각도에 역참驛站을 설치하고 공문서의 발송과 관리들의 공무여행을 할 때 마필馬匹, 신발 등 여행의 재료를 공급하는 제도를 창설하여 그 비용을 충당하기 위해 일정한 전답田畓에 부과했던 것에 기원한다. 역리驛吏는 모두 그 수확에 따라 의식주衣食住를 해결하는 것이고, 둔토란 각 도에 두고 진영(鎭營:각 도의 감영이나 병영, 수영의 관할하에 군사적으로 중요한 지점에 둔 군영)의 급여 일체를 충당하는 토지이다. 그러나 우편제도郵便制度의 창설, 관리의 여비급여旅費給與, 수입정리收入整理 등의 관계에서 제반 제도諸般制度가 개혁됨에 따라 국유토지國有土地의 수입은 당연 국고의 수입에 속하게 된 것이다. 이들 역둔토 또는 여기에 준해 취급되는 전답 등에서 생기는 수입도, 이 기준에 따라 국고의 수입에 속하게 된다. 역돈토 수입 등에는 몇 번의 개정이 있었지만, 현재는 다음에 기재된 표준율에 의해 소작료가 정해져 매년 수입시기의 곡가(穀價)로 환산하여 현금으로 징수되고 있다.

---

36) 역둔토驛屯土: 조선시대 역토驛土와 둔토屯土. 역의 경비를 충당하는 역토驛土와, 경비警備를 위하여 역에 주둔하는 군대가 자급자족을 위하여 경작하는 둔전屯田을 아울러 이르는 말이다. 역토는 역참에 부속된 토지로, 역의 일반 경비와 소속 이원吏員의 봉급 및 말을 양육하는 데 필요한 비용을 마련할 수 있도록 일정한 부속지가 설정되어 있었다. 여기에는 관리의 숙박에 소요되는 경비를 충당하는 공수전公須田, 행정에 쓰이는 지전紙田, 역장의 수당에 충당하는 장전長田 등이 있다. 둔토는 둔전으로서, 중앙 및 지방의 각 병영과 행정관청의 군수 및 경비에 충당하도록 설정된 토지이며 방벌군防伐軍이나 인근 농민·노비 등에 의하여 경작되었고, 대부분 지주소작제에 의거하여 경영되었다. 둔전은 원래 변경이나 군사요지에 설치하여 군량을 충당하는 의미의 국둔전國屯田이었으나 조선 후기에 이르러 새롭게 나타난 영문둔전營門屯田(軍門屯田이라고도 함.)과 아문둔전衙門屯田은 관청경비를 보충하는 관둔전官屯田의 성격이 강하였으며, 주로 중앙의 관청에서 설치하였다. 조선 후기로 내려오면서 역둔토는 경작농민의 자유로운 성장과 더불어 개별적인 사유지, 즉 민전民田으로 발전하였으나, 1905년 통감부統監府의 설치와 함께 국유지 정리사업이 일본제국주의에 의하여 주도되면서 1908년 역둔토 관리규정을 반포, 여러 기관에서 관리하던 역토와 둔토 그리고 궁방소속의 토지와 국유지를 통틀어 역둔토라는 이름으로 정리하였으며, 총독부 소속토지로 소유권을 이전하여 광대한 민전을 약탈하였다. 따라서 붕괴되어 가던 봉건적 지주경영을 고율소작료를 장치함으로써 다시 식민지 지주제로 재생시킨 결과를 초래하였다.

:: 역둔토 소작료   (단위 : 벼 석)

등급	소작료(100평당)		등급	소작료(100평당)		등급	소작료(100평당)		등급	소작료(100평당)	
	밭	논		밭	논		밭	논		밭	논
특15	1.220		특5	.620	.900	6	.160	.450	.16	상 .170 하 .150	
특14	1.160		특4	.570	.840	7	.130	.420	.17	상 .140 하 .120	
특13	1.100		특3	.510	.780	8	.100	.390	.18	상 .110 하 .90	
특12	1.040		특2	.450	.720	9	상 .85 하 .75	.360	.19	상 .75 하 .60	
특11	.980		특1	.390	.660	10	상 .55 하 .40	.330	.20	상 .45 하 .30	
특10	.920	1,200	1	.330	.600	11	상 .30 하 .20	.300	.21	.15	
특9	.860	1,140	2	.290	.570	12	상 .10 하 .5	.270	.22	.8	
특8	.800	1,080	3	.250	.540	13	.3	.240			
특7	.740	1,020	4	.220	.510	14	.2	.210			
특6	.680	960	5	.190	.480	15					

:: 소작료(대지)

등급	100평당		등급	100평당		등급	100평당		등급	100평당	
	시가지외	시가지		시가지외	시가지		시가지외	시가지		시가지외	시가지
1	5,000현금	37,000현금	13	2,000현금	13,000현금	25	250현금	5,500현금	37		2,200현금
2	4,700	35,000	14	1,700	12,000	26		5,000	38		2,000
3	4,500	32,000	15	1,500	11,000	27		4,700	39		1,700
4	4,200	30,000	16	1,200	10,000	28		4,500	40		1,500
5	4,000	27,000	17	1,000	9,500	29		4,200	41		1,200
6	3,700	25,000	18	750	9,000	30		4,000	42		1,000
7	3,500	22,000	19	600	8,500	31		3,700	43		700
8	3,200	20,000	20	500	8,000	32		3,500	44		600
9	3,000	17,000	21	450	7,500	33		3,200	45		500
10	2,700	16,000	22	400	7,000	34		3,000	46		450
11	2,500	15,000	23	350	6,500	35		2,700	47		400
12	2,200	14,000	24	300	6,000	36		2,500	48		350

비고: 현금에 의함

:: 역둔토 면적 및 필수　(다이쇼 10년〈1921〉 3월 말일 현재)

밭		논		대지		잡종지	
면적	필 수	면적	필수	면적	필수	면적	필수
6,486,1124본1	31,455	6,102,7421본8	27,745	518,5810본0	13,627	68,7125본5	205

못과 늪		임야		묘지		사찰지	합계	
면적	필 수	면적	필수	면적	필수	면적	면적	필수
19,9029본0	74	17,6009본0	65	8108본0	12	1304본0　　2	13,214,6321본4	73,185

:: 역둔토 수입 수납 상황　　　　　　　　　　　　　　　　(단위 : 엔)

구분	조정액	수입액	결손액	수입미제 익년도로 이월금
다이쇼 7년도(1918)	184,572	184,131	2	439
다이쇼 8년도(1919)	221,780	221,752	5	22
	x 4,824	x　227		x 4,596
다이쇼 9년도(1920)	306,082	301,112	574	4,395
	x 4,618	x　17	x 4	x 4,596

비고: x는 이전년도 소속의 것을 나타냄.

:: 역둔토 대부료

구분	면적	필수	인원	요금
유료대부지	2,884,9901본9	71,179	33,628	벼 34,825석639 현금 13,960,630
무료대부지	15,6328.0	104	35	벼 18,173,106 현금 102,857
미대부지	1,314,0021.5	1,902		벼 59,489 현금 150,140

비고: 미대부지未貸付地가 요금이 적은 것은 그 대부분이 등급선정이 되지 않았기 때문이다.

3. 세외 제수입税外諸收入

(세외 제수입은) 국세國稅 및 역둔토驛屯土 수입 이외에 매년 국고의 수입에 속하는 조선총독부 특별회계의 제 수입諸收入을 총칭한다. 다이쇼 9년도(1920년)에 있

어서 총액은 137만 9,790원에 달하다. 그 중 최고의 수위를 차지하는 것은 경상부에 있어서 수도 수입水道收入으로 55만 940원이고 임시부에 있어서 역둔토 불하대驛屯土拂下代로 70만 6,652원이다.

:: 세외수입 수납상황 (단위 : 엔)

구분	다이쇼 7년도(1918)			다이쇼 8년도(1919)			다이쇼 9년도(1920)		
	조정액	수입액	수입비율	조정액	수입액	수입비율	조정액	수입액	수입비율
인지수입				546	546	1.000	6,333	6,333	1.000
수도수입	343,090 x 1,798	337,140 x 1,308	0.982	428,323 x 2,413	419,192 x 1,243	0.978	550,940 x 6,654	539,977 x 3,573	0.980
임야수입	80,163 x 19	80,081 x 19	0.999	23,578 x 10	23,449 x 10	0.994	31,481 x 75	30,986 x 75	0.984
관유물 대하료	8,354 x 1	8,354 x 1	1.000	7,922 x 19	7,922 x 19	1.000	8,061	7,974	0.999
수입금	6,196	6,196	1.000				22,545	22,545	1.000
관유물 불하대	6,547	6,547	1.000	9,942	9,942	1.000	4,076	4,076	1.000
변상 및 위약금	169	169	1.000	259	259	1.000	934	934	1.000
징벌 및 몰수금	2,829	2,829	1.000	3,602	3,602	1.000	4,946	4,946	1.000
잡수입	17,031 x 12	16,903 x 6	0.992	36,558 x 11	36,185 x 2	0.989	43,824 x 310	43,097 x 304	0.982
토지 불하대				5,991	5,991	1.000			
역둔토 불하대							706,652	702,121	0.993
총계	464,379 x 1,839	458,219 x 1,334	0.986	516,521 x 2,453	507,088 x 1,274	0.981	1,379,792 x 7,039	1,362,987 x 3,952	0.987

비고: 본표 중 x는 이전연도 소속의 것을 나타냄.

4. 수입인지 수입收入印紙收入

수입인지 수입으로 거두어들이는 항목은 자가주自家酒 제조 면허증 교부수수료, 연초세 면허증 및 매출감찰出賣鑑札 교부수수료, 토지대장土地臺帳과 지적도 등본地籍圖謄本 교부수수료, 토지대장 열람수수료, 민적등본民籍謄本 신청 및 열람 수수료, 조선인朝鮮人 개명수수료, 수렵면허장 신청수수료, 집행관執達吏 직무집 행수수료, 벌금, 과료 등 법령法令에 정해진 것으로 그 수입액을 나타내면 다음 과 같다.

:: 수입인지 수입액

(단위 : 엔)

다이쇼 7년도(1918)	다이쇼 8년도(1919)	다이쇼 9년도(1920)
25,527	58,559	72,503

5. 지방세地方稅

지방세에 대해서는 제5장 제1절에서 개요를 설명했다. (따라서) 여기서는 중복 을 피하기 위해 현재 다이쇼 9년도(1920) 지방세의 징수상황을 보면 그 조정액이 108만 8,039원으로 되어 있다. 그 안에서 최다액最多額은 호세戶稅의 36만 488원 이고 그 다음은 지방부가세地方附加稅의 34만 6,023원이다. 전자는 조정 총액의 약 2/3, 후자는 조정 총액의 1/3에 상당하며 매년 증가하는 경향을 보이고 있다. 다음은 지방세 징수상황을 나타낸 것이다.

구분	다이쇼 7년도(1918)			다이쇼 8년도(1919)			다이쇼 9년도(1920)		
	조정액	수입액	수입비율	조정액	수입액	수입비율	조정액	수입액	수입비율
지세부가세	38,175	38,175	1.000	97,200	97,192	0.999	346,023	344,957	0.996
시가지세부가세	10,389	10,380	0.999	18,433	18,426	0.999	61,879	61,490	0.993
시장세	54,881	54,881	1.000	60,039	60,039	1.000	52,819	52,748	0.998
도장세	2,940	2,940	1.000	307	306	0.994			
도축세	78,090	78,090	1.000	119,716	119,716	1.000	106,279	106,279	1.000
호별세	64,499	64,026	0.992	14,159	13,699	0.967			
가옥세				75,949	75,943	0.999	157,694	155,649	0.987
호세				129,704	129,673	0.999	360,488	360,175	0.999
어업세							1,395	776	0.549
선세							1,444	1,277	0.884
총계	248,974	248,492	0.998	515,507	514,994	0.999	1,088,039	1,083,359	0.995

비고: 다이쇼 10년도(1921) 이후는 외제차량세를 부과함.

6. 공과公課 부담액

경기도에 있어서 공과公課의 종류는 국세國稅를 시작으로하여 지방세地方稅, 부세府稅 또는 면 부과금面賦課金, 학교비부과금學校費賦課金 및 학교조합비學校組合費의 6종류가 있다. 그 중 부세府稅는 경성 및 인천 2부 구역 내에서만 부과하고, 학교비부과금은 조선인朝鮮人에 대해, 학교조합비는 학교조합 설립구역의 내지인(內地人:일본인)에 대해서만 관련을 가지고 있다. 일반에게 부담되는 영역은 국세, 지방세 및 면 부과금(부에서는 면비가 없다)의 3종류에 불과하다. 지금 그 부담액을 나타내면 다음의 표와 같고, 내지內地(일본)에 비해서는 약간梢壞의 차이가 있다고 말할 수 있다.

:: 공과 부담액

구분	국세		지방세		면 부과금		합계	
	1호당	1인당	1호당	1인당	1호당	1인당	1호당	1인당
다이쇼6년도(1917)	4.035엔	.800	.254	.50	.750	.148	5.039	.998
다이쇼7년도(1918)	5.228	1.040	.481	.94	1.059	.201	6.828	1.335
다이쇼8년도(1919)	5.312	1.047	1.120	.220	1.761	.335	8.193	1.602
다이쇼9년도(1920)	7.569	1.473	2.814	.548	2.795	.544	13.178	2.565

비고: 一. 국세는 지세(시가지세 포함) 호세 가옥세 소득세 및 광세에 부가하여 조사한다. 단 호세 가옥세는 다이쇼 7년도(1918)
　　　에 한에 그것을 폐지한다.
　　　二. 지방세는 지세부가세(시가지세부가세를 포함) 호세, 가옥세, 시장세 및 호별세에 부가하여 조사한다. 단 호별세는 다이
　　　쇼 7년도(1918)에서 호세 및 가옥세는 다이쇼 8년도(1919)에서 그것을 부과한다.
　　　三. 면 부과금세는 지세비율(시가지세비율도 포함) 호별비율 및 특별부과금에 부가하여 조사한다.

02

금 융金融

(一) 은 행

메이지 21년(1888) 이전에는 금융기관金融機關이라고 칭할 만한 것이 없고, 동년 9월 제일은행 경성지점第一銀行京城支店을 개설함으로써 효시嚆矢가 되었다. 경기 도내에 있어서 현재 은행은 다음과 같다.

(1) 조선은행朝鮮銀行

제일은행 경성지점은 지폐발행권紙幣發行權과 중앙금고中央金庫 사무의 위탁을 받아 중앙은행中央銀行의 업무를 해 왔다. 메이지 42년(1909) 11월 한국은행韓國銀行을 설립하여 제일은행 지점에 주었던 지폐발행권 중앙금고 사무를 취급하고, 동 44년(1911) 3월 조선은행朝鮮銀行으로 개칭하여 선만鮮滿(조선과 만주)의 중앙은행으로 활동하는 것은 일반적으로 인정되는 바이다. 경기도내 본·지점本支店은 다음과 같다.

본점(경성), 인천지점

(2) 조선식산은행朝鮮殖産銀行

메이지 39년(1906년) 3월 발포된 농공은행조례農工銀行條例에 의거한 농공은행農工銀行은 시대의 진전에 따라 조선산업개발朝鮮産業開發의 사명을 완수하는 게 너무 빈약하다고 느꼈다. (이에) 다이쇼 7년(1918) 6월 조선식산은행령朝鮮殖産銀行令을 발포하고 동년 10월 1일 전농공은행육행全農工銀行六行을 한 덩어리로 하여 조선식산은행의 설립을 보기에 이르렀다. 조선식산은행은 조선총독의 시정방침施政方針을 존중하고 산업개발을 위해 노력함을 목적으로 한다. 경기도내에 있어서 본·지점은 다음과 같다.

본점(경성) 개성, 수원, 인천 (각 지점)

(3) 보통은행普通銀行

구분	명칭	본점	지점 및 출장소
내지인(內地人: 일본인)측 은행	제일은행	△ 도쿄[東京]	경성
	18은행	△나가사키[長崎]	경성 인천 신용산 x용산
	130은행	△ 오사카[大阪]	경성 인천
	조선실업은행	경성	
조선인(朝鮮人)측 은행	한성은행	경성	수원 개성 경성남대문내 경성동대문내 경성서대문외 x동막
	조선상업은행	경성	인천 평택 이천 경성남대문외 경성본정 경성동대문내
	한일은행	경성	x동막 경성동대문내 경성서대문내 경성남대문내 x경성관훈동
	호서은행	△예산	안성
	해동은행	경성	

본 표 중 x는 출장소

(4) 영업소 개황 (각년 12월 말일 현재)

연차	조선은행		조선 식산은행		내지인 (일본인)측 보통은행		조선인측 보통은행		합계		수표 교환소	금융 조합
	본점	지점	본점	지점	본점	지점 출장소	본점	지점 출장소	본점	지점 출장소		
다이쇼7년 (1918)	1	1	1	1	1	7	3	14	6	23	2	24
다이쇼8년 (1919)	1	1	1	3	1	7	3	17	6	38	2	42
다이쇼9년 (1920)	1	1	1	3	1	7	4	18	7	29	2	42

(5) 업무 개황(1)

(각년 12월 말일 현재)   (단위 : 원)

연차	본점 소재지	경기도내 지점 출장소	자본금	불입 자본금	정부 인수주	보조금 대하금	은행권 또는 채권
다이쇼 7년(1918)		23	94,200,000	65,022,940	3,463,850	2,919,396	118,523,670
다이쇼 8년(1919)		28	97,700,000	90,770,405	3,463,850	2,909,396	181,100,055
다이쇼 9년(1920)		29	194,500,000	120,125,000	3,463,850	2,891,356	149,062,165
다 이 쇼 9년 조선은행	경성	1	80,000,000	50,000,000	3,000,000	1,200,000	115,612,165
식산은행	경성	3	30,000,000	15,000,000	329,900	1,459,980	33,450,000
제일은행	△도쿄	1	50,000,000	29,525,000			
130은행	△오사카	2	10,000,000	10,000,000			
18은행	△나가사키	4	6,500,000	6,500,000			
실업은행	경성		5,000,000	1,250,000			
한성은행	경성	6	6,000,000	3,750,000		10,000	
상업은행	경성	6	2,000,000	1,500,000	133,950	221,376	
한일은행	경성	5	2,000,000	1,625,000			
호서은행	△예산	1	1,000,000	475,000			
해동은행	경성		2,000,000	500,000			
계		29	194,500,000	120,125,000	3,463,850	2,891,356	149,062,165

업무 개항(2)

연차	적립금	예금	대출금	순이익	배당비율	개업년월
다이쇼 7년(1918)	18,563,230	54,818,792	51,540,274	8,662,587		
다이쇼 8년(1919)	24,550,935	84,132,307	101,459,132	10,532,317		
다이쇼 9년(1920)	38,393,765	95,231,307	83,227,253	14,624,342		
다이쇼 9년 조선은행	7,650,000	36,769,168	25,392,006	4,065,639	0.10	메이지 42.11
식산은행	943,270	20,921,499	20,045,452	771,539	0.08	다이쇼 7.10
제일은행	25,000,000	9,553,013	6,820,196	7,071,428	0.12	메이지 21.9
130은행	2,600,000	4,880,900	2,060,578	1,270,209	0.10	메이지 25.7
18은행	1,127,495	4,608,231	4,588,619	871,567	0.10	메이지 23.10
실업은행		2,012,149	2,658,479	55,559	0.08	다이쇼 9.7
한성은행	160,000	7,025,841	9,087,322	221,775	0.09	메이지 38.9
상업은행	435,000	6,586,174	7,657,035	132,896	0.10	메이지 39.7
한일은행	435,000	2,692,725	4,444,869	148,243	0.09	메이지 40.8
호서은행	43,000	97,295	248,407	39,295	0.09	다이쇼 8.10
해동은행		102,203	224,290	損 × 24,808		다이쇼 9.7
계	38,393,765	95,231,189	95,231,198	83,227,253	14,624,342	

비고: △가 부가된 것은 내지(일본) 혹은 다른 도에 본점을 가지는 은행으로 그 자본금, 불입제자본금, 적립금, 손익금은 모두 본점의 것으로 계상한다.

(6) 금리 평균표金利平均表 (각년 12월 중 평균)

① 예금 평균금리(預金平均金利)

구분	보통은행				식산은행				조선은행			
	정기예금 (분)		당좌 예금	특별 당좌	제 예금	정기예금		당좌 예금	특별 당좌	제 예금	정기예금		당좌 예금	특별 당좌	제 예금
	1년	6월	일보 (전)	일보 (전)	일보 (전)	1년	6월	일보	일보	일보	1년	6월	일보	일보	일보
다이쇼7년 (1918)	6분 2	5.9	0전 8	1전 4	1전 3	5분 9	5.8	0전 7	1전 3	1전 3	5분 5	5.5	0전 6	1전 2
동 8년 (1919)	6.3	6.1	0.8	1.4		6.3	6.2	0.7	1.3		5.5	5.5	0.6	1.2
동 9년 (1920)	7.5	1.7	1.7	1.7		7.1	7.0	1.0	1.6		7.0	7.0	0.9	1.6

② 대출 평균금리(貸出平均金利) (단위 : 전)

구분	보통은행			식산은행			조선은행		
	정기대	당좌대	할인어음	정기대	당좌대	할인어음	정기대	당좌대	할인어음
다이쇼7년 (1918)	3전1	3.5	3.2	3.2	3.4	3.2	2.4	2.4	2.4
다이쇼8년 (1919)	3.2	3.4	3.4	3.2	3.3	3.3	2.6	2.7	2.5
다이쇼9년 (1920)	3.8	4.0	3.9	3.6	3.6	3.6	3.2	3.2	3.2

(7) 개인 간 대부금리

(평균) (단위 : 분)

	조선인간			내지인 (일본인)간			외국인간			조선인 내지인 (일본인)간			조선인 외국인간		
	최고	최저	보통	최고	최저	보통	최고	최저	보통	최고	최저	보통	최고	최저	보통
다이쇼7년 (1918)	4분83	2.26	3.16	4.75	2.15	2.96	4.00	1.95	2.50	4.91	2.40	3.22	5.50	2.43	3.00
동8년 (1919)	5.00	2.30	3.25	4.91	2.13	3.00	4.37	3.12	2.75	5.16	2.38	3.25	6.00	2.66	3.33
동9년 (1920)	5.00	2.30	3.25	4.91	2.05	2.91	4.12	2.00	2.62	5.00	2.43	3.25	5.83	2.50	3.16
경성	5.00	2.00	3.00	6.00	2.00	2.50	5.00	2.00	3.00	5.00	2.00	3.00	6.00	2.00	2.50
인천	3.50	2.50	3.00	3.50	2.00	2.50	1.50	1.50	1.50	3.50	2.50	3.00			
수원	6.00	2.50	4.00	5.00	1.50	3.00	5.00	1.50	3.00	6.50	2.50	4.00	6.50	2.50	4.00
개성	5.50	2.00	3.50	5.00	2.00	3.50				5.00	2.50	3.50			
이천	5.00	3.00	3.00	5.00	2.00	3.00	5.00	3.00	3.00	5.00	3.00	3.00	5.00	3.00	3.00
안성	5.00	1.80	3.00	5.00	1.80	3.00				5.00	1.80	3.00			

(二) 어음 교환소 手形交換所

메이지 43년(1910) 7월 경성어음교환소를 한국은행내韓國銀行內 설치하고 이어 인천仁川에도 개설하기에 이르렀다. 그 상황은 다음과 같다.

어음교환소 어음교환고   (단위 : 엔)

구분	다이쇼 7년(1918)		다이쇼 8년(1919)		다이쇼 9년(1920)	
	매 수	교환금액(엔)	매 수	교환금액(엔)	매 수	교환금액(엔)
경성	668,398	247,901,895	862,579	572,230,778	920,729	545,765,657
인천	57,032	45,435,697	79,427	108,019,988	85,443	87,423,107
합계	725,430	293,337,592	942,006	680,250,766	1,006,172	633,188,764
수표	469,244	208,323,648	631,048	477,683,105	669,380	392,510,784
송금외국어음	19,218	18,583,445	27,214	49,664,873	30,248	47,650,306
약속어음	10,213	10,970,812	39,404	55,244,185	54,639	60,727,696
지불명령	32,615	22,192,838	33,068	33,244,600	33,786	43,607,651
우편외국환	154,466	17,678,630	198,724	26,374,309	191,080	34,867,476
공채채권증서	34,157	85,970	2,840	136,595	1,619	114,642
잡증서	5,517	15,502,249	9,718	37,903,099	25,420	52,510,209
총계	725,430	293,337,592	942,006	680,250,766	1,006,172	633,188,764

(三) 금융조합金融組合

금융조합金融組合은 조합원組合員의 금융을 완화하고 그 경제 발달을 기도하는 사단법인社團法人이다. 조합원을 위해 예금을 하고 또 그 경제의 발달에 필요한 자금을 융통한다. 그 외에 일반의 편익을 위해 조합원 이외의 예금을 취급한다. 이른바 서민금융기관庶民金融機關으로 하는 내지內地(일본)에 있어서 신용조합信用組合과 유사하다. 금융조합의 가장 큰 특색은 관청官廳의 엄중한 감독과 지도가 있는 것, 그리고 식산은행殖産銀行의 풍부한 자금의 후원이 있는 것이다.

메이지 40년(1907) 12월 수원水原에 금융조합이 설립되면서부터 매년 그 수가 증가하여 최근에 현저히 발달하고 있다.

금융조합령金融組合令에서 인정하는 조합組合에 두 종류가 있다.

촌락조합村落組合: 주로 촌락에 설립하여 농민을 상대로 한다.

도시조합都市組合: 주로 도시의 중소상공업자를 상대로 한다.

(1) 업무개황

(각 년도말 현재)   (단위 : 원)

연차	조합수	조합원수	불입출자금	정부대여금	결손보존및특별준비금	차입금	예금	대출금	매개대부금	손익
다이쇼7년도(1918)말	24	11,290	56,067	248,600	71,341	137,774	151,229	531,172	92,590	
동8년도(1919)말 촌락34		17,218	84,470	268,600	74,845	899,838	317,914	1,448,784	491,958	
도시 8		2,844	224,080			883,983	387,231	1,360,238		
동9년도(1920)말 촌락34		19,077	135,499	268,600	80,053	1,523,533	619,153	2,227,019	536,607	(순익)27,360
도시 8		3,126	350,611		12,820	659,542	442,747	1,306,262		57,836

(다이쇼 9년〈1920년〉도 말 현재고)   (단위 : 원)

조합명	조합수	조합원수	불입출자금	정부대여금	결손보존및특별준비금	차입금	예금	대출금	매개대부금	개업연월
화성		563	4,270	10,000	4,360	74,000	11,622	87,224	8,592	메이지40.12
개성		596	2,074	10,500	3,100	34,040	12,131	52,056	7,107	동 41.3
남양		620	5,329	11,300	5,140	59,900	9,309	70,185		동 41.7
안성		842	9,762	10,000	6,000	70,850	45,692	121,576	28,520	동 42.10
여주		914	4,819	10,000	6,150	55,357	47,033	108,643		동 42.10
이천		749	6,970	10,000	11,750	40,000	24,632	75,602	8,633	동 42.10
강화		734	4,542	10,500	3,500	39,737	40,314	77,653	29,400	동 42.10
김포		686	5,516	10,500	4,650	37,000	46,564	79,957	73,426	동 43.1
영등포		532	5,671	10,500	2,350	41,181	26,071	80,535	5,011	동 43.9
포천		562	4,183	10,000	5,062	44,500	21,573	71,449	1,500	동 43.12
문산포		777	5,783	10,000	4,500	26,436	76,050	85,825	28,251	동 43.12
마전		459	3,701	10,500	2,804	23,264	3,609	40,476	8,430	동 44.1

조합명	조합수	조합원수	불입출자금	정부대여금	결손보존및특별준비금	차입금	예금	대출금	매개대부금	개업연월
소사		669	5,671	10,500	3,850	47,300	15,646	70,227	15,660	동 44.10
장호원		500	2,805	10,600	3,125	42,586	8,947	56,536	21,060	동 44.11
고랑포		613	2,790	10,500	2,567	72,845	14,580	95,489	54,200	동 44.11
양주		568	2,457	10,600	1,910	41,620	8,000	60,155	5,483	동 44.11
송파		579	4,539	10,600	2,130	29,991	15,517	51,034	3,037	동 44.11
양평		516	3,434	10,500	1,005	29,000	16,117	54,613		다이쇼 원.10
가평		512	4,424	10,500	1,680	33,452	9,786	51,432	21,338	동 2.11
용인		584	5,461	10,500	1,250	21,000	27,044	53,499	6,980	동 2.10
연천		586	4,878	10,000	1,100	45,968	5,922	60,511	21,730	동 2.11
평택		888	6,617	10,500	1,870	75,130	20,260	101,302	160,299	동 3.12
고양		570	4,590	10,000	200	37,329	11,059	59,261	8,000	동 4.10
오산		438	2,905	10,000		61,000	13,992	76,473	3,460	동 6.8
일산		501	4,360	2,000		56,240	8,488	67,148		동 8.4
경안		535	2,796	2,000		28,280	33,227	46,341	2,187	동 8.4
풍덕		471	1,313	2,000		43,800	3,246	48,335	2,500	동 8.6
금곡		397	4,093	2,000		27,200	5,927	34,688	11,000	동 8.5
발안		254	984	2,000		65,500	1,163	60,376		동 8.7
죽산		430	3,094	2,000		53,370	11,472	60,235	1,700	동 8.10
동두천		360	711	2,000		31,530	2,294	33,333		동 8.11
안중장		438	1,961	2,000		43,007	5,999	40,196	1,500	동 8.12
동장		404	2,185	2,000		53,860	14,295	63,384	1,000	동 8.12
영평		282	811	2,000		36,460	1,568	31,270		동 8.12
촌락합계	34	19,077	135,499	268,600	80,053	1,523,533	619,153	2,227,019	536,607	
수원		297	26,979		600	50,000	34,680	79,519		다이쇼8.4
인천		337	27,589		420	50,000	44,908	102,213		동 8.4
경성종로		499	35,485		4,500	193,788	7,764	223,542		동 8.4
송도		334	22,168		1,690	69,414	20,999	98,246		동 8.4
경성광화문		476	31,700		5,500	131,370	111,520	256,303		동 8.5
경성왜성		328	87,450		110	50,000	74,407	187,918		동 8.10

조합명	조합수	조합원수	불입출자금	정부대여금	결손보존및특별준비금	차입금	예금	대출금	매개대부금	개업연월
경성남대문		325	63,320			64,970	67,220	184,015		동 8.12
용산		520	55,920			50,000	81,248	174,506		동 8.12
도시합계	8	3,126	350,611		12,820	659,542	442,747	1,306,262		
총계	42	22,203	486,110	268,600	92,873	2,183,075	1,061,900	3,533,281	536,607	

(2) 금 리金利

금융조합金融組合에 있어서 금리金利는 모두 도지사道知事의 인가사항에 속한다.
대체로 다음 표준이내에서 인가되고 있다.

구분	예 금			대부금			
	정기	저축	당좌	보증대부	담보대부	당좌대월	어음할인
촌락조합	0분8	20리	리	50리	45리	리	리
도시조합	8.5	20	15	50	45	50	50

01
토지土地

경기도는 조선 중앙산맥을 동북으로 등을 지고 있어, 그 방면은 대개 경지가 적어 논과 밭의 비율은 밭이 많고 논이 적다. 서남부는 해안 및 충청도 앞의 평야부에 접속하여 일반적으로 경지가 많고 밭에 비해 논의 비율이 많다. 그리고 경기도내에는 한강漢江 임진강臨津江 2개의 큰 강이 서쪽으로 흐르기 때문에 그 하안河岸 및 해변에 있어서 간사지干潟地는 방수防水, 관개灌漑 등 상당한 설비가 필요하지만 경지로서 이용할 수 있는 토지가 적지 않다. 기타 토지에 있어서는 이르는 곳마다 거의 경지耕地로 이용되고, 특히 작년 곡가의 앙등으로 더욱 경지의 확장에 뜻을 둔 자가 많아져 해마다 모두 증가하는 경향이다. 다이쇼 9년(1920) 말 현재의 경지면적은 38만 7,900여 정보町步내 논 19만 9,967정보 밭 18만 7,992정보로 논과 밭의 비율은 거의 반반인 상태이다. 경기도는 기후 관계상 이모작 면적이 적다. 그리고 자작지 및 소작지의 비율은 자작지 31%(3할1보: 논 2할7보, 밭 3할6분) 소작지 69%(6할9보: 논 7할3분, 밭 6할4분)로 소작지는 자작지의 배 이상에 달하고 있다. 부·군별 경지면적은 다음과 같다.

구분	논(畓)			밭(田)	합계	자작소작별 면적			
	1모작	2모작	계	자작		소작			
						논	밭	논	밭
경성부	107		107	4,061	4,168	20	1,788	87	2,273
인천부	329		329	1,829	2,158	67	509	262	1,320
고양군	89,425	513	89,938	80,898	170,836	19,314	23,250	70,624	57,648
광주군	84,426	350	84,776	122,038	206,814	23,653	39,137	61,123	82,901
양주군	115,451	10	115,461	135,302	250,763	18,305	29,292	97,156	106,010
연천군	60,332		60,332	202,803	263,135	24,627	65,896	35,705	136,907
포천군	49,886		49,886	133,834	183,720	20,108	63,559	29,778	70,275
가평군	21,304		21,304	51,894	73,198	5,638	17,084	15,666	34,810
양평군	79,538	98	79,636	87,746	167,382	25,635	34,640	54,001	53,106
여주군	107,099	32	107,131	81,785	188,916	31,213	33,989	75,918	47,796
이천군	118,698	88	118,786	60,376	179,162	32,785	18,072	86,001	42,304
용인군	100,405	148	100,553	82,884	183,437	28,797	32,123	71,756	50,761
안성군	119,302	775	120,077	70,721	190,798	26,969	22,832	93,108	47,889
진위군	124,735	16,547	141,282	66,194	207,476	35,758	26,190	105,524	40,004
수원군	208,931	234	209,165	141,571	350,736	59,986	56,700	149,179	84,871
시흥군	75,990	22	76,012	62,129	138,141	26,037	24,434	49,975	37,695
부천군	107,452		107,452	68,469	175,921	39,240	35,446	68,212	33,023
김포군	103,167	430	103,597	52,190	155,787	29,366	21,776	74,231	30,414
강화군	117,849	971	118,820	44,184	163,004	40,264	23,496	78,556	20,688
파주군	93,667	147	93,814	66,637	160,451	14,633	20,385	79,181	46,252
장단군	77,236	70	77,306	132,853	210,159	14,790	35,407	62,516	97,446
개성군	123,759	154	123,913	129,523	253,436	16,636	26,773	107,277	102,750
총계	1,979,088	20,589	1,999,677	1,879,921	3,879,598	533,841	652,778	1,465,836	1,227,443
다이쇼8년	1,986,230	9,981	1,996,211	1,882,100	3,878,311	532,381	654,808	1,463,830	1,227,292
동 7년	1,983,465	9,890	1,993,355	1,876,973	3,870,328	511,512	593,167	1,481,843	1,282,806
동 6년	1,991,211	7,034	1,998,245	1,884,566	3,882,811	509,728	595,275	1,488,517	1,289,291
동 5년	1,962,083	6,620	1,968,703	1,861,797	3,830,500	489,201	640,178	1,479,502	1,221,619

37) 반反: 종전에는 토지면적계량단위를 토지대장에서는 '평'으로 하고 임야대장에서 '보, 묘, 반, 정'으로 하였다. 그런데 1975년 지적법의 개정으로 계량단위는 모두 ㎡로 하기로 하였다. 그러나 당분간은 토지대장, 임야대장이 ㎡로 환산 등록될 때까지 이 두 계량단위를 병용하도록 하고 있다. 자세히 살펴보면 1. 평= 약3.305781㎡, 2. 보=평, 묘=30평, 반=300평, 정=3,000평, 3. 아르⒜=30.25평=100㎡, 1000아르=1헥타아르⒣=3,025평=10,000㎡, 4. 에이커⒞=40.46아르=1,224평=4,046.8㎡, 5. 1두락=1마지기=200평 상당 [관]면적의 계량단위.

미개간지未墾地 개척

해안海岸 및 해안의 간사지干瀉地 혹은 소택沼澤 등을 개척하고 경작하는 것은 예부터 일반적으로 행해 왔으나 그 방법이 유치하여 강우降雨 홍수洪水의 경우 황폐지로 돌아가는 경우가 적지 않았다. 따라서 대부貸付 허가면적許可面積에 비해 사업 성공 후의 부여付與 혹은 불하 면적拂下面積은 겨우 14%에 불과했다. 그러나 기술의 진보와 지도 장려指導奬勵가 철저하게 됨에 따라 점차 호성적을 올려서, 식량 증식食糧增殖에 한층 유익한 사업이 되고 있다. (경기도) 관내管內에 있어서 대부 허가면적貸付許可面積은 다음과 같다.

구분	논		밭		기타		계	
	건수	면적(평)	건수	면적(평)	건수	면적(평)	건수	면적(평)
다이쇼5년 (1916)	107	4,831	33	2,379	3	18	143	7,229
동 6년 (1917)	164	3,797	73	5,101	13	389	250	9,288
동 7년 (1918)	265	4,979	45	1,257	10	2,383	320	53,458
동 8년 (1919)	265	5,171	36	1,780	9	376	210	7,328
동 9년 (1920)	70	3,658	289	5,688	97	981	456	10,328

비고: 기타 란에 기록된 건수 및 면적은 식수, 과수원, 뽕나무 밭, 목장 및 양어장 등이다.

경기도 논畓 면적 20만 정보町步 중 수원에 있는 것은 5만여 정보에 불과하다. 나머지 14만여 정보는 전적으로 천수天水에 의존하여 수확이 확실하지 않아 다이쇼 원년(1912년) 토지개량보조규정土地改良補助規程을 제정한 이래 장려한 결과 고쳐서 새로 보수된修築所 곳이 매년 증가하여 관개면적 역시 점차 증대하였다.

:: 제언 보(堤堰狀) 수축

연도	공정	수축한 개수	수축제(修築濟)	
			보조류	공사용 부역수
다이쇼 5년(1916)	보(洑)	6	1,742엔	3,874명
다이쇼 6년(1917)	제언(堤堰)	2	28,760	27,566
다이쇼 7년(1918)				
다이쇼 8년(1919)	제언	1	1,070	
다이쇼 9년(1920)	제언	1	2,246	333
	보	1	492	
계		2	2,738	333

02
농업자農業者

다이쇼 9년(1920) 말 경기도 농업자農業者는 24만 3,824호 129만 543명으로 총 호수에 대해 7할을 차지하고 있다. 그리고 농업자의 계급구분은 소작자小作者 52%, 자작겸 소작자自作兼小作者 35% 지주地主 5%로 하여 자작자自作者는 겨우 8%에 불과하다. 내지內地(일본)에 있어서 자작농自作農이 32% 자작겸 소작농自作兼小作農이 4할에 비해 토지의 겸병兼併이 심한 것을 알기에 충분하다. 동시에 자작농自作農 및 자작겸 소작농自作兼小作農이 적은 것은 토지 개량土地改良은 물론 일반농사 개발一般農事改發에 지장을 주는 하나임을 놓쳐서는 안된다. 또 내지인內地人(일본인) 농가 호수農家戸數는 때에 따라 다소간의 증감이 있어도 매년 증가하여 지금은 1,700여 호 7천여 명에 이르고 있다. 부·군별 농업자 호구農業者戸口 및 농업자 수農業者數는 다음과 같다.

:: 농업자 수 (다이쇼 9년〈1920〉 12월말일 조사)

구분	내지인 (일본인)		조선인		지나인 (중국인)		기타 외국인		합계	
	호수	인구	호수	인구	호수	인구	호수	인구	호수	인구
경성부	448	2,281	2,350	10,850	43	49			2,841	13,179
인천부	51	220	119	578	37	134			207	932
고양군	271	1,010	11,986	61,634	29	97	프랑스인 1	8	12,287	62,749
광주군	62	232	14,540	78,303	1	1			14,603	78,536
양주군	105	418	17,641	93,456					17,746	93,874
연천군	15	62	12,140	64,017					12,155	64,079
포천군	1	9	10,755	55,103					10,756	55,112
가평군			5,418	29,666					5,418	29,666
양평군			12,407	67,697	1	1			12,408	67,698
여주군	6	21	11,397	59,880	10	92			11,413	59,993
이천군	16	59	9,828	52,499					9,844	52,558
용인군	74	277	13,450	71,527					13,524	71,804
안성군	21	85	12,435	67,844	7	7			12,463	67,936
진위군	47	209	10,513	58,733	5	14			10,565	58,956
수원군	256	1,068	22,248	122,287	3	18			22,507	123,373
시흥군	116	378	10,123	51,606	5	13			10,244	51,997
부천군	124	421	10,523	53,627	82	393			10,729	54,441
김포군	10	47	8,071	44,848					8,081	44,895
강화군	1	2	10,821	57,778					10,822	57,780
파주군	10	52	8,739	46,410	1	1			8,750	46,463
장단군	7	24	11,477	57,371					11,484	57,395
개성군	73	298	14,902	76,821	2	8			14,977	77,127
총계	1,714	7,173	241,883	1,282,535	226	827	1	8	243,824	1,290,543
다이쇼8년 (1919)	1,719	7,104	243,524	1,284,227	181	635	2	4	245,426	1,291,970
동 7년 (1918)	1,690	7,521	241,369	1,254,789	172	442	2	4	243,233	1,262,757
동 6년 (1917)	1,686	7,106	243,381	1,258,685	189	645	1	3	245,257	1,266,439
동 5년 (1916)	1,729	6,943	244,103	1,363,094	188	671	1	3	246,021	1,270,711

:: 농업자 호수 내역 (다이쇼 9년〈1920〉 12월말일 조사)

구분	전업 겸업 각 농가 호수		지주, 자작, 소작, 자작겸소작 각 농가 호수				
	전업	겸업	지주(갑)	지주(을)	자작	자작겸소작	소작
경성부	752	2,089	2,020	140	141	156	384
인천부	135	72	1	9	18	38	141
고양군	8,516	3,771	182	224	422	3,225	8,234
광주군	12,787	1,816	40	331	1,554	5,532	7,146
양주군	15,194	2,552	129	416	1,851	6,228	9,122
연천군	9,694	2,461	109	739	1,767	4,416	5,124
포천군	8,544	2,212	198	572	1,327	4,508	4,151
가평군	5,179	239	36	195	501	1,342	3,344
양평군	10,862	1,546	80	492	1,683	4,051	6,102
여주군	10,491	922	26	229	1,145	4,715	5,298
이천군	8,693	1,151	45	256	528	3,553	5,462
용인군	12,161	1,363	40	186	785	5,246	7,267
안성군	10,715	1,752	67	278	501	3,472	8,145
진위군	9,432	1,133	19	213	322	5,107	4,904
수원군	18,995	3,513	288	623	1,716	8,201	11,679
시흥군	9,007	1,237	39	791	1,183	4,296	3,935
부천군	7,645	3,084	69	301	880	4,458	5,021
김포군	7,371	710	29	273	445	3,272	4,061
강화군	9,174	1,648	155	650	1,167	3,792	5,058
파주군	8,241	509	42	259	349	1,976	6,124
장단군	10,983	501	127	293	1,676	3,702	5,686
개성군	13,204	1,773	147	670	457	3,461	10,305
총계	207,771	36,053	3,888	8,077	20,418	84,747	126,693
다이쇼8년(1919)	205,407	40,019	4,573	7,543	21,595	87,277	124,438
동 7년(1918)	206,334	36,899	4,327	6,195	22,137	88,852	121,722
동 6년(1917)	414,708	30,549	4,209	5,175	24,439	95,242	116,192
동 5년(1916)	218,352	27,669	4,873	4,889	24,985	94,374	117,547

03
농산물農産物

농산물農産物은 경기도 생산물중 주요한 위치를 차지하여 연 생산액이 약 1억여 만원(다이쇼 9년:1920년)에 달한다. 따라서 그해의 흉풍凶風과 농사개발이 어떤지는 경기도 경제에 미치는 영향이 막대하다. 그리고 농작물은 국민이 일상적으로 먹는 쌀米, 맥麥, 조粟를 비롯하여 대·소두大小豆, 기장黍, 수수蜀黍, 메밀蕎麥, 귀리燕麥 등의 보통작물은 물론 목화棉, 연초煙草, 대마大麻, 참깨胡麻, 들깨荏 등의 특용작물 및 과수 소채류 등이 일제히 재배되지 않은 게 없다 하더라도, 그래도 종래 그 재배방법栽培方法은 물론 품종品種 등이 매우 잡다하고 통일성이 없고 열등해 도저히 내지(內地:일본)와 동일하게 논할 수가 없었다. 이에 도道는 시정始政이래 각종의 방면에 걸친 개량과 발달에 관한 계획시설을 하는 곳이 많아져 지금은 구태舊態를 일변시키는 경지에까지 도달한 것이다. 그 주요한 점에 대해 그 개황을 기록하면 다음과 같다.

① 쌀米

쌀의 생산액은 농산물 중에서도 주요한 위치를 차지하고 주민 일상의 식량임에도 불구하고 종래 그 품종品種이 매우 열등하여 품질品質이 불량한데다가 적미赤米의 혼입이 엄청나게 많았다. 기타 선종選種(품종의 선별) 비배肥培(특별히 거름을 주어서 농작물을 기름) 건조乾燥(농작물의 건조) 조제調製 등이 졸렬하여 토사土砂 및 피稗의 혼입이 현저해 상품으로서의 가치를 상실하는 것이 많았다. 이에 도에서는 제일 먼저 품종의 개량이 시급함을 인식하고 시험한 결과, 조신력早神力, 곡양도穀良都, 다마금多摩錦, 석백石白, 일출日出 5종을 장려품종獎勵品種으로 보급하기도 하였다. 이것을 위해 종자의 배부 및 공동구입 채종답採種畓의 설치 등에 의한 적극적인 보급을 노력한 결과 별표처럼 다이쇼 9년(1920)에는 논 총면적의 약 6할 12만 6천여 정보에 달했다. 이러한 품종 개량에 의한 생산액 증가는 약 30만석이 늘어나고, 이 외에 직사각형 못자리 선수選穗(이삭의 선별) 시비施肥의 증가, 장려, 건조 제조의 개량 등의 노력에 의해 지금은 연 생산액 180만 여석을 헤아리고 품질 역시 현저하게 개량되어 수출이 연 20만석 내외에 이르고 있다.

② 맥麥

맥麥은 대맥大麥(보리), 소맥小麥(밀), 나맥裸麥(쌀보리)으로 하여 다이쇼 9년(1920)에는 경작면적作付反別 11만 5천여 정보町步에 수확고 84만 여석에 달했다. 그 안에서 보리大麥가 약 7할을 차지한다. 그리고 맥류麥類는 밀小麥의 일부분을 제외하고는 거의 모두가 가정용으로 소비되고, 도내에서 소비되는 것도 역시 품질이 불량하여 쌀과 마찬가지로 보리大麥와 밀小麥은 장려 품종獎勵品種을 선정하여 그 보급을 계획하고 있다.

③ 대두大豆

대두大豆는 다이쇼 9년(1920)에 경작 면적은 8만 2천여 정보町步 수확고 54만 2천 여석이다. 그 안에 장단長湍, 개성開城, 파주지방坡州地方에서 생산하는 대두大豆는 중립中粒종으로 이른바 장단대두長湍大豆로 인천항仁川港에서 수출되는 것이 많다. 또 한강 연안 각 군에서 생산되는 대두大豆는 약간 굵은稍大粒종으로 이른바 용산대두龍山大豆이다. (용산대두는) 경원선京元線 서빙고역西氷庫驛에서 철도편으로 이송되어 내외시장에서 모두 이름聲價이 널리 알려져 있다. 도내에서 일반 주민들의 소비는 된장 간장 및 식용(혼식)에 제공하는 것으로 조선산 대두는 품질에 있어서 내지內地(일본) 및 만주산滿洲産에 비해 우월하여 특별히 신품종을 장려할 필요가 없다. (단지) 재래종 선별을 통해 품종을 지키는 것과 함께 건조 조제의 개선에 관해 장려를 하는 것이다.

④ 조粟

조粟는 다이쇼 9년(1920년)에 경작 면적이 3만 천여 정보町步 수확고 19만 여석이다. 도내에 있어서도 동북 산간부東北山間部를 주 생산지로 한다. 그 지방의 주민 중에는 상식常食 하는 자 또한 적지 않다. 이 때문에 흉작일 때는 만주산 조粟를 수입하여 그 부족을 보충하는 것이다. 조에 관해서는 아직 개량의 걸음을 옮기지는 않았으나 장래 상당한 연구가 필요하다.

⑤ 목화綿

경기도는 기후 관계상 남부지방처럼 육지면陸地綿의 재배에 적당하지만 재래면在來棉은 도내 각지에서 재배되고 특히 이천, 여주 두 군은 주요 생산지이다. 그럼에도 그 생산품은 거의 도내에서 소비되고 아직 상품으로서 다른 곳으로 반출移出되지 않았다.

⑥ 연초煙草

연초煙草는 도내 도처에서 재배를 볼 수 있다. 그 중에서 용인龍仁 광주廣州 양주楊州 장단長湍 개성開城 시흥始興을 주 생산지로 한다. 그 중에서 용인, 광주, 시흥에서는 연초경작조합煙草耕作組合을 설치하고 경작의 개량, 생산품의 공동판매 등 사업을 행하고 있다.

:: 미작(米作) 경작면적 및 수확고 (다이쇼 9년〈1920〉 12월말일 조사)

구분	경작면적(反)				수확고(石)				1반보(反步) 수확고(승)		
	메벼	찰벼	육미	계	메벼	찰벼	육미	계	메벼	찰벼	육미
경성부	42			42	61			61	1,452		
인천부	303	2	2	307	419	3	2	424	1,383	1,500	1,000
고양군	83,803	4,233	6,453	94,489	77,357	3,838	3,898	85,093	923	886	604
광주군	78,408	7,706	1,530	87,644	68,444	6,181	1,099	75,724	873	802	718
양주군	107,906	7,358	641	115,905	116,650	6,229	411	123,290	1,081	847	641
연천군	54,803	4,568	30	59,401	41,872	3,047	21	44,940	764	667	700
포천군	44,794	5,386		50,184	36,392	4,061		40,453	812	754	
가평군	20,259	954	6	21,219	18,605	831	5	19,441	918	871	833
양평군	69,246	9,251	61	78,558	71,739	8,207	53	79,999	1,036	887	869
여주군	99,464	8,044	558	108,066	83,660	6,562	317	90,539	841	816	568
이천군	111,701	7,176	472	119,349	91,139	5,102	277	96,518	781	711	587
용인군	93,328	7,002	1,049	101,379	100,994	6,231	904	108,129	1,082	890	862
안성군	104,450	12,774	794	118,198	84,681	10,299	768	95,748	811	806	789
진위군	134,162	5,036	3,373	142,571	113,352	3,273	2,556	119,181	845	650	758
수원군	198,593	10,495	1,509	210,597	194,340	9,043	1,229	204,612	979	862	814
시흥군	70,865	4,674	1,384	76,923	59,898	3,109	840	63,847	845	665	607
부천군	100,726	8,835	776	110,337	80,427	5,652	450	86,529	798	640	580

구분	경작면적(反)				수확고(石)				1반보(反步) 수확고(合)		
	메벼	찰벼	육미	계	메벼	찰벼	육미	계	메벼	찰벼	육미
김포군	98,021	4,115	3,052	105,188	90,375	3,120	2,293	95,788	922	758	751
강화군	108,989	9,677	197	118,863	107,007	7,189	119	114,315	982	743	604
파주군	87,499	6,458	689	94,646	74,966	4,695	454	80,115	857	727	659
장단군	69,519	7,526	491	77,536	68,384	6,933	365	75,682	984	921	742
개성군	117,930	5,838	237	124,005	134,199	5,360	181	139,740	1,138	918	764
총계	1,854,815	137,108	23,484	2,015,407	1,714,961	108,965	16,242	1,840,168	925	794	692
다이쇼8년(1919)	1,839,846	138,956	25,963	2,004,765	1,021,255	74,261	8,533	1,104,046	555	534	328
동 7년(1918)	1,828,787	142,315	25,079	1,996,181	1,672,032	116,853	17,011	1,805,896	914	821	678
동 6년(1917)	1,635,237	164,853	21,908	1,821,998	1,434,045	132,106	14,598	1,580,749	801	666	867
동 5년(1916)	1,569,446	159,183	19,232	1,747,861	1,498,354	143,304	16,044	1,657,702	955	900	834

:: 벼[稻] 우량품종 경작면적 및 수확고 (다이쇼 9년〈1920〉 12월말일 조사)

구분	경작면적(反)						수확고(石)					
	조신력	석백	곡양도	다마금	일출	계	조신력	석백	곡양도	다마금	일출	계
경성부	20	22				42	29	32				61
인천부	240			35		275	324			48		372
고양군	44,314	8,669	16,957	6,936	376	77,252	40,416	8,607	15,976	7,024	356	72,379
광주군	16,151	12,706	9,469	8,895	2,671	49,892	15,028	12,064	9,093	8,385	2,469	47,039
양주군	15,612	34,966	13,002	2,937	6,991	73,508	17,730	39,472	15,518	4,156	8,204	85,080
연천군		1,280			6,439	7,719		1,240			6,064	7,304
포천군		7,443			14,868	22,311		8,187			15,611	23,798
가평군		3,318			5,623	8,941		3,650			6,748	10,398
양평군	375	11,605	2,337	201	10,191	24,709	420	21,884	2,395	190	10,232	35,121
여주군	38,008	2,526	5,950	6,070	1,176	53,730	33,130	2,255	5,023	5,273	1,026	46,707
이천군	19,434	5,569	20,736	9,026	6,671	61,436	20,176	4,572	14,519	9,339	5,467	54,073
용인군	14,703	6,398	23,639	17,895	3,811	66,446	16,578	7,162	27,009	20,062	4,242	75,052
안성군	32,876	550	15,120	23,076		71,622	31,134	588	20,126	22,982		74,830

구분	경작면적(反)						수확고(石)					
	조신력	석백	곡양도	다마금	일출	계	조신력	석백	곡양도	다마금	일출	계
진위군	42,983	1,649	9,826	72,582		127,040	34,816	1,291	7,818	65,324		109,249
수원군	58,564	2,357	33,987	87,032	1,460	183,400	57,362	2,421	31,694	87,979	1,303	180,759
시흥군	11,685	8,677	18,717	24,303		63,382	9,899	7,491	17,101	21,370		55,861
부천군	29,172	1,383	13,010	32,923		76,488	23,924	1,078	10,231	26,883		62,116
김포군	8,587	8,434	18,964	50,528	1,269	87,782	8,077	7,383	18,600	47,313	1,084	82,457
강화군	1,422	650	31,902	23,409	4,964	62,347	1,404	639	42,126	29,099	5,687	78,955
파주군	13,264	24,178	13,503	8,349	8,845	68,139	11,488	21,008	11,771	7,202	7,884	59,353
장단군		10,560	2,266		22,200	35,026		11,088	2,379		23,088	36,555
개성군	2,412	15,841	1,385	1,052	25,404	46,094	3,271	21,016	1,702	1,338	34,810	62,137
총계	349,822	168,781	250,770	375,249	129,959	1,267,581	325,206	183,127	253,081	363,967	134,275	1,259,656
다이쇼8년(1919)	322,472	127,446	180,068	238,201	78,440	946,629	167,977	106,218	122,413	128,673	67,796	593,077
동 7년(1918)	305,394	116,822	152,155	219,382	55,404	849,593	333,757	132,409	186,554	238,810	63,966	954,832
동 6년(1917)	366,815	69,928	68,772	141,453	22,561	571,263	311,420	84,735	92,209	161,295	28,857	680,411
동 5년(1916)	251,599	42,087	17,940	91,521	9,120	412,267	296,905	56,086	20,737	89,035	12,624	475,387

:: 맥(麥) 경작면적 및 수확고 (다이쇼 9년〈1920〉 12월말일 조사)

구분		경작면적(反)				수확고(石)				1반(反) 수확고(승)		
		보리	밀	쌀보리	계	보리	밀	쌀보리	계	보리	밀	쌀보리
경성부	논											
	밭	42	4		46	41	3		44	980	770	
인천부	논											
	밭	269	3		272	241	2		243	897	800	
고양군	논	513			513	385			385	750		
	밭	24,776	3,696	930	29,402	18,855	2,377	560	21,792	761	643	602
광주군	논	350			350	263			263	751		
	밭	39,506	12,171	4,389	56,066	28,700	6,901	2,550	38,151	726	567	581
양주군	논											
	밭	61,684	29,475	1,262	92,421	50,643	21,281	681	72,605	821	722	540

구분	경작면적(反)				수확고(石)				1반(反) 수확고(승)		
	보리	밀	쌀보리	계	보리	밀	쌀보리	계	보리	밀	쌀보리
연천군 논											
밭	63,840	38,561	51	102,452	40,411	19,281	26	59,718	633	500	510
포천군 논											
밭	39,442	20,364	351	60,157	34,985	13,644	200	48,829	887	670	569
가평군 논											
밭	16,825	6,552	1,648	25,025	15,025	4,868	1,304	21,197	893	743	791
양평군 논	352		30	382	231		16	247	656		520
밭	42,751	13,854	624	57,229	36,253	10,016	402	46,671	808	723	645
여주군 논	32			32	19			19	594		
밭	43,009	10,857	8	53,874	27,407	5,173	5	32,585	637	476	625
이천군 논	3,068			3,068	1,786			1,786	582		
밭	35,184	14,037		49,221	24,910	6,892		31,802	708	491	
용인군 논	290			290	180			180	619		
밭	44,262	8,160	924	53,346	27,354	5,116	484	32,954	619	627	524
안성군 논	898			898	527			527	587		
밭	37,312	9,246	34	46,592	29,813	5,474	24	35,310	799	592	707
진위군 논	23,608			23,608	15,935			15,935	675		
밭	52,046	7,484	77	59,607	40,908	5,253	48	46,209	786	702	623
수원군 논	664			664	371			371	558		
밭	94,853	15,925	725	111,503	58,998	7,923	434	67,355	622	497	598
시흥군 논	80			80	54			54	675		
밭	33,674	4,884	570	39,128	25,255	3,336	394	28,985	750	683	681
부천군 논											
밭	44,076	7,358	492	51,926	38,478	6,220	330	45,028	873	847	671
김포군 논	360			360	230			230	639		
밭	42,518	4,840	1,203	48,561	34,567	3,373	639	38,579	813	697	531
강화군 논	778	48	105	971	605	33	76	714	778	692	524
밭	24,492	4,292	1,088	29,872	20,916	3,524	898	25,338	854	821	825
파주군 논	146			146	121			121	830		
밭	22,762	13,145	133	36,039	20,235	7,703	87	28,025	889	586	660
장단군 논	70			70	56			56	800		
밭	35,752	20,689	250	56,691	32,950	10,034	150	44,134	717	485	512
개성군 논	77			77	48			48	670		
밭	36,660	26,925	139	63,724	32,114	21866	73	54,053	876	812	525
총계 논	31,286	48	175	31,509	20,811	33	92	20,936	665	692	525
밭	835,734	272,522	14,898	1,123,154	640,058	170,260	9,289	819,607	767	625	624
계	867,020	272,570	15,073	1,154,663	660,869	170,293	9,381	840,543			

구분	경작면적(反)				수확고(石)				1반(反) 수확고(升)		
	보리	밀	쌀보리	계	보리	밀	쌀보리	계	보리	밀	쌀보리
다이쇼 8년(1919) 논	8,961	357	129	9,487	5,911	218	62	6,191	650	549	480
밭	709,687	238,281	14,171	962,139	551,339	132,177	8,986	692,502	776	554	634
계	718,648	238,678	14,300	971,626	557,250	132,395	9,048	698,693			
동 7년(1918) 논	7,268	221	90	7,579	5,016	133	42	5,191	690	602	467
밭	661,459	220,223	12,995	894,677	536,947	134,956	8,143	680,046	812	613	627
계	668,727	220,444	13,085	902,256	541,963	135,089	8,185	685,237			
동 6년(1917) 논	6,473	844	19	7,336	3,436	413	8	3,857	531	489	421
밭	661,864	227,386	12,774	902,024	452,938	141,190	7,389	601,517	684	621	578
계	668,337	228,230	12,793	909,360	456,374	141,603	7,397	605,374			
동 5년(1916) 논	6,868	722	34	7,624	4,331	438	20	4,789	660	607	588
밭	606,905	206,139	11,076	824,120	505,943	136,105	6,689	648,737	834	660	604
계	613,773	206,861	11,110	831,744	510,274	136,543	6,709	653,526			

:: 콩 종류[쿄類] 경작면적 및 수확고 (1) (다이쇼 9년〈1920〉 12월말일 조사)

구분	경작면적(反)						수확고(石) (다음표에 이어짐)	
	대두	소두	녹두	낙화생	기타	계	대두	소두
경성부	40				3	43	24	
인천부	30	5	2			37	25	4
고양군	17,224	3,520	517		90	21,351	8,626	1,692
광주군	37,388	9,797	1,361		1,245	49,791	23,013	4,903
양주군	60,589	11,509	1,837	134	719	74,788	45,441	7,217
연천군	68,311	8,241	3,478	2	819	80,851	39,893	3,404
포천군	54,562	7,205	2,818		3,665	68,250	39,119	4,040
가평군	17,237	7,432	530		148	25,347	10,946	3,115
양평군	35,905	13,134	2,960	7	918	52,924	29,231	8,267
여주군	34,405	10,594	1,450	1,027	454	47,930	18,395	4,357
이천군	23,488	9,138	1,117	20	1,524	35,287	15,461	4,523
용인군	37,357	7,058	1,732	24	691	46,862	28,421	4,653
안성군	33,467	9,541	3,841	46	2,475	49,370	28,788	6,586
진위군	46,997	4,470	847	17	788	53,119	25,200	1,862
수원군	93,244	11,556	2,198	1	1,676	108,675	60,703	6,999
부천군	36,747	5,957	1,025	20	186	43,935	21,252	2,608

구분	경작면적(反)						수확고(石)(다음표에 이어짐)	
	대두	소두	녹두	낙화생	기타	계	대두	소두
시흥군	39,717	4,951	597	19	76	45,360	21,766	2,566
김포군	30,033	6,144	597	1	206	36,981	10,326	3,311
강화군	38,983	2,726	394		714	42,817	20,866	1,525
파주군	27,406	4,662	1,533	4	220	33,825	19,971	2,526
장단군	52,430	8,663	3,444		3,579	68,116	43,977	4,328
개성군	36,535	13,704	4,220	330	134	55,923	21,142	4,772
총계	822,095	160,007	37,498	1,652	20,330	1,041,582	542,586	83,258
다이쇼8년 (1919년)	805,625	164,854	37,614	1,469	21,260	1,030,822	270,343	41,430
동 7년 (1918년)	786,913	165,791	36,960	1,296	20,641	1,011,601	517,855	85,104
동 6년 (1917년)	581,338	111,848	18,751	3,432	11,421	726,990	376,590	59,145
동 5년 (1916년)	525,756	109,097	19,509	2,045	12,887	669,289	352,952	57,154

:: 콩 종류[豆類] 경작면적 및 수확고 (2) (다이쇼 9년〈1920〉 12월말일 조사)

구분	수확고(石)				1반보(反步) 수확고 (合)				
	녹두	낙화생	기타	계	대두	소두	녹두	낙화생	기타
경성부			1	25	600				333
인천부	1			30	833	800	500		
고양군	238		43	10,599	501	481	460		478
광주군	575		432	28,923	616	500	422		347
양주군	791	213	253	53,916	750	627	491	1,590	352
연천군	905		756	44,959	584	413	260	500	923
포천군	1,146		1,003	45,308	717	561	407		274
가평군	299		69	14,429	635	419	564		466
양평군	1,271	24	490	39,283	814	629	429	3,429	534
여주군	443	1,922	142	25,259	535	411	306	1,871	313
이천군	772	64	540	21,360	658	495	691	3,200	354
용인군	870	50	378	34,372	761	659	503	2,083	547

구분	수확고(石)				1반보(反步) 수확고 (合)				
	녹두	낙화생	기타	계	대두	소두	녹두	낙화생	기타
안성군	2,368	39	1,557	39,338	860	690	617	848	629
진위군	264	50	306	27,682	536	417	312	2,901	388
수원군	1,162	2	884	69,749	651	606	528	2,000	527
부천군	359	51	105	24,375	578	438	350	2,550	565
시흥군	197	36	38	24,603	547	518	330	1,895	500
김포군	290	1	105	24,033	677	539	486	1,000	510
강화군	164		512	23,067	535	559	416		717
파주군	676	2	81	23,256	729	542	441	500	368
장단군	1,776		1,792	51,873	839	500	516		501
개성군	2,248	1,320	79	29,561	579	348	431	4,091	590
총계	16,814	3,775	9,566	655,999	660	520	448	2,285	471
다이쇼 8년 (1919)	7,802	3,451	4,791	327,817	336	251	207	2,350	225
동 7년 (1918)	15,950	4,005	8,762	631,676	658	513	432	390	424
동 6년 (1917)	8,338	8,871	6,072	459,016	648	529	445	2,585	532
동 5년 (1916)	9,009	6,087	6,478	431,680	671	524	462	2,977	503

:: 특용작물 경작면적 및 수확고 (1) (다이쇼 9년〈1920〉 12월말일 조사)

부군명	경작면적(反)						수확고(다음표에 연결)		
	재래면	대마	연초	왕골	들깨	참깨	재래면(근)	대마(관)	연초(관)
경성부									
인천부					30				
고양군	263		67	17	499	292	7,890		1,072
광주군	5,484	142	3,389	148	700	390	208,392	2,000	47,446
양주군	1,285	760	979	187	1,098	439	56,540	10,336	10,769
연천군	488	3,520	844	433	912	369	38,532	63,360	12,660
포천군	993	1,199	280	304	562	213	37,734	28,776	4,480
가평군	1,068	1,362	649	91	2,023	384	77,964	32,688	8,442
양평군	1,351	505	409	303	418	198	54,040	9,393	6,544

부군명	경작면적(反)						수확고(다음표에 연결)		
	재래면	대마	연초	왕골	들깨	참깨	재래면(근)	대마(관)	연초(관)
여주군	5,716	54	287	92	3,930	564	405,826	685	4,592
이천군	7,621	83	142	218	614	1,223	510,607	1,245	2,272
용인군	4,092	105	6,901	343	1,604	545	204,600	1,470	110,146
안성군	1,199	214	450	387	1,177	759	85,129	3,468	7,650
진위군	388	36	134	249	1,655	363	17,072	439	2,144
수원군	2,534	47	1,217	461	771	490	121,632	785	20,689
시흥군	555		1,873	98	1,028	546	32,745		31,841
부천군	298	3	247	126	341	167	11,920	54	3,952
김포군	440	8	260	250	708	403	33,440	104	4,160
강화군	218	456	324	229	485	259	10,464	9,664	5,184
파주군	399	76	1,052	109	594	251	14,763	889	13,676
장단군	636	1,036	2,270	184	622	733	28,620	19,269	36,320
개성군	748		761	145	1,087	1,234	38,896		10,654
총계	35,776	9,607	22,355	4,414	20,829	9,823	1,996,816	184,627	344,963
다이쇼 8년(1919)	24,370	9,129	19,696	4,110	21,487	7,904	909,112	124,961	325,871
동 7년(1918)	21,390	9,091	17,465	3,966	19,596	7,357	882,604	113,154	430,959
동 6년(1917)	16,011	6,030	14,241	3,063	14,241	4,519	876,463	88,841	562,091
동 5년(1916)	15,323	4,686	16,654	2,877	13,920	5,481	796,606	74,014	509,920

:: 특용작물 경작면적 및 수확고 (2) (다이쇼 9년⟨1920⟩ 12월말일 조사)

부군명	수확고			1반보(反步) 수확고					
	왕골 (관)	들깨 (석)	참깨 (석)	재래면 (근)	대마 (관)	연초 (관)	왕골 (관)	들깨 (합)	참깨
경성부		0.50	0.38						
인천부	1,100						55.0	500	380
고양군	493	214	124	30		16.0	29.0	429	425
광주군	5,032	288	127	38	14.0	14.0	34.0	411	326
양주군	5,912	470	203	44	13.6	11.0	29.4	428	463

부군명	수확고			1반보(反步) 수확고					
	왕골(관)	들깨(석)	참깨(석)	재래면(근)	대마(관)	연초(관)	왕골(관)	들깨(합)	참깨
연천군	11,258	523	142	39	18.0	15.0	26.0	573	385
포천군	7,904	250	108	38	24.0	16.0	26.0	445	507
가평군	3,276	1,139	122	73	24.0	18.0	26.0	562	336
양평군	7,878	214	125	40	18.6	16.0	36.0	512	635
여주군	2,309	1,926	191	71	12.7	16.0	25.1	490	345
이천군	8,742	308	492	67	15.0	16.0	40.1	501	402
용인군	10,153	728	166	50	14.0	16.0	29.6	454	304
안성군	13,545	565	380	71	16.2	17.0	35.0	480	500
진위군	11,952	1,026	117	44	12.2	16.0	48.0	620	445
수원군	18,809	345	197	48	16.7	17.0	40.8	447	403
시흥군	3,107	498	186	59		17.0	31.7	484	341
부천군	2,798	118	64	40	18.3	16.0	22.2	327	386
김포군	8,750	295	230	76	13.0	16.0	35.0	417	570
강화군	8,473	212	96	48	19.0	16.0	37.0	438	370
파주군	2,812	258	82	37	11.7	16.0	25.8	433	327
장단군	4,710	324	374	45	18.6	13.0	25.6	521	510
개성군	6,117	544	494	52		16.0	42.6	500	400
총계	145,190	10,245	4,020	55	19.1	14.0	32.9	491	412
다이쇼 8년 (1919)	100,006	6,509	14,779	37	16.5	16.0	35.0	559	257
동 7년 (1918)	124,193	10,956	2,034	47	12.4	24.0	31.0	559	407
동 6년 (1917)	95,109	8,698	2,079	55	14.4	35.0	31.0	61.1	460
동 5년 (1916)	88,813	8,777	1,665	52	15.7	30.0	30.0	63.1	304

04
과수果樹 채소菜蔬

관내管內에서 과수재배果樹栽培가 가장 번성한 곳은 시가지市街地에 접근하기 좋은 부천富川, 고양高陽 두 군이고, 수원水原 개성군開成郡이 그 다음이다. 종류는 주로 사과苹果, 배梨이다. 그리고 다이쇼 9년(1920)의 생산액은 81만 9천여 관貫에 달한다. 판로는 경성京城을 주로 하며 내지內地(일본) 만주滿洲 등으로 반출되고 있다. 대부분의 품종은 주로 개량종이다. 채소는 배추, 무蘿蔔로 도처에 자가 소비용으로 재배되고 있다. 개성 및 경성에 있어서 배추는 조선은 물론 내지內地(일본)에 있어서도 명성이 널리 알려져 있어 종자용種子用으로 판매되는 것이 많다. 무는 도회지 부근에 있어서는 성호원聖護院, 연마練馬, 궁중宮重 종 등 많이 있으나 일반적으로 재래종이 재배되고 있다. 참외도 역시 도처에 재배되어 여름철 식량으로서 널리 사용되고 있다.

:: 채소 경작면적 및 수확고 (1) (다이쇼 9년〈1920〉 12월말일 조사)

구분	경작면적							수확고(다음표에 이어짐)				
	고구마		감자		무우	배추	참외	고구마		감자		무우
	우	재	우	재				우	재	우	재	
경성부	160		52		530	680	78	44,800		19,760		318,000
인천부	54		62		47	64	2	16,200		24,800		31,900
고양군	178		499		15,180	13,690	2,173	40,462		139,935		4,281,535
광주군	54		139	9	6,274	3,207	2,091	13,992		37,975	1,927	5,048,918
양주군	153		459	258	3,353	2,430	1,187	41,205		148,408	68,060	1,157,221
연천군	12		380	134	3,468	2,284	1,011	1,227		72,615	26,882	921,723
포천군	16		344		2,901	2,102	1,022	2,291		92,427		645,115
가평군	21		107	214	1,394	850	287	2,333		35,385	59,129	633,090
양평군	42		382	448	2,874	2,269	205	6,244		59,859	52,152	723,860
여주군	61		150	34	2,359	1,845	443	15,337		39,106	8,419	952,288
이천군	142		252	62	3,123	2,131	337	48,713		59,619	11,898	1,063,582
용인군	86		264	68	2,979	1,967	821	16,403		60,386	14,195	1,448,016
안성군	262		460		2,675	2,611	1,585	73,313		128,841		780,026
진위군	96		134		2,387	1,405	726	15,330		26,379		669,938
수원군	418		787	6	4,173	2,360	1,927	135,271		263,594	1,575	1,442,470
시흥군	229		384		3,054	2,911	1,509	60,800		109,455		936,320
부천군	1,220		1,189	20	2,857	2,486	2,747	318,420		369,788	4,545	495,795
김포군	108		150		2,248	1,443	857	27,060		41,080		583,030
강화군			1,111		3,053	3,659	663			345,360		904,350
파주군	80		154	53	3,626	2,196	933	15,562		47,724	14,364	1,418,892
장단군	33		1,112	260	2,927	1,789	2,097	6,720		300,520	68,700	1,560,930
개성군	590		765	1,284	2,723	2,601	359	162,760		225,240	319,740	1,414,310
총계	4,015		9,336	2,850	74,205	56,980	23,070	1,065,443		2,648,296	651,586	27,432,309
다이쇼 8년 (1919)	4,702		10,577		71,305	60,259	23,634	983,786		2,399,897		21,371,610
동 7년 (1918)	4,924		8,905		69,325	55,920	23,376	1,263,529		2,456,893		22,807,071
동 6년 (1917)	3,858		6,087		50,768	32,468	18,291	1,074,893		1,767,201		23,896,981
동 5년 (1916)	3,206		5,033		47,890	30,487	18,572	861,713		1,579,411		23,634,077

:: 채소 경작면적 및 수확고 (2) (다이쇼 9년〈1920〉 12월말일 조사)

구분	수확고		1반보(反步) 수확고						
	배추	참외	고구마		감자		무우	배추	참외
			우	재	우	재			
경성부	476,000	19,500	280.0		380.0		600.0	700.0	250.0
인천부	46,720	520	300.0		400.0		700.0	730.0	260.0
고양군	5,243,100	514,415	227.3		280.4		282.1	382.9	236.7
광주군	1,335,145	539,183	259.1		273.2	214.1	804.7	16.3	257.9
양주군	832,823	360,020	369.3		322.3	263.8	345.2	342.7	303.3
연천군	643,080	226,482	102.3		191.1	200.6	265.8	281.6	224.0
포천군	444,492	252,807	143.2		268.7		222.4	211.5	247.4
가평군	442,070	128,385	158.7		330.7	276.3	454.2	520.1	447.3
양평군	643,748	127,186	148.7		156.7	116.4	252.9	283.7	620.4
여주군	721,289	146,945	251.4		261.0	247.6	403.2	390.9	331.7
이천군	775,094	133,702	343.0		226.6	191.9	340.6	263.7	397.7
용인군	891,303	376,618	190.7		228.7	208.8	486.1	453.1	458.7
안성군	833,322	444,864	279.8		280.1		291.6	319.2	280.5
진위군	372,654	194,135	159.7		196.8		280.7	265.2	263.4
수원군	837,144	674,528	323.6		334.9	262.5	345.7	354.7	350.4
시흥군	943,440	539,365	265.5		285.0		306.6	324.7	357.4
부천군	732,725	690,130	261.0		311.0	227.3	173.5	294.7	251.2
김포군	382,450	199,645	250.6		273.9		259.4	265.0	233.0
강화군	1,073,380	292,210			310.9		296.2	293.4	440.7
파주군	821,230	222,352	194.5		309.9	271.0	391.3	374.0	238.3
장단군	944,650	848,960	203.6		270.3	264.2	533.2	528.0	404.8
개성군	1,689,330	146,660	275.9		294.4	249.0	519.4	649.5	408.5
총계	21,125,189	7,078,612	265.4		283.7	228.6	369.7	370.7	329.4
다이쇼8년 (1919)	21,163,267	6,140,635	209.0		227.0		300.0	351.0	376.9
동 7년 (1918)	18,720,783	6,917,977	256.6		275.9		314.6	334.8	408.0
동 6년 (1917)	15,854,825	6,893,889	278.6		290.6		407.7	488.0	295.9
동 5년 (1916)	14,524,543	7,581,510	269.0		314.0		494.0	476.0	408.0

:: 과수(果樹) 우량품종 재배수 및 수확고 (다이쇼 9년〈1920〉 12월말일 조사)

부군명	재배나무 수			수확고		
	사과	배	포도	사과	배	포도
경성부	3,000	4,480	2,180	3,280	4,680	13,350
인천부	1,623	6,131	560	1,334	7,188	190
고양군	42,308	30,526	24,671	43,210	61,775	20,716
광주군	6,076	3,745	27	3,695	3,473	19
양주군	6,529	3,663	293	1,895	1,708	171
연천군	11,085	6,023	326	859	869	108
포천군	855	4,140	76	4	66	1
가평군	834	1,347	9	39	80	1
양평군	987	5,149	163	2,246	4,240	130
여주군	3,263	2,887	128	1,541	1,278	54
이천군	8,357	14,413	301	6,490	14,341	178
용인군	4,399	6,071	2,689	14,048	26,420	2,657
안성군	4,372	4,656	114	4,329	3,536	128
진위군	9,827	3,651	835	4,618	3,853	1,025
수원군	19,423	20,174	3,646	24,806	32,349	1,974
시흥군	17,401	12,058	4,570	15,321	10,151	3,028
부천군	51,565	40,665	12,148	395,765	46,240	6,919
김포군	3,723	2,957	387	2,437	2,611	365
강화군	901	1,792	35	734	1,343	51
파주군	3,528	2,705	505	2,742	4,486	151
장단군	1,270	1,475	18	202	385	25
개성군	20,224	2,527	855	45,523	14,030	403
총계	221,550	185,050	54,572	575,118	245,102	51,644
다이쇼 8년 (1919)	217,954	174,944	87,402	179,958	194,327	60,057
동 7년(1918)	225,082	177,821	114,403	219,507	228,830	61,159
동 6년(1917)	208,380	162,484	109,619	169,865	172,793	55,714
동 5년(1916)	227,430	124,635	121,832	153,204	135,741	60,450

05
새끼 가마니繩叺

내지식內地式(일본식) 가마니는 메이지 44년(1911) 이래 대대적으로 그 제작법의 강습회를 개최하고 동시에 기구器具의 배부를 해 온 결과 목하目下 1년 생산량이 240여 만 장 생산에 이르러 농가의 부업으로 중요한 위치를 차지한다. 이 생산이 번성한 수원水原, 진위振威, 안성安城, 강화江華, 용인龍仁, 파주坡州 각 군에서는 생산판매조합生産販賣組合을 설치하여 생산품의 검사, 판매 및 지도 장려를 행하고 있다. 새끼는 보통 농가에서 손으로 꼬는 것 외에 제승기製繩器(새끼 만드는 기계)에 의한 생산 역시 많아졌다.

:: 새끼 가마니 생산고

연도	가마니 생산고(매)	새끼 생산고(관)
다이쇼 5년(1916)	1,038,353	2,602,062
다이쇼 6년(1917)	2,473,417	2,789,919
다이쇼 7년(1918)	2,433,991	3,370,934
다이쇼 8년(1919)	2,814,483	4,896,220
다이쇼 9년(1920)	2,467,858	3,739,685

06
개량 농구改良農具

종래 사용해 온 농구는 볼만한 것이 없다고 할 수 없어도 대부분은 불완전하여
사용상 불편이 적지 않았다. 뿐만 아니라 작업능률이 오르지 않기 때문에 점차
농구를 개선에 노력할 필요가 있다고 인식하고 특수한 개량농구 구입자에 대하
여 지방비 보조를 제공함으로써 장려한 결과 매년 그 수가 증가하고 있다.

:: 개량농구 수

연도	매갈이절구 [籾摺臼]	풍구 [唐箕]	벼훑이기계 [稻扱器]	만석 (萬石)	관수차 (灌水車)	연직기 (莚織器)	제승기 (製繩器)
다이쇼 5년(1916)	2,037	2,038	12,667	1,293		10,543	
동 6년(1917)	2,558	2,520	18,226	1,829	25	14,503	
동 7년(1918)	3,728	3,572	23,457	3,537	65	20,519	
동 8년(1919)	4,671	3,999	26,437	4,015	75	23,168	3,021
동 9년(1920)	5,499	4,590	26,840	4,147	98	22,653	1,301

07
면 채종답面 採種畓

메이지 44년(1911)부터 우량품종 재배를 장려하여 점차 그 면적이 증가해도 퇴화되어 나쁘게 변하는 것을 방지할 필요가 있음을 인식했다. (이에) 다이쇼 7년(1918)부터 우량품종의 보급과 동시에 그 계획을 수립하였다. (그래서) 도 종묘장道種苗場에서 원래 원종原原種 이외에 200석의 원종原種을 육성했다. 각 면面에서 경영하는 400정보町步의 채종답採種畓의 종자種子로 충당하여 거기서 생산되는 1만석의 종자를 일반농민과 교환하여 매년 2만 정보의 종자로 보급하여 항상 젊게 갱신하여 공급되게 하는 것이다. 그 교환의 개황은 다음과 같다.

:: 면 채종답 생산물 교환 성적(1) (다이쇼 9년⟨1920⟩ 실시)

군명	조신력(早神力)			곡양도(穀良都)			다마금(多摩錦) 표 연결됨		
	면적 (반)	교환량 (두)	호수	면적 (반)	교환량 (두)	호수	면적 (반)	교환량 (두)	호수
고양군	77	1,725	551	40	510	234	35	908	327
광주군	15	385	92	24	606	210	10	254	88
양주군	42	978	162	58	1,368	397			
연천군									
포천군									
가평군									
양평군	1	26	20	3	83	75			
여주군	108	2,700	1,242	448	1,090	662	46	1,195	559
이천군	88	2,141	492	1,092	2,685	582	41	1,030	298
용인군	50	1,257	303	89	2,190	487	46	1,191	297
안성군	120	3,060	569	78	1,956	350	96	2,351	364
진위군	130	3,331	690	54	1,389	354	244	6,351	1,218
수원군	188	4,710	1,021	152	3,875	905	240	6,032	1,260
시흥군	35	949	375	46	1,218	447	83	2,195	830
부천군	34	820	320	48	1,256	502	38	954	423
김포군	104	2,535	318	18	403	62	22	615	102
강화군				100	2,500	693	74	1,850	539
파주군	8	222	87	16	400	152	5	131	47
장단군									
개성군									
계	1,000	14,839	6,242	2,266	21,529	6,112	980	25,057	6,352

:: 면 채종답 생산물 교환 성적(2) (다이쇼 9년〈1920〉 실시)

군명	백 석(白石)			일 출(日出)			계		
	면적	교환량	호수	면적	교환량	호수	면적	교환량	호수
고양군	32	753	253	4	95	34	188	3,991	1,399
광주군	75	1,927	600	20	507	189	144	3,679	1,179
양주군	100	2,447	636	12	310	70	212	5,103	1,265
연천군	4	93	62	48	1,168	541	52	1,261	603
포천군	20	493	127	40	1,023	205	60	1,516	332
가평군	5	132	47	15	414	188	20	546	235
양평군	40	1,020	423	40	1,072	403	84	2,201	921
여주군	262	585	246	15	375	199	879	5,945	2,908
이천군	218	545	155	18	430	102	1,457	6,831	1,627
용인군	19	506	178	36	900	218	240	6,044	1,483
안성군	4	100	21				298	7,467	2,304
진위군	4	105	71				432	11,176	2,333
수원군	18	450	176	10	250	113	608	15,317	3,475
시흥군	36	966	338				200	5,328	1,990
부천군	56	1,317	502				176	4,347	1,747
김포군							144	3,553	482
강화군				30	750	236	204	5,100	1,468
파주군	67	1,680	519	40	1,009	422	136	3,442	1,227
장단군	20	500	154	60	1,500	391	80	2,000	545
개성군	52	1,309	360	152	3,740	1,139	204	5,049	1,499
계	1,032	14,928	4,868	540	13,343	4,450	5,818	99,896	28,024

08
종묘장種苗場

(一) 연역

종묘장種苗場은 지방비 사업地方費事業으로 다이쇼 6년(1917) 4월에 창립하고 동양척식주식회사東洋拓殖株式會社에서 토지의 매수 또는 차입을 통해 사무소事務所와 기타 필요한 건축建築에 착수했다. 11월 하순에 (종묘장의) 준공을 보았고, 원종原種의 육성과 비교시험 등의 사업은 동년 9월 맥작麥作부터 개시했다. 그 후 토지의 매수 및 차입지의 증가, 기타 사택舍宅 창고倉庫 등의 증축을 실시했다. 아직 설비가 충분하지 않지만 별항別項에 기재된 것처럼 건물 총평수가 184평에 이르고 토지는 11정보町步가 약간 넘는 현황이다.

(二) 위치

고양군高陽郡 숭인면崇仁面 용두리龍頭里로 하여 경성京城 동대문밖 안감천安甘川 전차 정류장에서 동북방으로 약 5정町, 경원선 청량리역清凉里驛에서 서쪽으로 약 18정町 떨어져 있다.

(三) 목 적

가) 농작물 종묘農作物種苗의 육성과 가축 가금家畜家禽의 사육 및 번식.

나) 종묘(種苗:농작물이나 수산생물의 번식·생육의 근원이 되는 것을 말한다. 농작물에서는 종
자를 비롯하여 뿌리·줄기·잎 등의 영양기관 일부가 변형된 것을 이르고, 수산생물에서는
이식, 방류, 양식하는 데 필요한 어린 것을 가리킨다), 종금種禽(씨를 받으려고 기르는 가금
〈家禽〉), 종난種卵(새끼를 까기 위하여 쓰는 알), 종돈種豚(씨를 받으려고 가르는 돼지)의
배부 및 종축種畜(우수한 새끼를 낳게 하기 위해 기르는 우량품종의 씨수컷과 씨암컷이
있다) 종부種付(가축 따위를 교미시키는 일)

다) 농작물의 모범 재배 기타 농사에 관한 모범적 시설

라) 농산農産개량 증식에 관한 시험 및 조사

마) 농용기구 기계農用器具器械의 대여

바) 농사에 관한 강화講話, 강습講習, 전습傳習 및 실시 지도

(四) 설 비

가) 토지

　　논畓 8정町 2무畝 21보步

　　밭田 3정 1반反 7무 27보(건물 및 도로부지를 포함)

　　계 11정 2반 18보

나) 건물

　　청　　사 1동 59.00 평

　　농　구　사 1동 18.00

농　부　사　1동　10.00

비　료　사　1동　12.00

창　　　고　1동　7.25

창고겸수납사　1동　20.00

사　　　택　2동　32.25

목부사겸우사　1동　9.25

돈　　　사　1동　4.50

계　　　사　1동　4.50

소　사　실　1동　7.00

　　계　　　12동　183.75

(五) 직 원

장　　장場長　　1명(도기사 겸무)

기　　수技手　　3명(그 중 2명은 도기수 겸무)

산업기수産業技手　3명

권업기수勸業技手　1명

(六) 사업의 개요

현재 행해지고 있는 사업의 개요는 다음과 같다.

가) 원원종原原種의 육성: 논벼水稻밀小麥

나) 원종의 육성: 논벼水稻, 밀小麥

다) 비교시험: 논벼水稻, 밭벼陸稻, 대·소맥大小麥, 대두大豆, 낙화생落花生, 조粟,

고구마甘藷, 감자馬鈴薯, 목면

라) 과수 견본원果樹見本園: 사과, 배, 복숭아의 각종

마) 가축가금: 소, 돼지, 닭, 꿀벌

바) 종묘 기타의 배부: 면의 채종답전을 사용하여 벼籾 및 밀小麥의 원종原種을
　　배부하는 것 외에 일반생산물의 배부

(七) 경비

다이쇼 10년(1921년)도 예산은 다음과 같다.

경상부經常部

　봉 급　4,200(엔)

　잡 급　5,865

　사업비　12,413

　잡 비　1,430

　수축비　611

　계　　24,519

임시부臨時部

　설비비　4,870

합 계　29,389

09
곡물 검사穀物檢査

쌀 콩米豆은 경기도 농산물중 중요한 지위를 차지하고 있다. (따라서) 쌀과 콩의 수확의 다과多寡와 가격의 고저高低는 바로 농가경제 성쇠에 관계하는 바가 크다. 그리고 종래 그 생산물에 대한 건조 조제乾燥調製 등을 매우 거칠게 하여 시장의 평가聲價를 떨어뜨렸다. (이에 생산물의) 거래를 원활하게 하는데 방해가 되어 현저한 개선이 필요했다. (그래서) 급하게 다이쇼 6년(1917) 9월 총독부령 제62호로 미곡검사규칙米穀檢查規則 동령同令 제63호로서 대두검사규칙大豆檢查規則이 제정, 발표되었다. 경기도는 지방비 사업으로써 인천仁川 평택平澤 수원水原 오산烏山의 4곳에 미곡대두 검사소米穀大豆檢查所, 서빙고西氷庫 고랑포高浪浦 2곳에 대두검사소大豆檢查所를 설치하고 동년 10월 1일부터 검사를 개시했다. 다음 해 (다이쇼) 7년(1918) 출곡出穀의 상태에 따라 남대문南大門 동두천東豆川 연천漣川 문산汶山의 4곳에 검사소를 더 두었다. 11월 1일부터 검사를 실시하고 더욱이 다이쇼 9년(1920) 4월에 이르러 동두천 검사소東豆川檢查所를 폐지하고 연천검사소

漣川檢査所로 병합했다. 현재에 이르러 검사소의 위치와 지정지 및 검사취급수를 표시하면 다음의 표와 같다.

위 치	검사소명칭	검사규칙에 의한 지정지
인천부 해안통 1가[丁目]	인천미곡.대두검사소	인천부
경성부 길야정 1가	남대문미곡.대두검사소	경성부 고양군 용강면 동막리, 토정리, 현석리, 공덕리, 창전리
수원군 수원면 매산리	수원미곡.대두검사소	수원군 수원면 매산리, 동 태장면 병점리
수원군 성호면 오산리	오산미곡.대두검사소	수원군 성호면 오산리, 진위군 송탄면 서정리
고양군 한지면 서빙고리	서빙고미곡.대두검사소	고양군 한지면 서빙고리
파주군 임진면 문산리	문산미곡. 대두검사소	파주군 임진면 문산리, 장단군 진남면 동양리
		진위군 병남면 평택리
진위군 병남면 평택리	평택미곡.대두검사소	장단군 장단면 고량포리
장단군 장남면 고량포리	고량포대두검사소	양주군 이담면 동두천리, 회천면 덕정리, 사둔면 의정부리, 연천군 군내면 차탄리, 연천군 영근면 전곡리
연천군 군내면 차탄리	연천대두검사소	

:: 미곡 대두 검사소 검사 수 (다이쇼 9년〈1920〉도)　　　　　　(단위 : 가마)

월별 곡물별 검사소	4월		5월		6월		7월		8월	
	쌀	콩	쌀	콩	쌀	콩	쌀	콩	쌀	콩
인천 미두	8,324	195	2,745		1,608		903	566	3,204	110
남대문 미두	25	86				6	100			434
수원 미두	519	588	504	20	30	5	261	3,686	2,869	180
오산 미두	327	70	102		190	15	375	565	97	12
평택 미두	882	48	1,257	19	66		270	12	635	
서빙고 미두		716		676		4,540		4,030		5,684
문산 미두		1,229		103		18		13		326
고량포 대두		1,189		384		273		161		218
연천 대두		1,841		242		192		181		4,446
합계	10,077	5,962	4,608	1,444	1,894	5,049	1,909	9,214	6,805	11,420

:: 속 1

월별 곡물별 검사소	9월		10월		11월		12월		1월	
	쌀	콩	쌀	콩	쌀	콩	쌀	콩	쌀	콩
인천 미두	1,741	82	140	1,874	969	6,471	1,630	10,309	124	7,731
남대문 미두		358	499	274	300	472	355	10	946	
수원 미두	225	150	1,078	487	5,111	4,569	4,845	8,260	4,261	9,470
오산 미두		6	626	275	7,431	2,262	14,313	5,139	9,684	3,021
평택 미두	151		3,554	1,409	29,307	8,385	62,809	12,464	42,442	5,631
서빙고 미두		4,523		2,316		3,775		3,969		477
문산 미두		871	571	4,120	135	3,763		3,236		8,088
고랑포 대두		490		12,290		26,131		15,311		5,563
연천 대두		32		1,001		22,384		24,396		16,068
합계	2,127	6,512	6,468	24,046	43,253	78,212	83,952	83,091	57,457	56,049

:: 속 2

월별 곡물별 검사소	2월		3월		계		합계
	쌀	콩	쌀	콩	쌀	콩	
인천 미두	830	4,318	478	6,966	22,686	38,622	61,308
남대문 미두	1,279		326	420	3,830	2,060	5,890
수원 미두	3,554	5,756	2,307	9,607	25,574	42,778	68,352
오산 미두	5,103	1,144	5,439	3,788	43,687	16,297	59,984
평택 미두	18,812	1,462	31,913	3,076	192,098	32,506	224,604
서빙고 미두					2,054	32,757	32,757
문산 미두		2,978		2,251	706	27,006	27,712
고랑포 미두		1,301		5,578		68,889	68,889
연천 미두		4,678		8,833		84,294	84,294
합계	29,568	21,637	40,463	42,573	288,581	345,209	633,790

10
산업단체 産業團體

경기도 관내에 있는 지방산업단체地方産業團體로서 주목해야 할 것은 농사장려회農事獎勵會(지주회), 양잠조합養蠶組合, 축산조합畜産組合, 삼림보호조합森林保護組合, 기타 새끼 가마니조합繩叺組合 및 면작조합棉作組合(목화농사조합) 등의 종류이다. 누구라도 시세時勢의 진전에 따라 관부官府의 시설에 적응하여 지방산업의 개발과 단체원 상호간의 복리를 증진시키고 내용의 충실과 개선을 도모한다. 지금 착착 건실한 발달을 이루고 있으며 예산과 사업의 개황을 나타내면 다음과 같다.

가) 사업의 개요

단체명	사 업
농사장려회	품평회 개최, 강습 강화회의 개설, 종자 종묘의 공동구입, 미곡조제구米穀調製具 및 개량농구改良農具의 구입보조, 비료의 공동구입, 우량소작인 마름농가 표창, 채종전답採種田畓의 설치, 농사시찰단의 조직, 농사개량의 선전
양잠조합	잠구제작蠶具製作 전습회의 개설, 잠업 강습회의 개최, 노에고치蠶繭 뽕나무桑園 품평회 개최, 치잠稚蠶 공동사육, 건견장乾繭場 설치, 모범상원模範桑園 설치, 누에고치蠶繭 공동판매 알선, 잠업 선전
축산조합	가축개량 증식 사양 장려, 가축사료의 개량, 부산물의 이용, 우피의 개량, 가축위생 및 수역예방獸疫豫防, 우적牛籍 기타 축산통계와 조사, 가축 품평회 축산 강습회 및 강화회 개최
승입조합	생산검사, 생산 장려와 지도, 생산품 판로의 개척, 조제구調製具 공동구입의 알선, 원료구입의 알선
면작조합	재배 지도, 종자의 배부, 채종포採種圃의 설치, 모범작포의 설치, 조면기繰棉機 구입 보조와 설치
삼림보호조합	삼림병충해森林病蟲害의 구제예방, 묘목의 양성, 조합원의 표창, 종묘의 구입 판매 알선, 애림사상의 보급 선전

나) 예산의 개황 (다이쇼 10년〈1921〉도)

단체종별	단체수	단체원수(명)	예산액(엔)
농사장려회	20	16,792	43,137엔.120
축산조합	20	95,666	83,784.285
양잠조합	20	27,292	32,398.005
승입조합	8	15,639	10,780.000
면작조합	4	13,916	5,961.000
삼림보호조합	19	121,835	72,295.000
직물조합	1	430	209.000
제지조합	2	652	466.000

11
잠업蠶業

경기도 기후 풍토는 양호하여 뽕나무 재배와 양잠에 적합하였다. (그래서) 장래 잠업이 번성한 지역으로서의 가능성이 있었다. 따라서 한일합병 때 배부되었던 은사금 이자恩賜金利子 및 지방비를 적극적으로 (양잠업) 장려에 노력했다. 다이쇼 5년(1916)부터 동 8년(1919)에 걸쳐 각 군에 잠업기술원蠶業技術員을 설치하여 직접 지도의 임무에 응하였다. 다이쇼 3년(1914)에 이르러 경성은사수산장京城恩賜授産場의 조직을 바꾸어 제사製絲, 기업機業의 두 부분으로 나누었다. 제사부製絲部는 후에 경성은사수산제사장京城恩賜授産製絲場으로써 경성부 행촌동杏村洞 209번지로 이전했다. 다이쇼 5년(1916)에 이미 설립된 5개의 은사수산장恩賜授産場을 폐지하여 은사수산경기도원잠종제조소恩賜授産京畿道原蠶種製造所 및 은사수산경기도잠업강습소恩賜授産京畿道蠶業講習所를 설치하여 사육기술의 개량과 보급에 일조를 했다. 다이쇼 8년(1919) 4월 조선잠업령朝鮮蠶業令의 실시와 함께 지방비로서 잠업단속소蠶業取締所를 설치하여 육잠업무育蠶業務를 근간으로 잠종蠶

種의 개량을 도모하고 앞에서 말한 잠업기술원蠶業技術員의 활동과 함께 서로 도우며 시설의 철저를 기했다.

지금 다이쇼 7년(1918)부터 다이쇼 10년(1921)까지의 사육 상황을 게시하면 다음과 같다.

:: 누년(累年) 사육 상황

수 별(數別)			다이쇼 8년(1919)	다이쇼 9년(1920)	다이쇼 10년(1921)
사육호수	춘잠		30,994호	27,292호	27,105호
	하잠		3,119	2,586	3,162
	추잠		10,434	6,829	8,650
잠종소립매종	춘잠	개량종	29,736매	23,977매	22,397매
		신품종	7,374	6,128	8,497
		계	37,110	30,105	30,894
	하잠		2,915	2,403	3,548
	추잠		11,431	7,572	9,660
	계		51,456	40,080	44,102
누에고치 수확 [收繭]	춘잠	개량종	7,400석	6,318석	6,288석
		신품종	2,269	2,111	3,095
		계	9,669	8,429	9,383
	하잠		593	418	672
	추잠		1,667	1,290	1,831
	계		11,929	10,173	11,886

은사수산경성제사장

一, 연 혁

은사수산경성제사장恩賜授産京城製絲場은 다이쇼 3년(1914) 4월 1일 창립하여 별항의 기술처럼 원래 경성은사수산장 자리에 기업장機業場을 함께 두고 여공 40명을 수용했다. 동년 11월 전임專任 직원을 두어 좌조(座繰:얼레에 실을 감는 기구) 및 족답足踏 제사製絲의 기술을 전습했다. 다이쇼 4년(1915) 4월 경성부 행촌동 209번지 소재의 대성사大成社 잠사부蠶絲部를 매수하여 가옥의 개축을 행하고 기계와 기타 설비를 확장하여 동 년 8월 현공장으로 이전했다. 현재 조사繰絲 기계 96부釜를 가지고 생사生絲 연 생산액 1,200관에 달한다. 생사 생산은 창립 당초부터 외국 수출을 목적으로 한 것임에도 조선에 있어서는 직수출 기관이 없기 때문에 그것을 내지內地(일본)로 옮기는 것은 많은 관세를 필요로 하는 등 불편이 있어 간신히 보세창고保稅倉庫를 이용했다. 다이쇼 4년(1915) 12월 17일 데니르(denier) 500근을 요코하마마쓰이橫濱三井 물산주식회사 지점을 통해 미국으로 시험 판매를 했다. 대체로 조선에 있어서 생사의 직수출은 이것이 효시이다. 이후 데니르를 14중으로 바꾸어 계속되고 현재에 미치고 있다.

二, 설 비

토지 및 건물

　① 토지 총평수 11,974평

　② 건물 총평수 683평 2합 9작

三. 직 원

① 장 장場長   1명

② 상의원商議員   10명

③ 주 간主幹   1명

④ 기 수技手   4명

⑤ 서 기書記   2명

四. 사업의 개요

① 작업일수 및 시간

　　매월 첫 번째 세 번째 일요일 및 축제일은 정기휴일로 정한다. 12월 29일부터 1월 3일까지 동계 휴업을 하는 것 외에는 특수한 사정이 없는 한 휴업하지 않는다. 1년의 작업일수는 약 320일로 한다.

　　매일 업무시작은 오전 6시로 하고 정오부터 30분간 점심휴식하며 오후 7시에 마친다. 단 시의時宜에 따라 몇 분간의 신축성이 있다.

② 여 공

　　조사繰絲(누에고치에서 실을 뽑아냄) 여공은 모두 조선인으로 하고, 자견煮繭(고치삶기) 선견選繭(고치 고르기) 및 양반揚返(되올리기) 등 일부에 내지인內地人(일본인)을 고용한다. 대체로 능률에 따른 임금제도로서 매월 세 번째 토요일에 전달분의 급료를 지급한다.

　　여공은 기숙을 원칙으로 하고 소재지 부근에 사는 자는 통근하는 것도 가능하다.

③ 원료 고치原料繭

:: 원료고치의 구입비율표　　　　　　　　　　　　　　　　　　　　(단위 : 합)

연도별	구입수량	구입선 구별		
		장(場) 지입	경기도 각 군 공동판매에 연결된 것	타도산 (他道産)
다이쇼 8년(1919)	1,282,589	942,123	340,466	
다이쇼 9년(1920)	2,166,018	1,762,246	188,092	215,680
다이쇼 10년(1921)	2,100,034	666,139	869,418	564,477

비고: 다이쇼 9년(1920) 장場 지입분 중에는 지정판매에 의해 4군郡에서 구입한 것도 포함함.

④ 생산비

　　　　　　　　　　　　　　　　　　　　　　　　　　　　　(단위 : 관)

연도별　　　종별	수출용 생사	지견용 생사	데니 루사	설사 (屑絲)	생피저 (生皮苧)	양견 (揚繭)	연면 (練綿)	건물 (乾物)
다이쇼 7년(1918)도	1,218관 325	103,493	10,078	15,290	332,000	222,520	121,110	1,200,500
동 8년(1919)도	1,049,397	138,801	6,060	7,931	304,490	263,555	125,244	1,229,620
동 9년(1920)도	1,350,941	159,840	7,435	10,701	363,590	391,930	190,280	1,706,320

五, 경비

　　　　　　　　　　　　　　　　　　　　　　　　　　　(단위 : 엔)

비목　　　연도	다이쇼 8년(1919)	다이쇼 9년(1920)	다이쇼 10년(1921)
경상비총액	231,715엔 00	423,373.00	162,317.00
봉급	4,248.00	7,836.00	7,680.00
잡급	2,811.00	5,292.00	6,473.00
사업비	218,046.00	397,410.00	135,914.00
설비비	4,100.00	8,900.00	8,300.00
잡비	2,510.00	3,935.00	3,950.00
임시비	4,680.00		

은사수산경기도원잠종제조소恩賜授産京畿道原蠶種製造所

一. 연 역

본 제조소는 다이쇼 5년(1916년) 4월 1일에 창립하였다. 당시 경기도원잠종제조소京畿道原蠶種製造所라고 칭하고 지방비에 의해 경영되었다. 그 후 다이쇼 6년(1917) 4월 1일에 이것을 임시은사금臨時恩賜金 사업으로 이관하고 동시에 은사수산경기도원잠종제조소恩賜授産京畿道原蠶種製造所로 개칭했다.

二. 위 치

본 은사수산경기도원잠종제조소 소재지는 원래 동자전元東籍田이라 칭하는 그 지역내에 선농단先農壇(농사와 인연이 깊은 신농씨와 후직씨를 주신으로 모시고 풍년들기를 기원하던 제단)을 설치하고 예부터 국왕이 이 단에서 선농의 제사를 하고 동시에 자전籍田을 친히 경작하여 권농勸農의 근본을 중요시하는 유래가 있는 땅으로 경기도 고양군 숭인면崇仁面 용두리龍頭里에 있다.

三. 설 비

① 토 지　7정町 9반反 5무보畝步(步: 사방 1보의 면적)

　부 지　9반 9무보

　상 원　3정 5반 3무보

　삼림지　3정 2반 8무보

　선농단　1반 5무보

② 건 물　374평坪 7합合 3작勺

四, 직원

① 소 장 1명

② 기 수 4명

③ 고 원 3명

五, 잠종 제조 배부표

(단위 : 매)

구별 연차	춘잠종			하잠종			추잠종			합계		
	원잠종	보통잠종	계	원잠종	보통잠종	계	원잠종	보통잠종	계	원잠종	보통잠종	계
다이쇼8년 (1919)	1,048	1,129	2,177	85		85	344	770	1,114	1,477	1,899	3,376
동 9년 (1920)	652	271	923	64		64	564	2	566	1,280	273	1,553
동 10년 (1921)	672	29	701	84		84	623		623	1,379	29	1,408

六, 강습생(講習生)의 양성(養成)

연 차	졸업생수	연 차	졸업생수
다이쇼 8년(1919)	21명	다이쇼 10년(1921)	20명
다이쇼 9년(1920)	8명		

七, 경비(經費)

(단위 : 엔)

비목 \ 연도	다이쇼 8년(1919)	다이쇼 9년(1920)	다이쇼 10년(1921)
경상비 총액	9,161엔00	16,449엔00	18,700엔00
봉급	2,532.00	5,952.00	6,720.00
잡급	585.00	1,225.00	1,672.00
사업비	4,684.00	7,608.00	8,488.00
잡비	1,360.00	1,664.00	1,320.00
수선비			500.00
임시비	5,215.00	4,500.00	5,810.00

은사수산경기도잠업강습소恩賜授産京畿道蠶業講習所

一, 연역

본 강습소는 다이쇼 5년(1916) 4월 1일 창설되어 가옥 및 상원桑園은 안병준安秉畯 백작의 기부를 받아 거기에 증축한 것이다. 2년간은 남자 강습생을 수용했고 다이쇼 7년(1918)에 이르러 여자의 교양이 필요하다고 인지하고, 남자 강습은 원잠종제조소原蠶種製造所로 이관했다. 이후 여자를 수용하고 강습해 오고 있다.

二, 위치

경기도 용인군 내사면內四面 양지리陽智里

三, 설 비

① 토 지   1정 9반 2무보

　부 지　　5반 2무보

　상 원   1정 4반보

② 건 물   183평 3합

四, 직 원

① 소 장　 1명

② 기 수   3명

五, 강습생의 양성

연차	다이쇼 8년(1919)	다이쇼 9년(1920)	다이쇼 10년(1921)
수료자 수	20명	20명	21명

六, 경 비(經費)

(단위 : 엔)

비목 \ 연도	다이쇼 8년(1919)	다이쇼 9년(1920)	다이쇼 10년(1921)
경상비 총액	4,205엔 00	6,623엔 00	7,396엔 00
봉급	1,128.00	2,028.00	2,220.00
잡급	246.00	715.00	1,581.00
사업비	1,966.00	2,630.00	2,750.00
잡비	856.00	1,250.00	695.00
수선비			50.00
임시비		3,250.00	

경기도 잠업 단속소取締所

一, 연 역

본 단속소는 다이쇼 8년(1919) 4월 24일 조선잠업령朝鮮蠶業令을 발포하고 동 년
(1919) 5월 1일부터 그 시행을 함에 미쳐 동일부도同日附道 고시 제30호로서 위
치 관할 구역을 정하였다. 다음에 동 월 8일 직원의 임명과 동시에 사업을 개시
하기에 이르렀다.

二, 위치 및 직원

명칭	위치	관할구역	소장	단속직원	서기	잠종검사직원
경기도잠업단속소	경기도청내	경기도일원	1	5	1	10

三, 원잠종검사原蠶種檢査에 관한 성적 개요

① 원잠종을 제조하는 원잠종의 소립아(掃立蛾: 알에서 갓 깬 누에나방) 수 및 수량

다이쇼 9년(1920)에 있어서 소립아 수는 1-2 화성(化性: 누에가 1년에 몇 번씩 세대를
거듭 바꾸는 성질)을 통해 10,860개의 누에나방, 의량蟻量 570돈匁으로써 다이쇼 8
년(1919)에 비해 누에나방 수에 있어서 약 4배, 의량에 있어서 6.5배가 되어 실
로 급격한 증가를 보이고 있다. 이것을 계통별로 보면 일본종이 가장 많고 구미
종이 그 다음이며 지나종(중국종)이 하위에 있다. 이것을 다시 제조별로 보면 294
아蛾 라는 극소수의 수입 종을 제외하고 모두 공설기관의 제조와 관련되어 있다.

② 품종별 원잠 합격비율

다이쇼 9년(1920)에 있어서 원잠종 검사 총 누에나방 수는 월년종越年種(해를 넘긴 종), 불월년종(不越年種: 해를 넘기지 않은 종)을 통틀어 107,968개의 누에나방으로써 다이쇼 8년(1919)에 비해 약 4,500 누에나방의 감소를 보이는 것은 세계世界1, 대제계大諸桂, 왕관王冠, 마르게, 쟈로베르쟈, 천회백룡千回白龍, 대초大草, 대백잠大白蠶, 국산일國産日1의 6호, 소산蕭山1호 각종의 제조되는 것과 백룡종白龍種의 대감소에 따른 것으로써, 그 검사성적에서는 각 품종을 통틀어 합격비율 100%라고 말한다. 좋은 성적을 거두었지만, 지나특대支那特大(중국특대) 20호종에 있어서만 62.28% 의 나쁜 결과를 보이고 있다. 다이쇼 9년(1920) 검사에 있어서 품종별 누에나방수를 나타내면 다음과 같다.

품 종	누에나방 수
적숙(赤熟)	30,352
국산일일호(國産日一號)	1,792
우석(又昔)	4,172
지나특대이십호(支那特大二十號)	18,312
국산지4호(國産支四號)	1,288
국산지7호(國産支七號)	1,120
조구1호(朝歐一號)	3,612
조구2호(朝歐二號)	2,604
국산구7호(國産歐七號)	1,400
백룡(白龍)	32,226
계	107,968

四, 보통잠종 검사에 관한 성적

계통별에 있어서는 일본종, 지나종支那種(중국종), 구주종歐洲種(유럽종) 3종류로써 1-2개의 변종을 거쳐 공설기관의 제조에 연계된 것이 다이쇼 9년(1920년)에 있어 35,994개의 누에나방, 개인제조에 연계된 것이 10,656개의 누에나방, 수입에 연계된 것이 7,226개 누에나방 합계 53,876 개 누에나방이다. 의량蟻量에 있어서는 각 계통 종을 거쳐 1 변종에 1,067돈 2 변종 813돈이 되었다. 이것을 다이쇼 8년(1919년)에 보면 누에나방 수에 있어서 11,260개의 누에나방, 의량蟻量에 있어서 804돈의 감소를 보이는 것은 일본종과 구주종(유럽종)에서 현저한 수의 감소에 기인한다.

품종별 보통잠종에 대해 보면 제조 전체 2,489,620개의 누에나방에 대해 합격수 2,209,448개의 누에나방으로 불합격 비율이 11.25%에 해당된다. 그것을 품종별로 보면 조구1호朝歐一號의 64.80% 다음에 우석又石, 신옥新屋, 조일1호朝日一號의 각 종이 약 15%, 백룡白龍의 4.32%, 가장 성적이 좋은 것은 일지교잡日支交雜, 구지교잡歐支交雜, 조구2호朝歐二號의 3품종이다.

五, 수입 잠종검사 성적

다이쇼 9년(1920)에 있어서 검사총수 9,601개의 누에나방 중 합격수 9,401 누에나방으로 합격비율이 98.80%가 된다.

六, 상묘桑苗 생산업자와 묘포면적

다이쇼 9년(1920)에 있어서 생산업자는 75명 실제 양성면적은 1정보, 접목양성은 35정 7반, 절반切返은 60정 4반 합계 96정 2반보가 된다.

七, 잠종매매업자와 생견生繭(생고치) 취급업자

다이쇼 9년(1920)에 있어서 잠종 매매업자는 13명, 종업원은 9명, 생견취급업자는 73명, 취급소는 77개가 된다.

八, 잠종 제조자표

(단위 : 명)

종별 \ 년차	다이쇼 8년(1919)	다이쇼 9년(1920)	다이쇼 10년(1921)
원잠종제조자	7	12	14
보통잠종제조자	56	39	36
계	63	51	50

九, 경 비

(단위 : 엔)

비목 \ 년차	다이쇼 8년	다이쇼 9년	다이쇼 10년
경상비 총액	12,215엔 00	23,642엔 00	20,837엔 00
봉급	3,420.00	6,480.00	6,480.00
잡급	5,139.00	9,392.00	10,879.00
잡비	3,656.00	7,770.00	2,578.00
수선비			900.00
임시비		6,009.00	

12
축산畜産

경기도는 조선에서 중앙의 위치로써 대체로 산간부 및 평탄부로 나누어질 수 있다. 따라서 축산의 개량 증식 상에 있어서도 자연의 지세를 참작酌 고려하여 거기에 적응하는 시설계획을 만들어 점차 번식 개량의 실적을 올리고 있다.

一, 축우畜牛(집소)

축우畜牛는 주로 산간부인 연천, 장단, 개성, 양주, 가평 및 포천군 등에서 생산하고, 산간부 및 평탄부의 중간지방인 양주, 여주군 및 강화 광주 파주군의 일부에서 육성하고, 평탄부인 수원, 고양, 시흥, 진위, 안성, 부천 및 이천군 등에 있어서 수요가 있다. (이처럼 축우가) 도처에서 육성되고 수요가 있는 것은 조선의 경우 하늘이 주어진 축산지 임을 증명하는 것이다.

축우의 체격은 대개 중간정도로 농경 운반용으로 적합하지만 식용으로는 부족하지 않을 수 없었다. 근래 선우鮮牛(조선의 소)의 명성聲價이 일반에게 알려지고 한우鮮牛의 내지內地(일본) 반출移出이 매년 증가하여 축우의 전도는 나날이 증가하고 있다. 또 일면 경성 인천 등의 도시에 있어서 고기 수요需肉가 증가하여 생산은 도저히 소비를 따라갈 수 없는 현황이다. 따라서 경기도에 있어서는 암소牝牛의 사육장려, 종우種牛의 배치 및 충실, 구우계購牛契의 설치 장려, 임우姙牛(새끼밴 암소) 및 유우幼牛(어린소)의 도살 금지, 우량우優良牛의 보존, 목야牧野의 설정, 축산기술원畜産技術員의 설치, 축산조합의 설치 및 품평회, 강습소의 개최 등 제종諸種의 시설을 만들고 그것을 증식 개량하여 농민의 복리를 증진시키는 것이다. 그럼에도 불구하고 근년 일반농가는 한해旱害의 영향 및 재계의 변동 등에 의해 축우가 약간 감소된 것은 유감이다.

현재 1방리方里에서 축우는 130두로 하고, 농가 100호에 대해 35두, 성우 1두에 대해 경지면적은 약 5정보町步가 된다. 금년도 축우 수는 다음과 같다.

(단위 : 두)

연차	두수	축 우			생산 수	도살 수	종두우	
		숫소	암소	계			종우수	종부 수
다이쇼 5년(1916)		44,851	59,850	104,201	22,935	70,049	214	17,004
동 6년(1917)		49,164	58,054	107,218	22,991	50,815	603	42,118
동 7년(1918)		50,367	61,607	111,974	23,588	34,639	606	44,114
동 8년(1919)		52,977	58,685	111,662	21,922	46,233	551	41,172
동 9년(1920)		50,683	56,586	107,269	19,535	51,718	529	36,543

二, 돼지豚

경기도에 있어서는 버크셔 종 및 요크셔종을 장려종으로 하고 먼저 재래돈을 개량돈으로 대신해야 할 계획으로 종돈(씨돼지)의 무상 배부, 개량돈(개량돼지)의 공동구입 알선, 돼지 모범부락 조성, 구돈계購豚契의 설치 및 품평회의 개최 등을 장려하여 점차 그 실적을 올리고 있다. 현재 개량돈의 보급이 가장 좋은 곳은 경성京城, 고양高陽, 인천仁川, 부천富川의 2부 2군이다. 게다가 우량의 씨돼지을 생산하고 경기도 관내는 물론 다른 도의 씨돼지 구입의 수용에 응하고 있는 것이 현황이다.

연차	두수	돈 수			개량종의 재래종에 대한 비율
		개량종	재래종	계	
다이쇼 5년(1916)		7,383	52,990	60,373	14%
다이쇼 6년(1917)		9,896	58,437	68,333	17%
다이쇼 7년(1918)		18,103	36,512	74,615	32%
다이쇼 8년(1919)		20,582	54,225	74,807	38%
다이쇼 9년(1920)		20,028	55,145	75,173	36%

三, 닭鷄

조선의 재래 닭은 체구가 왜소하고 알과 고기의 생산이 매우 적어 이익이 없기 때문에 경기도에 있어서는 개량종인 백색 레그혼종, 나고야 코친종 및 홍반橫班 프리마스록종을 장려했다. 그 결과 지금은 도처에서 보이지 않는 곳이 없을 정도이며 도처에 개량 닭과 개량 계란을 얻을 수 있게 되었다. 특히 경성, 인천, 고양, 부천의 부와 군府郡에 있어서는 상당의 종계種鷄(씨암닭)를 생산하고 있고 경기도내는 물론 다른 도의 요구에 응하고 있는 현황이다. 그리고 경기도 현재 농가호수 100호에 대해 198마리로 하여 연차별 마리수를 기록하면 다음과 같다.

연차 \ 유별	마리 수[羽數]			개량종의 재래종에 대한 비율
	개량종	재래종	계	
다이쇼 5년(1916)	43,093	328,755	371,848	13%
다이쇼 6년(1917)	57,434	335,059	392,493	17%
다이쇼 7년(1918)	89,910	340,211	430,121	26%
다이쇼 8년(1919)	102,469	328,340	430,809	31%
다이쇼 9년(1920)	115,201	358,934	474,135	32%

四, 기타 가축

앞의 기록 이외의 가축은 말馬, 당나귀驢, 노새騾, 산양山羊으로 근래 교통기관의 발달과 함께 일본말內地馬의 사육이 점차 증가하고 오히려 한국말鮮馬을 기르는 자가 감소하고 있다.

(단위 : 두)

연차 \ 유별	말	당나귀	노새	산양	계
다이쇼 5년(1916)	1,414	442	26	281	2,163
다이쇼 6년(1917)	1,391	394	70	230	2,085
다이쇼 7년(1918)	1,389	353	81	305	2,128
다이쇼 8년(1919)	1,319	306	62	280	1,967
다이쇼 9년(1920)	1,223	282	64	305	1,874

五, 착유업搾乳業

경기도에서 우유 및 산양유의 수요가 많은 곳은 경성京城, 인천부仁川府로 착유업자는 경성, 인천부 및 그곳을 포함하고 있는 고양高陽, 부천군富川郡이 가장 많고 다음은 수원水原 개성군開成郡이며 기타 다른 군에는 착유하는 사람이 없다.

연차	착취장	우유생산 우두수	착유고	착유가격
다이쇼 5년(1916)	14	240	1,310.58승	66,534엔
다이쇼 6년(1917)	14	338	1,297.88	84,245
다이쇼 7년(1918)	14	338	1,298.80	83,361
다이쇼 8년(1919)	15	314	1,297.87	94,352
다이쇼 9년(1920)	13	375	1,578.77	185,452

六, 축산조합畜産組合의 설치

축산의 개량과 (축산의) 발달에 가장 필요한 것은 동업자의 협력과 일치하는 것이다. 따라서 각 군에 축산조합의 설치를 장려한 결과 관내 모든 군에 걸쳐 설치를 완료하였다. 그 상황은 다음과 같다.

구분	조합수	조합원수	조합원 소유 및 관리 소[牛] 수	조합 경비
다이쇼 5년(1916)	20	104,200	104,201	41,591,515
다이쇼 6년(1917)	20	96,871	107,218	6,786,230
다이쇼 7년(1918)	20	100,303	111,974	55,516,280
다이쇼 8년(1919)	20	115,623	111,662	79,857,590
다이쇼 9년(1920)	20	106,711	107,269	163,110,300
다이쇼 10년(1921)	20	95,666		83,784,285

七, 기타

(一) 씨수소種牡牛의 배치 및 부종種付

축우의 개량과 증식에 있어서 씨수소種牡牛를 배치하고 그것에 의해 부종[種付]를 장려하여 우량우優良牛의 생산에 노력하고 있다.

연도	도 소유 씨수소		축산조합 소유 씨수소		민간 보유 우량우	
	씨수소 수	부종 횟수	씨수소 수	부종 횟수	씨수소 수	부종 횟수
다이쇼 5년(1916)	41	3,410	33	2,373	140	11,221
다이쇼 6년(1917)	39	2,928	14	925	550	38,265
다이쇼 7년(1918)	38	2,700	18	1,081	550	40,333
다이쇼 8년(1919)	29	2,010	22	1,408	500	37,754
다이쇼 9년(1920)	9	576	103	6,986	417	28,981

(二), 구우계購牛契 및 구돈계購豚契

영세 농가에서 소와 돼지를 구입하기 위해서는 구우계購牛契 및 구돈계購豚契를 조직하고 계원은 매월 소액을 출자하여 부지불식간에 축우 및 돼지를 구입할 목적으로 그것을 설치하고 장려하였다. (이에) 이미 다음과 같은 설치를 보이고 있다.

연차	구우계			구돈계		
	계수	계원수	구우수	계수	계원수	구돈수
다이쇼 5년(1916)	50	3,092	445			
다이쇼 6년(1917)	201	17,274	2,936	17	442	27
다이쇼 7년(1918)	223	18,286	2,834	27	457	100
다이쇼 8년(1919)	202	16,897	2,316	30	612	49
다이쇼 9년(1920)	179	14,873	1,568	30	612	12

01
조선인朝鮮人의 상업

근래 지방에서 상설점포를 설치하고 상업에 종사하는 자가 점차 증가하고 있다. 조선인 거래의 대부분은 시장에서 이루어지는 것이 각 지역 일반의 관례였다. 그리고 그들의 시장은 경성부내 매일 시장이 있고, 이외에 매월 5회 또는 6회 정기적으로 여는 것으로 시장에 나오는 사람은 부근의 주민은 물론 상당한 거리가 떨어진 벽지에서 모여드는 사람도 적지 않다.

도내에 있어서 시장의 수는 다이쇼 9년(1920) 말에 97개소, 1년 매매고는 1,375만 3천여 원에 달하고 있다. 이처럼 시장은 중요한 상업기관으로 (시장의) 설치 변경은 지방경제에 영향을 주는 것이 적지 않았다. 다이쇼 3년(1914) 시장규칙市場規則의 발포가 있었고 다음에 다이쇼 9년(1920) 그것을 개정하여 시장의 조직 및 감독에 관한 부속규정이 설치되었다.

근래 조선인朝鮮人의 상점은 대개 내지인內地人(일본인) 상점과 그 명칭을 동일하게 했다 하여도 오히려 구래의 명칭을 답습하는 경우가 있다. 그 주요한 것을 열거하면 다음과 같다.

모물전毛物廛: 주로 모피 및 모피제품을 제조 판매하는 상점

포목전布木廛: 직물류를 판매하는 상점

유기전鍮器廛: 동기銅器 및 놋쇠眞鍮로 만든 식기와 가구 등을 판매하는 상점

장점欌店: 장롱籠箱 의합衣盒 등을 판매하는 상점

옹기점瓮器店: 도기에 유약을 바르지 않고 저열로 만든 물건素燒物을 판매하는 상점

사기점砂器店: 도자기를 판매하는 상점

은방銀房: 은을 세공하는 상점

옥방玉房: 옥을 세공하는 상점

반찬가가飯饌假家: 일용 식량품을 판매하는 상점.

건재약국乾材藥局: 한약을 판매라는 상점

구물전具物廛: 옥제玉製 장신구를 판매하는 상점

상두도가喪頭都家: 상구喪具를 임대해 주는 집

복덕방福德房: 토지 가옥의 매매 대여 등 중개를 업으로 하는 곳

전당국典當局: 전당포質屋

기타 상점商廛의 명칭이 다양하게 있어도 그 명칭에 의해 판별할 수 있기 때문에 생략한다.

02
내지인(일본인)의 상업

관내에 있어서 내지인(일본인) 상업 상태를 보면 경성 인천 등 내지인(일본인)의 집단지를 중심으로 하여 그 부근에서 영업을 경영하고 있다. 신정新政이래 경비 및 교통기관의 완비와 함께 지금은 도시와 시골都鄙의 구별 없이 도처에서 내지인(일본인)의 상인商賈을 볼 수 있다. 관내 상업은 다른 도에 비해 항상 우월한 지위를 차지하고 있다. 내지인(일본인)의 상업은 무역상을 주로 하여 각종 상품의 도매와 소매상으로 하고 있다. 무역상은 곡물 해산물 우피 등 조선물산의 수출을 하거나 혹은 각종 잡화 면사綿絲 옷감류布類 술 간장酒醬油 설탕砂糖 성냥燐寸 등의 상품을 내지(일본)에서 들여오는 것이다. 그리고 일용잡화를 비롯하여 미곡 포목呉服 연초 술 간장 문방구 과자 부엌용 잡화류荒物 야채青物류의 상품은 대개 경성 인천 등의 도매로부터 각지의 소매상에 공급되는 상황이다. 그리고 경성 인천 수원 개성 영등포 평택 의정부 문산진 안성 이천 및 연천은 관내에 있어서 주요 상업지가 되고 있다.

03
회사會社

회사의 설립은 메이지 44년(1911) 1월 시행施行의 회사령會社令에 의해 허가를 필요로 한다. 근래 조선인 경제력이 현저히 발전하고 지식의 정도도 일반적으로 향상하여 회사에 대한 이해 역시 상당히 진보하였다. 내지인(일본인)의 기업도 점차 그 면목을 바꾸는 데에 이르렀다. 회사 설립에 관해 감독상의 제한을 가하는 것은 진보의 정책에 바람직하지 않다고 여기고, 다이쇼 9년(1920) 4월 1일 각 령令을 폐지하기에 이르렀다. 그럼에도 거래소取引所, 보험업保險業, 무진업無盡業[38] 유가증권의 매매 혹은 그 중립업中立業을 목적으로 하는 회사는 사업의 성질로 볼 때 일반의 자유에 방임하는 것은 종종 폐해를 동반하기 쉬워 그것을 단속에 관한 특별법령特別法令이 발포되기까지 당분간 종전의 회사령을 적용하게 된 것이다.

---

38) 무진업: 일본에서 발달한 서민을 위한 상호금융제도. 일정한 계좌수로 조를 짜서 각 계좌의 급부금액을 미리 정하여 정기적으로 부금을 납부하고 1계좌마다 추첨·입찰 등의 방법으로 부금자에게 일정금액을 급부하는 제도를 말한다. 1962년 12월 7일자로 공포된 국민은행법에 의하여 당시 존속하고 있던 5개의 무진회사를 병합하여 국민은행이 설립되었다.

회사 설립의 상황은 산업의 발달에 따라 점차 증가하고 규모가 큰 기업의 발흥을 보기에 이른다. 특히 근래 각종 공업을 목적으로 하고 대회사를 설립하는 것이 점점 많아지는 경향을 나타내고 있다. 다음 회사에 관한 최근 3년간의 통계를 게시한다.

:: 경기도 관내의 본점 또는 지점을 갖고 있는 회사 (다이쇼 9년〈1920〉 12월 말일)　　　(단위 : 엔)

종별		회사 수	자본금	불입자본금
내지인(內地人 : 일본인) 설립	합명회사	11	50,553,500	50,546,100
	합자회사	31	2,310,500	2,257,847
	주식회사	109	500,560,000	327,042,750
	계	151	553,424,000	379,846,697
조선인(朝鮮人) 설립	합명회사	1	500,000	300,000
	합자회사	2	500,000	275,000
	주식회사	31	19,833,000	10,040,500
	계	34	20,833,000	10,615,500
내선인(內鮮人 : 일본 조선인) 합동설립	합명회사			
	합자회사	1	20,000	20,000
	주식회사	7	38,200,000	7,800,000
	계	8	38,220,000	7,820,000
일미인(日米人 : 일본 미국인) 합동설립	합명회사	1	286,000,000	150,000,000
	합자회사			
	주식회사	2	1,150,000	1,150,000
	계	3	287,150,000	151,150,000
총계	합명회사	13	337,053,500	200,846,100
	합자회사	34	2,830,500	2,552,847
	주식회사	149	559,743,000	346,033,250
	계	196	899,627,000	594,432,197
다이쇼 7년(1918)말		115	478,761,000	376,564,865
다이쇼 8년(1919)말		166	553,613,316	339,861,240

04
상업회의소商業會議所

종래 경기도 관내에서 상공업상 가장 긴요한 토지에는 상공업에 관한 제반의 조사 보고 또는 상공업에 관한 분분한 논의紛議의 중재를 위한 목적으로 내지인(일본인) 또는 조선인 간에 대략 내지상업회의소內地商業會議所(일본상업회의소)와 유사한 기관을 설치해도, 상업회의소 존립의 의의를 가지는 것이 적지 않은 것이다. 다이쇼 4년(1915) 10월 조선상업회의소령朝鮮商業會議所令 시행과 함께 그것을 정리하여 마침내 내지인(일본인) 공동으로 상공업의 진보 발달을 도모하기 위해 현재 경성부 및 인천부의 부제府制가 시행된 곳에 완전한 기관의 설치를 보기에 이른다.

지금 두 개의 상업회의소에 있어서 다이쇼 10년(1921) 10월 말의 상황을 다음과 같이 표시하고 있다.

회의소명	임원				평의원 정원 수			특별평의원 수			회원수			다이쇼 10년도 예산액 (엔)
	회장	부회장	상무	계	내지인 (일본인)	조선인	계	내지인 (일본인)	조선인	계	내지인 (일본인)	조선인	계	
경성상업회의소	1	2	4	7	22	8	30	2	2	4	1,429	1,161	2,590	61,138
인천상업회의소	1	2	5	8	19	5	24	2		2	309	91	400	19,225

11부

공업工業

01
경기도 공업의 추세

경기도내 공업은 아직 유치한 영역을 벗어나지 못했으나 점차 견실한 발달을 이루고 있다. 특히 다이쇼 8년(1919) 재계財界의 호황시기好況時에 들어와 내지인(內地人:일본인)의 투자가 갑자기 촉진되고 점차 대규모의 조직으로서 사업을 계획하는 자가 속출하기에 이르렀다. 메이지 43년(1910) 즉 한일병합 이후 다이쇼 9년(1920)에 이르는 경기도의 공장(상시 5인 이상의 직공을 고용하던가 원동력을 가지고 있던가 또는 연 생산액 5천원 이상의 공장)의 추세를 보면 다음 표와 같다.

연차	공장 수	공장자본금 (엔)	종업원 수(명)				생산품가액 (엔)
			내지인 (일본인)	조선인	외국인	합계	
메이지 44년(1911)	79	6,159,126				9,700	8,688,904
다이쇼 원년(1912)	142	8,013,412	978	7,795	35	8,989	13,431,766
동 2년(1913)	244	6,935,616	1,460	10,948	58	12,466	14,569,595
동 3년(1914)	273	9,403,137	1,216	7,402	85	8,703	12,069,437
동 4년(1915)	351	8,164,886	1,449	10,021	7	11,547	17,772,077
동 5년(1916)	481	10,358,267	1,599	11,067	57	12,723	21,821,038

연차	공장수	공장자본금(엔)	종업원 수(명)				생산품가액(엔)
			내지인(일본인)	조선인	외국인	합계	
동 6년(1917)	568	10,636,375	2,287	17,280	79	19,646	23,049,910
동 7년(1918)	702	16,698,281	1,800	17,560	72	19,432	52,949,591
동 8년(1919)	766	24,360,146	1,572	16,301	114	17,987	57,980,772
동 9년(1920)	60	27,929,767	2,051	16,437	271	18,759	59,332,105

:: 다이쇼 9년(1920) 말 공장을 다시 업태별로 표시하면 다음과 같다.

업태별	공장수	자본금(엔)	종업원수(명)	생산품가액(엔)	생산품가액의 총생산가액에 대한 비율(%)
정미 및 매갈이 업	132	3,937,303	2,419	13,969,518	23.54
요업(窯業)	72	785,190	1,695	1,255,982	2.12
제혁 및 피혁제품	67	416,540	1,055	1,264,708	2.12
금속제기구 기계제조업	64	658,393	820	1,373,865	2.03
양 조 업	63	1,977,135	365	2,135,639	3.59
제재 및 목제품업	39	586,324	315	1,009,257	1.70
인쇄 및 제본업	38	2,151,734	1,772	2,990,463	5.04
과자류 제조업	36	198,700	192	625,548	1.05
화학제품업	31	1,839,450	346	2,500,392	4.21
모물 및 포백 제조업	24	2,004,000	186	2,500,392	0.35
금은세공업	20	311,062	274	710,352	1.19
염직업	18	348,769	311	268,778	0.45
제지 및 지제품업	15	39,660	142	135,982	0.23
놋쇠 제조업	13	25,550	64	51,765	0.09
연초업	12	3,208,671	3,362	17,945,385	30.23
편조물자수업	10	395,000	358	106,712	0.18
음식물제조업	10	27,100	57	125,065	0.23
제분및제면업	9	30,600	52	404,366	0.68
차량및선박업	8	2,673,901	1,387	3,719,741	6.26
가스 및 전기업	6	2,168,868	182	2,930,588	4.93
제염업	5	455,000	96	195,324	0.33
잡공업	71	3,690,817	2,965	5,401,765	9.10
합계	760	27,929,767	18,759	59,332,105	100.00

반대로 사업이 가장 호황일 때 즉 다이쇼 8년(1919) 중에 있어서 경기도 공장의 정세를 조선 전지역의 상태에 비교하면, 다음의 표처럼 공장수에서 전체 도의 약 40%, 생산품 가액에 있어서 약 26%를 점유하는 우월한 지위에 있는 것이다.

종별	공장수	자본금	종업원수				생산품가액
			내지인	조선인	외국인	합계	
전 지역	1,900	129,378,773	5,362	41,873	1,470	48,705	225,404,275
경기도	766	24,360,146	1,572	16,301	114	17,987	57,980,772
전지역에 대한 경기도의 비	40%	18%	30%	39%	8%	37%	26%

02
조선인朝鮮人의 공업工業

경기도에 있어서 조선인의 공업은 고려시대 일시 고도의 발달을 이루었던 자취가 확연할지라도 이후 국력이 쇠퇴함에 따라 서서히 쇠미해져 겨우 직물織物, 도자기陶磁器, 금속류金屬類 같은 가정공업家庭工業의 소규모 같은 것만 그 그림자를 남겼다. 게다가 기술이 유치하여 제조 기구 역시 불완전함으로써 그 제품을 보아도 만족스럽지 못했다. 따라서 일상 필수품 같은 것은 대부분 그것을 수입에 의존하는 상태가 되었다. 신정新政이래 장래 발달 가능성이 있는 기계업機業, 제지製紙, 요업窯業 등에 대해 혹은 도 또는 군에 기술원을 배치하여 그가 지도 장려를 담당하고 혹은 당해 사업에 경비 일부를 보조하거나 혹은 개량농구의 배부를 행하는 등 일찍이 장려한 결과 최근 점점 발흥의 기운으로 나아가고 있다. 그중 근래 경성부 및 강화군의 직물織物, 가평군의 종이紙, 시흥始興 고양高陽 및 연천漣川의 도자기류陶磁器類는 현저하게 그 면모를 일신하였다. 기타 신공업품의 제조를 지도하여 염색하는 자가 점점 많아지는 경향을 나타내고 있다.

03
내지인(일본인)의 공업

내지인(일본인) 경영의 공업은 아직 큰 성공에 도달하지 않았으나 점차 대규모 사업의 투자가 증가하고 있다. 현재 원동력原動力을 갖추고 있는 공장의 태반은 거의 내지인(일본인)의 경영과 연계됨을 비추어보아도 이런 추세를 엿볼 수 있다. 그 중 정미精米, 연초煙草, 선박船舶, 차량車輛, 전기電氣, 가스瓦斯, 인쇄印刷, 화학제품化學製品, 양조釀造, 제혁製革, 요업窯業 등의 공업은 근래 현저한 발달을 이루고 매년 생산액이 증가하고 품질에 있어서도 내지 제품에 손색이 없는 좋은 품질의 제품이 나오고 있다. 그리고 경기도는 지세상地勢上 천연의 생산물이 풍부하고 게다가 각종 공업원료품의 모집과 제품의 판매에 편리하기 때문에 장래 자연적으로 내지인內地人(일본인)의 투자를 유치하고 각종 공업의 발흥을 보는 것은 말할 필요도 없을 것이다.

04
노임勞賃

관내 상공업의 주요지역樞要地 즉 경성 및 인천의 2부내에 있어서 최근(다이쇼 10
년(1921) 9월중)의 일반 노임을 표시하면 다음과 같다.

직업명		경성	인천	직업명		경성	인천
셋집[家作]	내지인 (일본인)	5엔500	4엔800	벵끼칠[塗職]	내지인	4엔000	3엔400
	조선인	3,500	2,700		조선인	3,500	2,800
	지나인 (중국인)	2,800	3,000		지나인	3,000	
소목[指物]	내지인	4,500	3,800	표구사[表具師]	내지인	4,500	3,500
	조선인	2,300			조선인	3,000	2,000
	지나인	2,200	2,000	제등직[提灯職]	내지인	2,000	2,000
창호[建具]	내지인	4,000	3,500		조선인	1,250	
	조선인	2,500		통공[桶工]	내지인	3,000	2,300
	지나인		2,600	수레제조[車製造職]	내지인	3,000	3,500
미장이[左官]	내지인	5,500	5,000		조선인	2,000	
	조선인	3,500	2,900	대장장이[鍛冶]	내지인	3,000	2,750
	지나인				조선인	2,200	1,500

직업명		경성	인천	직업명		경성	인천
석수[石工]	내지인	5엔000	4엔000	무력[無力]토탄직	내지인	3엔500	2엔500
	조선인	2,500	2,300		조선인	3,000	2,000
	지나인	2,500	2,500	주물[鑄物]	내지인	3,000	3,500
톱질[木挽]	내지인	3,500	3,500		조선인	2,200	1,700
	조선인	2,500	2,200	조각[彫刻]	내지인	2,500	2,400
	지나인	2,500	2,200		조선인	1,700	1,500
지붕[家根葺]	조선인	2,000	1,500	금은세공	내지인	1,500	2,500
기와지붕[瓦葺]	내지인	5,500	4,000		조선인	1,000	1,700
	조선인	4,500	2,500	염색[染物]	내지인	1,200	
배수리[船造]	내지인		5,000		조선인	.750	
	조선인		3,200	세탁직	내지인	2,200	1,600
벽돌공[煉瓦積]	내지인	4,200	4,000		조선인	1,900	1,200
	조선인	3,500	2,600		지나인	1,800	
벽돌구조[煉瓦造]	내지인			의상재봉	내지인	2,500	1,700
	조선인	1,200			조선인		
	지나인	1,100	1,500	양복재봉	내지인	2,800	2,000
첩자[疊刺]	내지인	3,000	3,000		조선인	2,800	1,000
제화[靴職]	내지인	2,400	2,500		지나인		1,000
	조선인	2,400	1,500	화부인부	조선인	1,000	1,000
활판식자	내지인	2,400	2,000	어부	내지인	2,000	1,000
	조선인	1,700	1,000		조선인	1,300	.700
이발직	내지인	1,800	1,700	하역노무자[仲仕]	내지인	2,500	2,000
	조선인	1,200	.900		조선인	1,800	1,400
	지나인		.800		지나인	1,300	
두사[杜師]	내지인	80,000	42,000	머슴[下男]	내지인	10,000	
	조선인				조선인	7,000	9,000
장유제조직	내지인	40,000	30,000	하녀[下女]	내지인	15,000	12,000
	조선인	30,000			조선인	8,000	6,000

직업명		경성	인천		직업명		경성	인천
연초제조직	내지인	1^{엔}600		농작부	연급	남 내지인	300^{엔}000	65^{엔}000
	조선인	.800	.550			여 내지인	180.000	40.000
식목직	내지인	3.000	2.000			남 조선인	150.000	52.000
	조선인	2.500				여 조선인	120.000	28.000
비계공(鳶人足)	내지인	3.500	2.000			남 지나인	100.000	
	조선인	2.500	1.000		월급	남 내지인	30.000	
평인부[平人足]	내지인	2.500	2.500			남 조선인	20.000	45.000
	조선인	1.400	.900			여 조선인		
	지나인		.900		일급	남 내지인	1.300	
노가다[土方]	내지인	2.500	2.500			여 내지인	.700	
	조선인	1.800	1.400			남 조선인	.800	1.000
인력거부(人力車夫)	내지인	5.000	2.000			여 조선인	.450	.700
	조선인	4.000	1.600			남 지나인	.650	

12부

무역貿易

01
총설總說

경기도 무역은 민간기업의 번영興隆과 일반경제계의 발달에 따라서 매년 점차 증가하는 추세를 보이고 있다. 특히 다이쇼 8년(1919) 중에는 전후 재계의 호황에 따라 급격한 증가를 가져왔다. 다이쇼 9년(1920)에 이르러 일시 재계 불황의 영향을 받아 약간의 좌절을 맛보았으나 수출입 총액이 1억 2,600만원 즉 조선 전체 무역액 4억 3천만 원에 대해 약 30%를 차지하는 추세에 있다. 더욱이 그것은 메이지 43년(1910) 한일병합 당시의 무역액 약 2,300만원에 비하면 5배가 넘는 증액을 이룬 것으로 정말로 격세지감을 느낀다. 최근 3년간 및 메이지 43년(1910) 이후 2년마다 경기도 무역의 성쇠를 표시하면 다음과 같다.

:: 무역액

(단위 : 엔)

연도		수출	수입	합계	수입초과액
메이지 43년(1910)	경성	200,754	6,338,215	6,538,969	6,137,461
	인천	4,055,204	12,666,523	16,721,727	8,611,319
	계	4,255,958	19,004,738	23,260,696	14,748,780
다이쇼 원년(1912)	경성	170,386	11,640,269	11,810,655	11,469,883
	인천	3,787,824	18,488,574	22,276,398	14,700,750
	계	3,958,210	30,128,843	34,087,053	26,170,633
다이쇼 3년(1914)	경성	631,755	11,136,583	11,768,338	10,504,828
	인천	5,255,952	14,217,121	19,473,073	8,961,169
	계	5,887,707	25,353,704	31,241,411	19,465,997
다이쇼 5년(1916)	경성	2,244,373	19,064,734	21,309,107	16,820,361
	인천	9,868,824	21,293,536	31,162,360	11,424,712
	계	12,113,197	40,358,270	52,471,467	28,245,073
다이쇼 7년(1918)	경성	4,382,063	29,271,010	33,653,073	24,888,947
	인천	15,654,549	29,083,259	44,737,808	13,428,710
	계	20,036,612	58,354,269	78,390,881	38,317,657
다이쇼 8년(1919)	경성	4,879,695	51,833,999	56,713,694	46,954,304
	인천	26,375,456	64,613,597	90,988,053	38,237,141
	계	31,155,151	116,446,596	147,701,747	85,191,445
다이쇼 9년(1920)	경성	6,078,206	44,268,968	50,347,174	38,190,762
	인천	24,569,016	51,253,966	75,822,982	26,684,950
	계	30,647,222	95,522,934	126,170,156	64,857,712

02
산업별 무역액產種別貿易額

다이쇼 9년(1920) 중에 있어서 경기도 무역액을 산업별產種別로 표시한 다음의 표처럼 수출액중 조선산朝鮮産이 가장 많고 수출 총액의 88% 이상을 차지하고 있다. 수입액에 있어서는 내지산內地産(일본산)이 가장 많고 수입총액의 57%가 넘을 정도이다. 그리고 총액에서 보면 조선산이 첫 번째이고 내지산(일본산)이 그 다음을 차지하고 그리고 외국산은 매우 근소하다.

:: 산업별 수출입품 가격 (다이쇼 9년〈1920〉도) (단위 : 엔)

구분		조선산	내지산(일본산)	외국산	합계
수출	경성	4,325,887	1,430,757	231,562	6,078,206
	인천	22,695,654	1,001,412	871,950	24,569,016
	계	27,021,541	2,432,169	1,193,512	30,647,222
수입	경성	10,990,385	33,233,498	45,085	44,268,968
	인천	29,640,636	21,527,048	86,282	51,253,966
	계	40,631,021	54,760,546	131,367	95,522,934
총계	경성	15,316,272	34,664,255	366,647	50,347,174
	인천	52,336,290	22,528,460	958,232	75,822,982
	계	67,652,562	57,192,715	1,324,879	126,170,156

03
국가별 무역國別貿易

다이쇼 9년(1920)의 화물 무역액에 대해 살펴보면 수출 무역의 약 17% 및 수입
무역의 약 43%는 내지內地(일본) 무역에 속하고, 외국 무역은 수출 7%, 수입 32%
에 해당한다. 여러 외국중 주요한 것은 수출에 있어서는 지나支那(중국) 및 러시
아령 아시아露領亞細亞이고, 수입에 있어서는 지나(중국), 영국英吉利, 미국, 호주濠
太剌利 이다. 다이쇼 9년(1920) 주요 통상국에 대한 최근의 무역액은 다음과 같다.

:: 항구별(港別) 수출입품 가액 (다이쇼 9년〈1920〉)   (단위 : 엔)

나라 별		수출	수입	합계
내지(일본)	경성	2,934,826	33,237,273	36,172,099
	인천	17,973,879	21,527,048	29,500,927
	계	20,908,705	54,764,321	75,673,026
지나(중국)	경성	2,187,670	8,246,505	10,434,175
	인천	6,104,092	19,541,260	25,645,352
	계	8,291,762	27,787,765	36,079,527
홍콩	경성		1,530	1,530
	인천	9,263	279,610	288,873
	계	9,263	281,140	290,403

나라 별		수출	수입	합계
영국령 인도	경성		2,975	2,975
	인천		62,435	62,435
	계		66,410	66,410
영국령 해협식민지	경성		28,622	28,622
	인천		54,423	54,423
	계		83,045	83,045
러시아령 아시아	경성	729,673	638	730,311
	인천	72,456		72,456
	계	802,129	638	802,767
필리핀 제도	경성		45,738	45,738
	인천		10,287	10,287
	계		56,025	56,025
영국	경성	73	620,871	620,944
	인천	51,500	2,852,239	2,903,739
	계	51,573	3,473,110	3,524,683
프랑스	경성		33,429	33,429
	인천		37,739	37,739
	계		71,168	71,168
독일	경성		7,946	7,946
	인천	300,000	49,008	349,008
	계	300,000	56,954	356,954
벨기에	경성		2,441	2,441
	인천		2,623	2,623
	계		5,064	5,064
이태리	경성		19,809	19,809
	인천		2,817	2,817
	계		22,626	22,626
네덜란드령 인도	경성		35,250	35,250
	인천		36,598	36,598
	계		71,848	71,848
터어키	경성		13,588	13,588
	인천			
	계		13,588	13,588
스웨덴(瑞典)	경성		3,585	3,585
	인천		810	810
	계		4,395	4,395
덴마크(丁抹)	경성		1,628	1,628
	인천			
	끝		1,628	1,628

나라 별		수출	수입	합계
미국	경성	180,050	1,947,262	2,127,312
	인천	57,823	6,561,707	6,619,530
	계	237,873	8,508,969	8,746,842
오스트렐리아	경성		9,211	9,211
	인천		222,151	222,151
	계		231,362	231,362
하와이(布哇)	경성		4,813	4,813
	인천	3	9,672	9,675
	계	3	14,485	14,488
이집트(埃及)	경성	45,914	2,125	48,039
	인천		420	420
	계	45,914	2,545	48,459
기타 제국	경성		2,729	2,729
	인천		3,119	3,119
	계		5,848	5,848
총계	경성	6,078,206	44,268,968	50,347,174
	인천	24,569,016	51,253,966	75,822,982
	계	30,647,222	95,522,934	126,170,156

13부

임업 林業

경기도 임야京畿道林野의 대부분은 화강암 또는 편마암계에 속하는 지세로 대체로 험준하지 않다. 동부 및 북부의 도경계를 제외하고는 거의 모두가 구릉이 연속되어 있는 것에 불과하다. 삼림식물대는 온대 중부에 있고 나무 수목林木의 종류는 적지 않으나 오랫동안 임업에 관한 행정林政이 부진한 결과 임야의 황폐가 심하다. 총면적이 대략 71만 여 정보 내에 나무가 육성되어 숲을 이룬 지역成林地이 겨우 약 23만 여 정보에 불과하다. 게다가 삼림의 형태林相가 조금 정비된 것은 능묘 또는 사찰에 부속된 삼림에 한정되고, 소유관계가 명료하지 않은 임야는 대개 황폐해졌다.

총독정치總督政治가 시행되면서 삼림령森林令을 제정하여 식림殖林 보호의 길을 강의하고, 임야조사회林野調査會에 의해 임야의 소유권을 확정했다. 게다가 묘목樹苗의 배포, 모범림模範林의 설치, 벌채 단속 등을 행하였다. 또 메이지 44년(1911) 이후 매년 진무천황神武天皇 제삿날祭日을 기해 기념식수를 거행하였다. 관민官民 노유老幼가 협력하여 식수를 행하는 등 적극적으로 식림殖林 장려의 결과 최근 식림사업은 현저한 진전을 보여 그 성과가 나타난 곳이 많다. 특히 내지인(일본인)이 조림 목적으로 국유임야의 대부를 받거나 혹은 사유임야를 매수하여 사업을 경영하고 있는 경우는 그 성적이 대체로 양호하여 그 지방 주민의 식림 사상을 고취하고 식림 장려상 도움이 되는 곳이 많다. 현재 경기도에 있어서 식림사업을 경영하는 내지인內地人(일본인) 또는 내지인(일본인)이 만든 회사는 도쿄 미쓰이 합명회사東京三井合名會社, 군마 반전농림부群馬半田農林部, 나가노 일선식산주식회사長野日鮮殖産株式會社, 아이치 대보농림부愛知大寶農林部 등으로 하여 모두 수 천數千정보의 식림을 행하였다. 오사카 스미토모총본점大阪住友總本店, 요코하마 조선농림주식회사橫濱朝鮮農林株式會社 등도 경성에 사무소를 두고 타도他道로 건너가 식림을 경영하고 있다.

경기도 임야의 황폐함에는 처음부터 그 지질에 (원인이) 있다 해도, 주요한 원인은 남벌濫伐 화전火田 등 인공적인 가해加害에 속하고, 본래 수수한 조림에는 적합할 뿐만이 아니니, 치산치수治山治水 상 조림의 속성은 초미의 급무에 속한다. 다이쇼 7년(1918), 25년 계속 식림 장려계획을 수립하고 목하目下 그 계획에 기초하여 착착 제반의 시설을 진전시키고 있어서 그 성적이 좋은 것이다.

조림하는 나무의 종류는 현재 소나무(akamatsu:적송) 및 녹나무를 주로 하여도 점차 식림기술의 진보에 따라 계곡이 비옥한 땅에는 다른 우량의 수목을 식재할 수 있는데, 잣나무, 전나무, 곰솔黑松, 일본잎갈나무, 느티나무, 밤나무, 굴참나무, 벚나무 류, 회화나무 류 등은 유망한 조림수종이다.

임야 산물의 대부분은 화목 땔나무薪炭材로써 그 가격이 싸지 않은 목탄木炭, 오배자五倍子(뿌자) 각종의 수종, 송진松脂, 송이松栮, 약초류의 생산 역시 적지 않다. 장래 크게 그 산출액이 증가할 가능성이 있다.

다음은 임업에 관한 통계를 게시한다.

:: 임야 면적 상정　(단위 천정보〈千町步〉)　다이쇼 9년(1920) 말

구분	필요한 예정임야	불필요한 임야		사유임야 또는 거기에 준해야 할 것	계
		대부 납	대부 미납		
성림지(成林地)	32			190	222
치수(稚樹)발생지	7			405	412
미 입목지(未立木地)	2	50	8	21	81
계	41	50	8	616	715

주의: 본 표는 임야 조사의 진보에 따라 바로 잡아야 할 것이다.

구분	다이쇼 7년 (1918)		다이쇼 8년 (1919)		다이쇼 9년 (1920)		최근10년 누계		다이쇼9년 (1920) 기념식수 본수
	면적 (정)	본수 (천본)	면적 (정)	본수 (천본)	면적 (정)	본수 (천본)	면적 (정)	본수 (천본)	
국비경영	83	343 15두	121	504 15두	104	1,054 30두	1,974	12,352 58두	천본
지방비경영	10	66	9	99	28	14	244	1,323 70두	
사 영	3,080	9,790	3,297	9,680	3,127	9,970	15,016	60,290	
계	3,173	10,199 15두	3,427	10,280 15두	3,259	11,024 44두	17,234	73,965 128두	

주의: 一. 국비 및 지방비 경영 조림용 묘목의 전부 및 사영조림용 묘목의 대부분은 관내에 있어서 생산되는 것이다.
　　　二. 국비 및 지방비 경영에는 보식補植 및 보파補播 수량을 포함함.
　　　三. 지방비 경영 중 최근 10년 누계란에는 다이쇼 원년(1912)이후 9년분을 게시한다.

:: 묘포(苗圃)생산 성묘수(成苗數) 일람　　　　　　　　　　　　　　　　　(단위 : 천본)

구분	다이쇼 7년 (1918)	다이쇼 8년 (1919)	다이쇼 9년 (1920)	최근 10년 누계
국비경영 경성식림 묘포	550	560	474	12,019
지방비경영 수원외3 식림묘포	500	2,100	2,098	11,827
사영 묘포	7,130	6,220	7,146	76,800
계	8,180	8,880	9,718	100,646

비고: 一. 지방비 경영 식림묘포는 용산, 수원, 이천 및 의정부의 4개소에 있다.
　　　二. 지방비 식림묘포의 생산묘 대부분은 민간에 불하한다.
　　　三. 최근 10년 누계란에는 다이쇼 원년(1912) 이후 9년분을 게시함

:: 임야 조사 진행 일람 (다이쇼 10년〈1921〉 6월)

구 분	부 군
실지조사를 완료하고 소유권조사를 완료한 지방	경성부, 고양군, 양주군, 시흥군, 수원군
실지조사를 끝내어 부근 세부 검사를 완료하여 조사 심사를 하고 있는 지방	진위군, 부천군, 김포군, 강화군, 파주군, 개성군, 장단군, 안성군, 용인군, 이천군, 여주군, 양평군, 광주군
실지조사 중	가평군
실지조사 미제(未濟)	인천부, 연천군, 포천군

명칭	소유지	소관구역	소관국유임야면적
경성보호구	경성부	경성부의 일부, 고양군 한지면 용강면 연희면	509^정6828
숭인면보호구	고양군 숭인면 돈암리	경성부의 일부, 고양군 숭인면	1,842.6122
은평면보호구	고양군 은평면 홍제내리	경성부의 일부,고양군 은평면 신도면	2,884.8600
광릉보호구	양주군 진접면 장현리	진접면(수산리 제외) 별내면의 내용암리,광전리, 자둔면의 내민낙리, 진건면의 내팔현리, 포천군 내촌면, 소흘면의 내진동리	3,046.5800
청평천보호구	가평군 외서면 청평리	가평군 상면,하면,외서면, 양주군 진접면 수산리, 미금면 호평리,화도면 지둔리,가곡리	5,676.1300
가평보호구	가평군 군내면 읍내리	가평군 군내면, 북면(적목리 제외)	11,493.5000
장암리보호구	포천군 이동면 장암리	포천군 일동면, 이동면, 영북면, 가평군 북면 적목리	8,775.0000

종래 채광의 방법은 일시적 변통이 심하고 유치하며 오래된 관례에 방임되었다. 게다가 그 단속의 방침도 역시 일정하지 않았다. 메이지 39년(1906) 광업법鑛業法 및 사광채취법砂鑛採取法의 공포에 따라 점차 내외자본가들이 광업에 주목하는 자가 증가했다. 양주군 외 15개군에 많은 광구鑛區(광업권자가 관청의 허가를 얻어 광물을 채굴할 수 있는 구역)의 허가가 이루어졌으나 아직 볼만한 생산액을 나타내는 곳은 없다. 지금 광업 허가면적 광종별로 나타내면 다음과 같다.

:: 광업 허가면적 광종별 (각년 12월말일 현재)

구분	다이쇼 5년 (1916)		다이쇼 6년 (1917)		다이쇼 7년 (1918)		다이쇼 8년 (1919)		다이쇼 9년 (1920)	
	광구	평수	광구	평수	광구	평수	광구	평수	광구	평수
금 은	83	46,793,751	75	41,888,144	56	32,861,183	48	17,635,761	49	18,333,111
동	1	75,500	2	503,150	2	503,060	2	130,400	2	130,400
철	6	537,571	12	5,360,346	27	13,290,341	20	10,205,092	20	10,205,092
금은동 연아연	14	4,889,861	21	7,822,153	31	12,255,432	22	6,588,090	23	7,028,711
텅스톤 수연	8	1,935,262	8	1,970,132	16	3,773,514	1	20,894	1	20,894
아연	1	36,300	1	36,300	10	1,654,171	1	36,300	1	36,300
흑연	1	392,948	13	40,198,063	1	36,300	3	632,531	3	632,531
석탄	1	164,761	1	164,761	2	366,316	2	266,316	2	266,316
석면	1	172,150	2	778,668	2	383,812	1	211,662	1	211,662
고령토	1	32,852	1	32,852	1	32,852	1	32,852	1	32,852
사금	10	3,700,563 2리05정46칸	14	3,922,183 5리00정05칸	13	4,612,661 2리05정00칸	14	6,945,355 2리05정00칸	16	8,138,674 2리05정00칸
기타							14	2,697,898	14	2,697,898
합계	127	58,731,519 2리05정46칸	151	66,576,752 5리00정05칸	161	69,769,642 2리05정00칸	129	45,403,151 2리05정00칸	133	47,734,441 2리05정00칸

비고: 사금광 난 중의 리里 정町 칸間으로 표시한 것은 하상의 연장임.

15부

수산水産

01

어업漁業

경기도는 연안선이 약 750해리에 걸쳐 있다. 게다가 한강漢江, 임진강臨津江의 큰 강이 있어서 담함산淡鹹産 수산이 풍부하다. 연안에는 숭어鯔 농어鱸 조기石首魚 민어鮸 시어鰣 새우鰕 등이 생산되고, 그것을 어획하기 위해 안강망鮟鱇網39), 중선

---

39) 안강망鮟鱇網: 물고기를 잡는 데 쓰이는 큰 주머니 모양으로 된 그물. 일설에는 한 일본인이 1899년에 우리 나라 연안에서 안강망을 시용試用하였으나 실패했고, 이듬해에 비로소 좋은 성과를 거두었다고 한다. 또 1898년에 한 일본 어업 경영자가 전라남도 칠산탄七山灘에서 안강망을 사용하기 시작한 것이 그 효시라고 한다. 안강망은 우리 나라 재래식 어망인 중선망中船網과 어법이 유사하다. 따라서 이것이 처음 보급될 때 우리 나라 사람들은 이를 '일중선日中船'이라고 불렀다고 한다. 원추형의 길다란 낭망囊網을 사용하는 점이 중선망과 같으나 중선망은 어망을 어선에 달고 다니는 데 반하여 안강망은 어선이 어장에 이르러 닻을 내리고 어망을 해저에 설치한다. 이것은 처음에 서해안의 조기어업에서 사용되기 시작하였다. 그 어망은 우리 나라 재래식 어망에 비하여 능률적이었으므로, 우리 나라 어민들이 이를 사용하게 되었고, 그것은 급속하게 보급되었다. 이 어망은 서해안의 자연적 조건에 적합하고, 구조가 간단하여 취급이 간편할 뿐만 아니라 소자본으로도 착업着業이 가능했기 때문이었다. 또 중선망을 사용하고 있던 우리 나라 어민들이 그 기술을 쉽게 소화할 수 있었던 것도 급속하게 보급된 한 원인이었다. 1911년 말 통계를 보면 안강망은 한국인 179통, 일본인 407통으로 되어 있었으나, 1932년 말 통계에 의하면 한국인 2,597통, 일본인 611통으로 우리 나라 사람이 훨씬 많이 안강망을 사용하고 있었던 것으로 되어 있다. 1942년 말에는 안강망 총수가 7,748통으로 늘어났다. 이때 중선망은 893통이었다. 일제강점기에 안강망 어업은 그 어법이 계속 개량되었고, 그 어선도 이전의 범선 일색에서 기선機船을 사용하는 것이 출현하여 증가해 갔다. 이에 따라 그 어장도 이전의 내만 또는 육지 가까운 연안에서 근해를 향하여 확대되어 갔다. 조기떼를 따라 안강망 어선이 북상 이동할 때에는 파시波市를 이루었고, 상인도 함께 이동하였다. 어망의 길이는 육상에서 당겼을 때 100m가 훨씬 넘었다. 이는 수중에서 전개되었을 때도 100m 가까이 되는 것이다. 광복 이후에도 어구·어법을 개량하면서 계속 많이 사용하고 있다. 어망은 합성섬유를 사용함으로써 혁신적으로 개선되었다. 그리고 1970년대에는 망구網口 전개장치인 숫해 및 암해의 자재를 맹종죽孟宗竹과 참나무와 가시나무에서 철제파이프로 대체하는 시험이 성공을 거두어 어구 개량에 크게 기여하였다. 1970년을 전후하여 안강망 어선 수는 2,000척이 넘었다. 어구·어법 개량시험은 그 뒤에도 계속되어 1980년대에 이르러서는 범포帆布(돛을 만드는 포목)를 이용한 전개장치를 개발하는 시험을 하여 성공을 거두었다. 오늘날 안강망은 규모가 큰 근해 안강망과 규모가 작은 연안 안강망의 2종으로 분류되어 있다. 주어획물은 갈치·쥐치·젓새우 등 다양하며, 조기는 잘 잡히지 않는다.

망中船網[40], 해혜醢, 선망船網, 건간망建干網(〈수산〉 조류에 정횡이 되도록 만조시에 그물을 기둥 끝에 끌어 올려서 고기의 통로를 열어주고 간조시에는 그물을 부설하여 고기의 통로를 막아 어획하는 것으로 하루에 2회 간조시에 어획하며 개막이그물이라고도 함.), 주목망柱木網(4각뿔 모양으로된 자루그물의 좌우 입구를 나무 말뚝으로 고정시켜 조류의 힘에 의해 밀려 들어간 고기를 어획하는 어구이며 서해안에서 조기, 갈치, 새우 등을 잡는 데 사용됨.), 괘망掛網 및 주낙 단일 낚시延繩一本釣로 하고, 연안 일대는 간사지가 풍부하여 굴조개牡蠣 맛조개蟶 작은 대합小蛤蜊이 풍요롭게 생산된다.

경기도에는 예부터 특수한 발달을 한 빙장수송업氷藏輸送業이 있다. 빙장수송업은 이른바 어류 출매선出買選에서 한강산 천연 얼음을 이용하여 어장에서 어류를 빙장수송을 위한 것으로 한국정부의 특허에 의해 어류매수의 우선권을 얻었던 것이다. 현재는 그 특권이 상실되었으나 그래도 신선한 어류鮮魚의 수요가 급증함에 따라 빙장출매선은 더욱더 그 수가 증가했다. 한강연안 마포 부근, 강화도 또는 인천지방에서 반출하는 것이 수십 척에 달하고 남으로는 전라남도에서 북으로는 황해도 연해의 어류매수에 종사한다.

관내 조선인의 어업은 현저한 발전을 해왔다. 연안 어업에는 오히려 구식의

---

40) 중선망中船網: 조선시대에 많이 사용되었던 재래식 어망. 중선망의 어구·어법은 원추형의 긴 자루와 같이 생긴 어망 2통統을 어선의 양 현舷측에 달고 어장에 이르러 닻으로 어선을 고정시키고 조류를 따라 내왕하는 어류가 어망 속으로 들어가는 것을 기다려 어획하는 것이다. 이 어망의 기원은 적어도 수백 년 전으로 소급될 것으로 생각된다. 문헌상으로는 영조 때의 자료에 보인다. 즉, 『일성록』(영조 24년 11월 28일조)에는 위도에서의 중선中船으로 어획하는 어장은 이익이 많다는 내용의 글귀가 보인다. 중선은 조수의 간만차가 심하고 조류가 빠른 어장이 그 사용 적지이므로 그러한 조건을 지닌 서해안에서 일찍부터 발달하였던 것이다. 중선망은 어조망漁條網이라고도 불렸다. 『임원경제지』에는 어구의 하나로서 어조망을 소개하고 있다. 이는 해양어구로서 해어海魚가 내왕하는 데는 어기와 회유로가 있는데, 어부는 때를 살펴 출어하여 닻을 내리고 조로條路에서 어망을 배의 밑바닥에 달아 어류를 잡으므로 어조망이라고 설명하고 있다. 또한 연해 어부는 그 배를 중선이라 하고, 그 그물은 중선망이라고 하는데 무슨 뜻인지 모르겠다고 하였다. 그리고 어망의 구조에 대하여 상세하게 설명하고 있다. 어망은 삼으로 만드는데 길이가 45파把, 망구網口 주위가 48파라고 하였다. 어기에 대어군이 몰려올 때는 어망이 아주 크지 않으면 이를 모두 수용할 수 없고, 어선이 아주 크지 않으면 이를 모두 실을 수 없으며, 부호富戶는 거액을 들여 어선과 어망을 마련하여 막대한 수익을 올린다고 하였다. 한말의 중선망을 보면 조기를 주어획대상으로 하는 것과 새우를 잡기 위한 것의 2종이 있었다. 모두 칡덩굴 섬유로 만들었고, 조류를 이용하는 어법이므로 간조 때뿐만 아니라 만조 때에도 어획할 수 있었다. 어망의 꼬리 부분은 개폐가 가능하게 되어 있다.

어선 어구를 사용하는 자가 있어도 근래 안강망鮟鱇網 및 연승어업延繩漁業의 장려와 함께 그들의 근해어업沖合漁業에는 내지식內地式(일본식)에 의존하는 경우가 많고 앞의 빙장출매선과 함께 멀리 다른 도의 연해에 출어하는 자가 증가한다.

경기도는 수산물의 집산지이고 또한 소비지로서 조선 전체에서 최고의 위치를 차지한다. 매년 인천 혹은 마포항에 와서 모이는 내선인內鮮人(일본인과 조선인) 어선은 200척 이상을 헤아리며 그 조업 어장은 주로 황해 충남 2개의 도道로 하고 있다. 경기도 관내에는 집단어장이라고 볼만한 것이 없으나 다이쇼 5년 (1916년) 부천군 굴업도屈業島 근해에서 민어 아귀, 병어가 발견된 이래 매년 7-8월 2개월에 걸쳐 굴업포屈業浦를 근거지로 하여 어선과 어매선魚買船 200척 이상으로 헤아릴 수 있으니, 매우 번성함을 볼 수 있다.

02
수산제조水産製造

수산물 제조업은 새우의 이용을 필두로 하여 종래는 오로지 염장 새우鹽辛蝦로써 조선내의 수요에 공급하는 것이었으나 근래 지나 수출을 위해 그늘에 말린 새우素干蝦의 제조가 왕성해지면서 연 생산액 십 만원을 초과한다. 그 다음에는 경인 내지인京仁內地人(경인 일본인)의 손에 의해 만들어진 어묵蒲鉾으로 역시 10만원 내외의 생산액에 달하고 있다. 기타 새우 및 패류의 염장품 또는 조기, 민어 염장품은 중요한 종류에 속한다.

03
수산관계 통계표水産關係統計表

:: 수산업자

구분			다이쇼 7년(1918)			다이쇼 8년(1919)			다이쇼 9년(1920)		
			내지인 (일본인)	조선인	계	내지인 (일본인)	조선인	계	내지인 (일본인)	조선인	계
어업	호수	전업	38	884	922	26	897	923	24	875	899
		겸업	9	1,471	1,480	12	1,731	1,743	11	1,622	1,633
	인구	전업	135	4,288	4,423	73	4,074	4,147	74	5,607	5,681
		겸업	42	6,368	6,410	49	8,345	8,394	44	7,710	7,754
양식업	호수	전업	1		1	2		2	2		2
		겸업	2		2						
	인구	전업	6		6	6		6	16		16
		겸업	12		12						
수산제 조업	호수	전업	20	196	216	15	235	250	19	310	329
		겸업	8	993	1,001	14	1,226	1,240	11	1,601	1,612
	인구	전업	65	711	776	48	772	820	67	1,850	1,917
		겸업	32	5,234	5,266	50	5,629	5,679	38	5,566	5,604

구분			다이쇼 7년(1918)			다이쇼 8년(1919)			다이쇼 9년(1920)		
			내지인(일본인)	조선인	계	내지인(일본인)	조선인	계	내지인(일본인)	조선인	계
수산판매업	호수	전업	298	559	857	297	309	606	166	349	515
		겸업	26	1,759	1,785	29	1,263	1,292	303	1,266	1,569
	인구	전업	779	1,981	2,760	756	1,080	1,836	622	2,630	3,252
		겸업	64	7,120	7,184	67	4,630	4,697	574	4,576	5,150
계	호수	전업	357	1,639	1,996	340	1,441	1,781	211	1,534	1,745
		겸업	45	4,223	4,268	55	4,220	4,275	325	4,489	4,814
	인구	전업	985	6,980	7,965	883	5,926	6,809	779	10,087	10,866
		겸업	150	18,722	18,872	166	18,604	18,770	656	17,852	18,508

:: 수산업자용 선박

구분		어업 및 양식업용 선박			수산물 제조 운반 판매용 선박		
		일본형	조선형	계	일본형	조선형	계
다이쇼7년(1918)	내지인(일본인)	23	2	25	5		5
	조선인	45	169	214	13	289	302
	계	68	171	239	16	289	305
다이쇼8년(1919)	내지인(일본인)	47	5	52	26		26
	조선인	111	356	467	28	175	203
	계	158	361	519	54	175	229
다이쇼9년(1920)	내지인(일본인)	62		62	6		6
	조선인	129	379	508	28	238	266
	계	191	379	570	34	238	272

:: 어획고

구분	다이쇼 7년(1918)		다이쇼 8년(1919)		다이쇼 9년(1920)	
	내지인(일본인)	조선인	내지인(일본인)	조선인	내지인(일본인)	조선인
수량(관)	35,915	1,318,519	94,663	1,062,019	85,512	941,558
가격(엔)	28,534	571,326	88,139	526,800	66,693	406,746

:: 어시장 집산고

구분	시장수	매장고		조선내 소비액	
		수량(관)	금액(엔)	수량(관)	금액(엔)
다이쇼 7년(1918)	4	494,886	739,347	494,886	739,347
다이쇼 8년(1919)	4	547,341	1,045,803	547,341	1,045,803
다이쇼 9년(1920)	4	669,972	1,346,575	669,972	1,346,575

:: 수산제조장

구분	다이쇼 7년(1918)		다이쇼 8년(1919)		다이쇼 9년(1920)	
	내지인(일본인)	조선인	내지인(일본인)	조선인	내지인(일본인)	조선인
수량(관)	34,415	703,949	33,000	499,148	43,730	464,553
가격(엔)	59,678	417,699	99,000	499,148	132,510	317,836

04
제염製鹽

경기도의 연안은 멀리까지 물이 얕아 도처에 염전하기 좋은 지역이 적지 않다. 따라서 예부터 제염을 경영하는 자가 많아도 그 제조법이 오랜 관습을 묵수하고 하나도 개량을 하지 않아 품질 개선을 도모하지 못했다. 또 연료의 결핍과 함께 매년 생산비가 높아져 근년 대만 및 지나염(중국염)의 수입이 증가하여 점차 조선염朝鮮鹽을 압도하는 경향을 나타내고 있다. 그럼에도 수원군, 부천군 기타지역에서 왕성하게 제조가 이루어지고 있다. 또 경성 인천부내에 있어서는 번성한 지나염(중국염)을 다시 만들고再製 있다. 정부는 메이지 40년(1907) 이래 부천군 주안朱安에 천일제염소를 설치하여 좋은 성적을 올리고 있다.

제염 상황표 (다이쇼 9년〈1920〉 12월말일 현재)

:: 재제염(再製鹽)

종별	제조자 수		부(釜) 수		원염 사용량(근)	1년 제조고		
	주업(명)	겸업	주업(개)	겸업		수량(근)	가격(엔)	평균단가(리)
경성부 (내지인:일본인)	3		8		3,300,000	3,126,000	89,840	2,873
인천부 (내지인:일본인)	3		76		13,640,000	10,920,000	237,750	2,177
총계	6		84		16,940,000	14,046,000	327,590	2,332

:: 전오염(煎熬鹽: 끓인 염)

종별	제조자수		부 수		염전면적(평)	1년 제조고		
	주업(명)	겸업(명)	주업(개)	겸업(개)		수량(근)	가격(엔)	평균단가(리)
진위군(조선인)	11	22	11	7	13,900	91,000	2,011	2,210
수원군(조선인)	69	566	31	252	220,243	5,106,600	89,309	1,748
시흥군(조선인)	8	20	8	9	11,300	82,000	1,844	2,248
부천군(조선인)	21	444	9	118	133,963	1,675,662	25,135	1,500
김포군(조선인)		35		35	330,225	312,200	6,244	2,000
강화군(조선인)	7	42	7	16	40,708	79,660	996	1,250
경 성	116	1,130	66	437	750,339	7,347,122	125,539	1,708

16부

재판소 감옥 및 경찰

01

재판소裁判所

고등법원	경성복심법원	경성지방법원	경성지방법원지청 개성 여주 수원 인천	경성지방법원출장소 광주,의정부,연천,포천 가평,양평,이천,금양장 안성,평택,영등포,김포 강화, 문산,장단

02
감옥監獄

명칭	위치	명칭	위치
경성 감옥	경성	서대문 감옥	경성
경성감옥 영등포분감	영등포	서대문감옥 인천분감	인천

03
경찰警察

경기도 경찰서 명칭 위치 및 관할 구역표 (다이쇼 10년〈1921〉 12월말일 현재)

경기도 경찰서: 경기도 경성부 광화문통

관할구역: 경기도 전역

창덕궁경찰서: 경기도 경성부 와룡동

관할구역: 경성부내 와룡동 1번지내지 3번지, 훈정동 1번지, 원동 1번지(대보단)

정동 1번지, 5번지

경성본정경찰서: 경기도 경성부 본정 1가丁目

관할구역: 경성부내 욱정1가에서 3가, 본정 1가에서 5가, 남산정 1가에서 3가, 수정, 명치정 1가, 명치정 2가, 영락정 1가, 영락정 2가, 약초정, 앵정정 1가, 앵정정

2가, 일지출정, 왜성대정, 대화정 1가에서 3가, 신정, 장곡천정, 대평통 1가, 대평통 2가, 남대문통 1가 9번지에서 121번지, 남대문통 2가에서 5가, 북미창정, 남미창정, 어성정, 고시정, 길야정 1가, 길야정 2가, 봉래정 1가의 일부, 봉래정 2가의 일부, 봉래정 3가의 일부, 의주통 2가의 일부, 무교정, 다옥정, 삼각정, 수하정, 장교정, 황금정 1가에서 7가, 수표정, 앵정정, 임정, 주교정, 방산정, 화원정, 초음정, 광희정 1가, 광희정 2가, 병목정, 서사헌정, 동사헌정, 중림동의 일부, 화천정의 일부, 서계동의 일부.

경성종로경찰서: 경기도 경성부 종로 2가

관할구역: 경성부내 종로 1가에서 3가, 인사동, 수은동, 봉익동, 훈정동(1번지 제외), 돈의동, 권농동, 와룡동(1번지에서 3번지까지 제외), 원동(1번지 제외), 운니동, 낙원동, 익선동, 경운동, 공평동, 견지동, 수송동, 청진동, 광화문통, 서린동, 관철동, 관수동, 장사동, 재동, 계동, 가회동, 안국동, 송현동, 관훈동, 삼청동, 팔판동, 소격동, 화동, 간동, 중학동, 통의동, 창성동, 체부동, 통동, 누하동, 궁정동, 효자동, 옥인동, 누상동, 신교동, 청운동, 남대문통 1가 1번지에서 8번지 및 122번지에서 127번지, 궁운동, 사직동, 내자동, 수창동, 도염동, 적선동, 당주동, 서대문정 1가, 서대문 2가.

경성동대문경찰서: 경기도 경성부 종로 5가

관할구역: 경성부내 종로 4가에서 6가, 예지동, 인의동, 원남동, 연지동, 숭1동, 숭2동, 숭3동, 숭4동, 혜화동, 충신동, 효제동, 창신동, 숭인동, 연건동, 동숭동, 이화동.

고양군내 뚝도면, 숭인면, 고양군 한지면 내 상왕십리, 하왕십리, 신당리, 행당리, 마장리, 사근리, 신촌리.

경성서대문경찰서: 경기도 경성부 죽첨정

관할구역: 경성부 내 현저동, 홍파동, 행촌동, 송월동, 교북동, 관동, 옥천동, 천연동, 냉동, 교남동, 평동, 죽첨정 1가에서 3가, 서소문정, 의주통 1가, 화천정의 일부, 미근동, 합동, 정동(1번지 5번지 제외), 중림동의 일부, 봉래정 1가의 일부, 봉래정 2가의 일부, 봉래정 3가의 일부, 봉래정 4가, 의주통 2가의 일부.

고양군 내 은평면, 연희면.

경성 용산경찰서: 경기도 경성부 원정 1가

관할구역: 경성부내 강기정, 삼판통, 한강통, 이촌동, 청엽정 1가에서 3가, 원정 1가에서 4가, 경정, 낙정, 대도정, 금정, 미생정, 청수정, 산수정, 암근정, 도화동, 마포동, 서계동의 일부.

고양군내 용강면, 한지면 내(보광리, 한강리, 두모리, 수철리, 이태원리, 서빙고리, 주성리, 화지리).

고양경찰서: 경기도 고양군 중면

관할구역: 고양군내 벽제면, 신도면, 원당면, 지도면, 송포면, 중면

인천경찰서: 경기도 인천부 중정 1가

관할구역: 인천부, 부천군

강화경찰서: 경기도 강화군 부내면

관할구역: 강화군

김포경찰서: 경기도 김포군 군내면

관할구역: 김포군

안성경찰서: 경기도 안성군 읍내면

관할구역: 안성군

수원경찰서: 경기도 수원군 수원면

관할구역: 수원군

영등포경찰서: 경기도 시흥군 영등포면

관할구역: 시흥군

개성경찰서: 경기도 개성군 송도면

관할구역: 개성군

평택경찰서: 경기도 진위군 내남면

관할구역: 진위군

가평경찰서: 경기도 가평군 군내면

관할구역: 가평군

용인경찰서: 경기도 용인군 수여면

관할구역: 용인군

광주경찰서: 경기도 광주군 경안면

관할구역: 광주군

여주경찰서: 경기도 여주군 주내면

관할구역: 여주군

양평경찰서: 경기도 양평군 갈산면

관할구역: 양평군

이천경찰서: 경기도 이천군 읍내면

관할구역: 이천군

양주경찰서: 경기도 양주군 지둔면

관할구역: 양주군

포천경찰서: 경기도 포천군 군내면

관할구역: 포천군

연천경찰서: 경기도 연천군 군내면

관할구역: 연천군

파주경찰서: 경기도 파주군 임진면

관할구역: 파주군

장단경찰서: 경기도 장단군 군내면

관할구역: 장단군

:: 각서(各署) 관할구역 면적 및 경찰관 파출(주재)소 수표(數表)

부서명	면적	경찰관파출소	경찰관주재소	경찰관출장소	면적
경찰부				1	
창덕궁경찰서	0,053	1			
경성본정경찰서	0,650	22			
경성종로경찰서	0,482	21			
경성동대문경찰서	7,119	9	5		2반(半)
경성서대문경찰서	4,172	6	3		2
경성용산경찰서	2,558	9	4		1반
인천경찰서	34,784	8	14		15

부서명	면적	경찰관파출소	경찰관주재소	경찰관출장소	면적
고양경찰서	18,037		5		6
광주경찰서	49,815		14		16
양주경찰서	63,038		15		16
연천경찰서	52,742		12		13
포천경찰서	53,175		10		12
가평경찰서	46,169		5		6
양평경찰서	65,624		10		12
여주경찰서	41,688		8		10
이천경찰서	29,904		9		11
용인경찰서	41,072		11		12
안성경찰서	35,146		10		12
평택경찰서	26,368		9		11
수원경찰서	56,780		21		21
영등포경찰서	24,540		9		10
김포경찰서	25,141		8		9
강화경찰서	27,322		13		14
파주경찰서	28,398		10		10
장단경찰서	46,835		8		10
개성경찰서	49,174	2	15		16
합계	830,786	78	228	1	249

:: 경찰상 포상

종별		다이쇼 9년(1920)			다이쇼 8년(1919)		
		상금		표창 (賞詞)	상금		표창 (賞詞)
		인원	금액(엔)		인원	금액(엔)	
경시	내지인(일본인)				1	15	
	조선인						
경부	내지인(일본인)	2	20		2	27	
	조선인						
경부보	내지인(일본인)	4	106				
	조선인						
순사	내지인(일본인)	142	780	16	43	463	1
	조선인	191	932	7	30	49	
인민	내지인(일본인)	12	70				
	조선인	66	199		18	118	
합계	내지인(일본인)	160	976	16	46	505	1
	조선인	257	1,131	7	48	167	

04
소방消防(다이쇼 10년⟨1921년⟩ 6월1일 현재)

소방 설비消防設備

경기도내 소방조 수消防組數 73개는 부·군청府郡廳 또는 경찰서 소재지에 설치하거나 필요한 지방의 집단부락에 설치한다. 경성부 및 인천부내에는 상비소방대常備消防隊가 있다. 그중 경성에 있는 것은 국비부담의 경찰부상비소방대를 가지고 있다. 지금 경성부내에 있어서 화재 및 소방 설비는 다음에 게시한다.

一. 다이쇼 원년(1912)부터 다이쇼 10년(1921)까지 경성부내 화재

연별	화재건수	소실호수	손해액	연별	화재건수	소실호수	손해액
다이쇼원년(1912)	273	174	240,283엔.55	동 6년(1917)	171	113	358,686엔.60
동 2년(1913)	245	148	150,790.40	동 7년(1918)	159	132	326,786.95
동 3년(1914)	171	89	99,996.25	동 8년(1919)	238	194	426,748.50
동 4년(1915)	156	66	106,198.70	동 9년(1920)	185	172	401,040.95
동 5년(1916)	146	178	75,271.80	동 10년(1921)	294	199	1,201,387.90

二. 상비 소방대常備消防隊 대기소

상비 소방수소초	인원			중요 기계							대 별				
	경부	순사	소방수	펌프자동차	증기펌프	발동기펌프	수관자동차	파괴자동차	기계사다리	수관차	펌프대	수관자동차대	파괴대	사다리대	수관차대
남대문 소방소	1	6	79	1	1	1	3	1	1	2	3	2	1	1	1
남산정 소방소			14							2					1
창덕궁 소방소			4							2		1			1
덕수궁 소방소			4							2					1
황금정 소방소			21				1			1		1	1		1
용산 소방소			18				1		1	1		1	1		1
계	1	6	140	1	1	1	5	1	2	10	3	5	1	1	6

三. 소방조消防組

소방조명	인 원			기 구(器具)			
	조두(組頭)	소두(小頭)	소방수	수관차	손 펌프	사다리	수송차
경성 소방조	1	2	40	2	2	2	2
용산 소방조	1	2	60	2	2	2	2
마포 소방조	1	2	60	2	2	2	2
계	3	6	160	6	6	6	6

17부

위생衛生

01
위생기관衛生機關

경기도에서 위생기관衛生機關은 종래 매우 준비가 안된不備 유치한 단계를 면할 수 없었으나 신정 시행新政施行 이후 점점 발달의 경향을 보이고 있다. 그리고 다이쇼 2년(1913) 11월 의사규칙醫師規則 치과의사규칙齒科醫師規則 의생규칙醫生規則 등을 발포하고 다이쇼 3년(1914) 1월부터 그것을 시행했다. 그 결과 이들 기관업무에 관한 종래의 적폐를 일소했고 동시에 다이쇼 3년(1914) 7월 의사시험규칙醫師試驗規則의 발포에 의해 경성의학전문京城醫學專門 학교졸업생과 어우러지면서 우수한 의사의 증가를 보기에 이르렀다. 또 일면에 있어서는 자격 있는 의사만의 분포를 기대할 수 없으므로 외딴 시골邊陬에는 지역 및 기간에 한정하여 상당한 경력이 있는 자에 대해 의업醫業 또는 입치入齒 영업에 자격증을 주고 이외에 다이쇼 3년(1914) 4월부터 새롭게 공공의公共醫 제도를 공포하여 의료기관이 준비되지 않은 지역에 공공의를 배치하여 일반에게 의약의 편리를 주며, 아울러 각 관청이 공통적으로 위생사무에 종사하게 하는 것이었다. 기타 산파간호부産婆 看護婦는 의사병원의 증가 및 위생사상의 보급에 따라 점차 그 수가 증가하긴 해도 도회지都會地만 개업하고 외딴 지방에 이르러서는 거의 그 영향을 볼 수 없다.

이들 개업자가 없는 지방에 거주하는 내지인內地人(일본인)의 불편을 말하지 않을 수 없다. 또 조선인 사이에 있어서는 분만시 타인의 도움을 기피하는 풍조가 있어서 그 계몽에 노력함은 물론 다이쇼 3년(1914) 이후 매년 1회(다이쇼 4년〈1915〉에 한해서 2회) 산파 및 간호부시험을 시행하여 그들의 증가가 기대되었다. 또 종두種痘를 행하기 위해 종두인허원種痘認許員을 두고 주로 조선인에게 인허가 이루어지고 내지인(일본인)에 대해서는 특히 부인에게는 그것을 허가하지 않는다. 조선 부인은 평상시 남자에 접근할 수 없는 풍습이 있기 때문이다.

지금 경기도에 있어서 위생기관衛生機關과 관계있는 통계를 표시하면 다음과 같다.

:: 위생기관(衛生機關)

구분		병(의)원				의사	한지개업의	의업자(의생)	치과의사	입치영업자	산파	간호부	안마침술영업자	종두인허원	약제사	제약자	약종상	매약영업자	매약청매및동행상자
		관립	공립	사립	계														
다이쇼7년(1918)	내지인(일본인)	2	2	101	105	154	5		21	18	171	182	230	19	29	18	103	124	558
	조선인			29	29	93		646	2	14	15	24	89	78		1	1,172	68	1,719
	외국인			6	6	9	2		2			6					13		2
	계	2	2	136	140	256	7	646	25	32	186	212	319	97	29	19	1,288	192	2,279
다이쇼8년(1919)	내지인(일본인)	2	2	83	87	139	5		20	21	238	194	333	17	35	16	109	182	637
	조선인			28	28	94	1	629	1	15	17	18	90	75		3	1,066	96	2,097
	외국인			5	5	9	1		2			6					18		2
	계	2	2	116	120	242	7	629	23	36	255	218	423	92	35	19	1,193	278	2,736
다이쇼9년(1920)	내지인(일본인)	2	2	85	89	157	3		23	20	174	213	344	17	39	16	107	166	534
	조선인			37	37	94	1	615	1	16	11	26	86	87			1,209	113	2,146
	외국인			7	7	11						7					19		3
	계	2	2	129	133	262	4	615	24	36	185	246	430	104	39	16	1,335	279	2,683

:: 종두자수(種痘者數)

구분			초종	재종	삼종	합계
다이쇼 7년 (1918)	내지인(일본인)	남	1,416	1,418	2,737	5,571
		여	1,439	1,303	2,351	5,093
	조선인	남	38,367	29,613	32,319	100,298
		여	34,079	23,142	24,251	81,472
	계		75,301	55,475	61,658	192,434
다이쇼 8년 (1919)	내지인(일본인)	남	1,659	2,703	6,033	10,395
		여	2,103	2,582	6,449	11,134
	조선인	남	29,721	27,676	16,255	73,652
		여	34,072	22,083	13,574	73,729
	계		71,555	55,044	42,311	168,910
다이쇼 9년 (1920)	내지인(일본인)	남	4,819	1,945	3,276	10,040
		여	4,866	2,053	4,075	10,994
	조선인	남	51,865	51,235	49,500	152,600
		여	44,432	44,900	39,693	129,025
	계		105,982	100,133	96,544	302,659

02
자혜의원慈惠醫院

수원 자혜의원은 총독부병원에 버금가는 가장 완비된 의료기관이다. 메이지 43년(1910) 오로지 지방 내선인(內鮮人:일본인과 조선인)을 구료(救療: 가난한 환자를 봉사적으로 치료해 줌)할 목적으로 수원에 설치한 것이다. 개원 이래 10여 년 진료환자受診患者도 해마다 증가하고 있다. 또 지방에 있어서 빈곤자로 병고病苦에 어려움이 있는 자를 위해서는 도내 각지를 순회진료巡廻診療를 시행하여 시료 시약施療施藥으로 그들을 구제한다. 따라서 오랜 세월 난치병으로 어려움이 있는 자도 그 고통에서 탈피할 수 있어 감사장을 보내오는 자가 많다. 모두 크나큰 성은에 감읍하고 있다. 지금 이전 3년간 취급환자수를 나타내면 다음과 같다.

:: 환자 취급수

구분	환자실수	치료일수
다이쇼 7년(1918)	23,511	145,902
다이쇼 8년(1919)	20,596	138,363
다이쇼 9년(1920)	10,322	70,479

비고: 다이쇼 7년(1918)에 비해 다이쇼 8년(1919)의 취급진료환자수 감소는 콜레라虎疫(콜레라균에 의하여 일어나는 소화기 계통의 전염병)의 유행 때문에 동년 9월에 한해 순회진료 시행을 중지함에 기인함. 그리고 다이쇼 9년(1920)에 있어서 환자수의 감소는 순회진료를 전혀 시행하지 않았고 게다가 봄 이래 재계 불황의 영향을 받았던 것에 기인함.

:: 보통(普通) 외래환자

구분	내지인(일본인)			조선인			외국인			계			치료일수
	남	여	계	남	여	계	남	여	계	남	여	계	
다이쇼7년 (1918)	1,742	1,556	3,298	476	175	651	2		2	2,220	1,731	3,951	20,303
다이쇼8년 (1919)	1,800	1,507	3,307	534	162	696	1		1	2,335	1,669	4,004	23,383
다이쇼9년 (1920)	1,617	990	2,607	332	249	581	1		1	1,950	1,239	3,189	14,052

:: 시료(施療) 외래환자

구분	내지인(일본인)			조선인			외국인			계			치료일수
	남	여	계	남	여	계	남	여	계	남	여	계	
다이쇼7년(1918)	12	4	16	6,245	2,548	8,793				6,257	2,552	8,809	60,822
다이쇼8년(1919)		1	1	6,291	2,882	9,173				6,291	2,883	9,174	63,037
다이쇼9년(1920)				4,264	1,638	5,902				4,264	1,638	5,902	41,030

비고: 다이쇼 9년(1920)의 진료환자 수 감소는 외과담임 의원의 결원이 생겼기 때문에 취급환자가 감소된 이유임.

:: 보통 입원환자

구분	내지인(일본인)			조선인			외국인			계			치료일수
	남	여	계	남	여	계	남	여	계	남	여	계	
다이쇼7년(1918)	266	222	488	50	17	67	1		1	317	239	556	7,514
다이쇼8년(1919)	317	228	545	61	22	83	2		2	380	250	630	8,769
다이쇼9년(1920)	231	191	423	57	22	79	1		1	289	213	502	7,310

비고: 다이쇼 9년(1920)의 환자감소는 봄 이래 일반 재계의 불황에 기인함.

:: 시료 입원환자

구분	내지인(일본인)			조선인			외국인			계			치료일수
	남	여	계	남	여	계	남	여	계	남	여	계	
다이쇼7년(1918)	4	1	5	130	55	185				134	56	190	5,509
다이쇼8년(1919)	2	4	6	135	56	191				137	60	197	6,271
다이쇼9년(1920)				86	58	144				86	58	144	4,270

비고: 다이쇼 9년(1920)의 취급환자 감소는 외과담임 의원의 결원으로 생겨난 것임.

:: 순회 진료환자

연별	순회일수	구분	내지인(일본인)		조선인		계	
			인원	진료일수	인원	진료일수	인원	진료일수
다이쇼 7년 (1918)	207	보통	150	444	72	358	223	802
		시료	74	329	9,096	46,961	9,170	47,290
다이쇼 8년 (1919)	130	보통	47	128	56	257	103	385
		시료	92	412	6,143	33,702	6,234	34,114
다이쇼 9년(1920)		보통						
		시료						
계	337	보통	197	572	128	615	325	1,187
		시료	166	741	15,239	80,663	15,404	81,404

비고: 다이쇼 8년(1919)의 환자수 감소는 콜레라 유행에 의해 동 년 9월에 한해 순회진료 시행을 중지한 것이 원인임.
다이쇼 9년도(1920)에는 의원 결원 때문에 (순회진료를) 전혀 시행하지 못함.

:: 은사재단(恩賜財團) 제생회(濟生會) 기부금 지불 빈민 구료환자

구분	인원	치료일수
다이쇼 7년(1918)	613	3,663
다이쇼 8년(1919)	254	2,404
다이쇼 9년(1920)	587	3,817
계	1,454	9,884

비고: 본 표 기재의 환자는 모두 조선인임.

03
도살장屠場 및 도축屠畜

경기도의 도축장屠畜場은 그 수가 141개로 경성京城에서 경영(1개소)하는 것 이외
는 모두 그 규모가 대개 작고 도살수 역시 많지 않다. 다이쇼 8년(1919) 11월 도
살장규칙屠場規則이 개정되어 개, 양 및 도지사가 지정한 지역 이외의 돼지와 긴
급사정 혹은 토지 상황에 의해 도살장屠場이외의 도살屠殺을 인정한 것이다. 필경
지방의 실상에 비추어 그 제한을 푸는 것이 된다. 개정의 취지는 종래 복잡하게
되어 있는 도살장규칙을 통일하고 현재의 상태에 적응하기 위함이었다. 사적으
로 개인의 바램에 의한 도살장의 신설 또는 경영의 지속은 여러 종류의 폐단이
존재하므로 부府 또는 면面에서 경영의 가능성이 없는 곳에 허락지 않는 것이 지
당하다. 현재 경기도에 있어서는 사설경영에 관계되는 자가 없다.

조선에 있어서는 부식물副食物로 짐승의 고기를 식용하는 것이 매우 많기 때문에
도축屠畜은 각지에서 모두 매우 번성하다. 다이쇼 9년(1920) 중 도살장屠場에서
도살 수는 소 5만 2,505두, 말 128두, 돼지 3만 7,831두가 되고 있다.

:: 도살장 및 도축

연차	도장	소		말		돼지		산양		개		합계	
		두수	가격(엔)	두수	가격	두수	가격	두수	가격	두수	가격	두수	가격(엔)
다이쇼7년 (1918)	142	35,049	2,957,229	106	2,988	58,282	339,570	81	318	16,118	18,376	109,636	2,318,551
다이쇼8년 (1919)	142	44,063	4,721,769	1,087	31,366	79,065	850,499					124,215	5,603,634
다이쇼9년 (1920)	142	52,505	5,789,285	128	3,824	37,831	646,910					90,464	6,440,019

04

묘지墓地 및 화장장火葬場

조선인의 묘지에 대한 신념은 매우 심후深厚(깊고 두터움)하다. 특히 예부터 미신으로 묘지의 적부適否(맞고 안맞음)는 일가의 존망 및 자자손손의 화복과 연결되어 있어서 묘지의 설치에 관해 집안의 재산을 모두 탕진해도 감히 그것을 사양하지 않았다. 따라서 좋은 묘자리를 발견하면 아무리 많은 어려움이 있어도 반드시 그곳에 매장하려는 습관이 있어서 수많은 분쟁을 일으키는 경우가 자주 있고 위생에도 해롭고 풍교風教(교육이나 정치의 힘으로 풍습을 잘 교화하는 것)를 문란하게 하는 것이 많아 국가경제에 미치는 바가 적지 않았다. 그러므로 메이지 45년(1912) 묘지 화장장 매장 및 화장단속 규칙을 발포하고 경성부내에 대해서는 그해 9월 1일부터 기타의 지역에 대해서는 다이쇼 3년 3월부터 그것을 시행하기에 이르렀다. 각 규칙에 의하면 특별한 경우를 제외하고 모두 공동묘지에 매장하는 것으로 하여 각 부·면·동리府面洞里에서 그것을 주관토록 하며 그 필요한 땅은 주로 국유산야國有山野를 무상 양여 받아서 한다. 점차 그 설비의 완성이 이루어져 거기에 대한 단속을 장려해 왔다. 여러 해 동안의 경험에 의하면 조선인의 습속에 합치하지 않아 쓸데없는 사단事端을 불러일으키는 경향이 있었다. 따라서 다이쇼 8년(1919) 9월 각 규칙에 폭넓은 개정을 실시하여 조선인 구래의 관습을 인정함과 동시에 각종의 제한을 풀고 제반의 수속을 간편하게 했다. 규칙 개정 전에 있어서 묘지의 수는 공동묘지 1,071개 그 면적은 1,434정 7반 8무 28보이고, 사유묘지 207개 그 면적 5정 1반 13보이다. 다이쇼 9년 말 현재 공동묘지는 1,072개 그 면적 1,435정 6반 2무 6보이고 사유묘지는 6,228개 그 면적 43정 2반 6무 11보로 헤아려지고 있다. 조선에 있어서 관습으로 종래 화장을 행하는 것은 말할 필요도 없이 전염병의 사체와 비록 모두 그것을 토장土葬으로 하여도 점차 화장의 습속에 순치되어 구래의 폐풍을 개선하는 것을 기대할 수 있다. 그래도 화장하는 장소는 겨우 10개 있는 것에 불과하다.

05
전염병傳染病

전염병 중에 매년 유행하여 그 수가 다수가 되는 것은 장질부사, 이질赤痢, 성홍열猩紅熱, 두창痘瘡 등이다. 다이쇼 8년(1919), 9년(1920) 2년에 걸쳐 콜레라의 유행이 보여진다. 이들 여러 병의 예방에 대해서는 특히 주의를 태만히 하는 경우 전자의 수가 감소하지 않는다. 토착병을 살펴보면 매우 유감스러운 곳이다. 그 원인에 관해서는 여러 종류라 할지라도 장질부사, 성홍열 등과 같아 다른 열성병과 혼동하기 쉽다. 게다가 그것이 진정되기 까지는 다소간의 기간이 필요하며 항상 의료기관의 준비부족不備과 맞물려있다. 그 사이에 이미 병독病毒이 만연해져서 보호하기가 어렵다. 특히 또 지방부락에 있어서는 토지 음료수 등 대개 비위생적인 것이 많아 이질 기타의 전염병 유행이 되는 원인이다. 그리고 두창痘瘡 같은 것은 거의 지방병 관찰로 나타나고 있으나 근년 종두의 유일하며 가장 좋은 수단으로 이해할 수 있는 것으로 그 성적을 보면 차차 소멸의 영역에 도달할 수 있는 것이다. 또 다이쇼 9년(1920)에는 경성부내에 있어서 성홍열의 발생을 보아 약간 창궐상태로 들어가는 것이다. 그 환자는 특히 연소자가 많음으로 발생 소학교의 일시적 휴업을 하고, 또 예방 선전에 전적으로 주의를 기하고 각종의 수단방법을 이용하여 그것을 박멸시키는 힘이 된 결과 점점 종식하기에 이르렀다. 애초 교통의 진보 발달은 사람과 말의 왕래가 빈번해지고, 사람들의 집들이 조밀하게 맞물려 있는 것도 자연 각종의 전염병의 매개 분포를 신속하게 하는 까닭이다. 이때 관내 위생사상의 보급 및 상태를 살펴보면 아직 그 비율의 감소를 보이지 않는 것은 매우 유감스러운 것이다.

:: 전염병 환자 사망자표

병명	다이쇼 7년(1918)		다이쇼 8년(1919)		다이쇼 9년(1920)	
	환자	사망자	환자	사망자	환자	사망자
콜레라			235	163	2,636	2,019
페스트						
이질(赤痢)	201	35	315	96	194	54
장티푸스	633	140	722	182	690	149
파라티푸스	569	22	180	23	34	4
두창	51	11	521	148	2,118	580
발진티푸스	41	12	427	74	31	9
성홍열	53	3	42	2	235	70
디프테리아	97	18	80	13	98	21
총계	1,645	241	2,522	701	6,036	2,906
인구 1만명당 환자비율	9.3		14.4		34.0	
환자에 대한 사망 비율	1할4분4리		2할7분8리		4할8분1리	

06
해항검역 海港檢疫

인천경찰서 소속 해항검역소海港檢疫所는 인천항내 월미도月尾島에 있고, 출입하는 선박 검역상 가장 적당한 위치에 두고 해항 검역사무를 열심히 맡아보고 있다.

인천항은 내지內地, 지나支那 및 외국 선박의 출입 왕래가 빈번하였다. 특히 내지 및 지나의 어선 출입이 매우 번성하여 해항검역을 시행하는 경우는 외국과 내지(닐본) 대만台灣 및 사할린樺太에서 온 선박으로 그 검역을 시행해야 할 병명은 콜레라, 성홍열, 페스트, 황열병黃熱이다. 검역사무는 항무의관港務醫官, 항리港吏 각 1명 외에 검역의고원檢疫醫雇員 등 여러 명으로 그것을 담당한다. 경비선 2척을 상비하는 것 외에 필요에 의해 세관선박과 함께 도와 상시 검역사무를 시행한다. 특히 전기 전염병傳染病의 유행지역流行地域을 경과하거나 혹은 항을 떠나는 선박에 대해서는 정선停船, 소독방법, 쥐鼠族 구제, 선박승객 및 그 승조원의 정류停留 검역 등 필요에 따라 시행하고 있다. 최근 3개년간의 성적은 다음과 같다.

:: 인천항에 있어서 입항 선박 검역 성적표

연차	선적	선박수	검역인원			소독		전염병 환자 및 사망자									
			선원	선객	계	선박수	인원	콜레라 병								계	
								내지인		조선인		지나인		외국인			
								환자	사망	환자	사망	환자	사망	환자	사망	환자	사망
다이쇼7년 (1918)	내국선	341	11,673	11,410	23,083												
	외국선	660	8,370	381	8,751												
동8년 (1919)	내국선	654	20,693	13,386	34,079	2	237		1								1
	외국선	681	8,790	573	9,363							1				1	
동9년 (1920)	내국선	610	19,920	12,963	33,883												
	외국선	326	4,419	571	4,990												
총계	내국선	1,605	52,286	37,759	90,045	2	237		1								1
	외국선	1,667	21,579	1,525	23,104							1				1	
	계	3,272	73,865	39,284	113,149	2	237		1			1				1	1

비고: 내지인(일본인) 사망 1인은 18무도霧島 환승조丸乗組 수부水夫로 항해 중 사망하고 입항한 것임.

07

음료수飮料水

음료수의 불량은 일반적이어서 (음료수)의 개량이 가장 급선무이다. 따라서 경기도에 있어서 매년 지방비에서 상당한 보조금을 지출하고, 모범 우물井戶의 발굴을 장려했다. 다이쇼 원년(1912) 이래 이미 237개소를 개수改修하거나 굴착(지반을 파내는 일)을 했다. 기타 개인의 공동부담으로 개량을 하는 것도 역시 많이 있다. 대개 음료수의 좋고 나쁨良否은 지방병 및 전염병과 밀접한 관계를 가지고 있어 보건위생상 항상 그것이 검사 및 조사를 태만히 하지 않고 주도면밀하게 주의를 기울여서 개량改良에 부심하고 있는 것이다.

:: 모범 우물

연도	개소	보조액 (원)
다이쇼 7년도(1918)	29	2,286
다이쇼 8년도(1919)	25	2,200
다이쇼 9년도(1920)	26	3,490

08
수도水道

수도는 경성, 인천에 있고 수질이 양호하여 경기도에서 그것을 관리한다.(다이쇼 11년⟨1922⟩ 4월 1일부터 경성부, 인천부의 경영에서 이관 됨) 그 현황은 다음과 같다.

경성 수도京城水道

경성수도는 메이지 36년⟨1903⟩ 12월 9일 미국인 헨리 콜브란(Henry Collbran)과 해리 보스트윅(Harry R.Bostwick)이 당시 한국 황제로부터 부설 경영의 특허를 받았던 것으로 메이지 38년⟨1905⟩ 8월에 이르러 그 특허권을 영국인 설립에 관계가 있는 '대한수도회사'(korean water works company)가 양수하여 메이지 39년⟨1906⟩ 8월 1일 공사를 착수하여 메이지 41년⟨1908⟩ 8월에 준공하였다. 준공 이래 동 회사가 경영을 해왔으나 메이지 44년⟨1911⟩ 1월 25일 시부사와澁澤의 '신디게이트'에서 그것을 매수하고 동 년 3월 31일까지 대한수도회사의 이름으로 종래의 경영상태를 답습하여 영업해왔다. (그러나) 동 년 4월 1일 다시 정부의 경영으로 옮기기 위해 영국 화폐 28만 5천 파운드(환산가격 280만 6,153원)로 그것을 사들여 경기도 관리에 속하도록 했다. 그 후 거기에 개량 확장에 필요한 공사비가 87만 6,603원에 달하고 관영 수도급수 규칙 하에 급수하게 되었다.

본 수도의 방법식은 경통식卿筒式으로 당초 설계의 급수 예정인구 등은 상세하지 않아도 그것을 현재의 규모에서 보면 1일 약 45만입방척立方尺의 급수 능력으로 1인 하루 급수량이 4입방척(약6두1승7합)으로 할 때 11만 2,500명이 급수할 수 있는 것이었다.

수원지水源池는 광희문光熙門 밖 약 1리 반에 있는 왕십리 정류장에서 동남으로 약 20정町 떨어진 한강의 우안 뚝도纛島에 있다. 면적 2만 4,116평坪 1합合 2작勺 5촌寸인 구내에는 약품 혼합지 1개, 침전지 3개, 여과지 6개, 정수지 1개, 기관실 1동이 있다. 그 기관실에는 36마력인 이심형離心形 취수경통取水卿筒 2대 및 75마력인 동형 1대, 100마력인 '워싱톤'형 송수경통送水卿筒 3대 및 기관汽罐 5대 기타 전등의 장치가 있다. 취수관에 의해 한강에서 취입하는 원수源水는 침전여과 후 경통기관의 힘에 의해 260척(경통마루 위) 높은 곳에 있는 대현산大峴山 배수지로 압양押揚하고 3촌寸 내지 22촌 8분分의 오배수철관五配水鐵管에 의해 시내로 배수하는 것이며 그 총연장 길이가 29리 25칸1에 이른다. 그래도 근래 위생 사상의 발달에 따라 사용자가 격증하여 공급 수량이 부족함이 이르자 인천수도의 송수관과 연결하여 도수도道水道의 보급補給과 함께 배수配水하고 또 다이쇼 8년(1919) 4월부터 경성수도 확장공사를 인천수도 수원지에서 시행하여 현재 공사중이다.

인천수도仁川水道

인천항은 맑은 물淸水이 부족하기 때문에 시민의 일상 음료 및 입항선박에 대한 급수에 불편하였다. (이에) 메이지 39년(1906년) 6월 한국정부에서 상수도 부설 측량에 착수하고 동 년 11월 처음으로 수원지 토목공사土工에 착수하여 메이지 43년(1910) 9월에 준공했다.

수도 방식은 경통식으로 급수 인구 7만 명으로 1일 1인 사용 최대량을 4입 방척(약6두1승7합)으로 정했다. 수원지는 노량진 철교에서 상류로 약 6정 떨어진 한강 좌안의 시흥군 북면 노량진에 있다. 면적은 6,350평으로 그곳에 침류지 3개, 여과지 4개, 기관실 1동을 설치했다. 기관실에는 취수경통(실마력 70 이심형) 2대, 송수경통(실마력 100 '워싱톤'형) 2대, 소제경통 1대, 기관汽罐 6대 및 절탄기節炭機, 냉기기冷汽機, 전등기계를 장치했다. 한강의 원수源水는 연안에 설치하여 취수탑으로 들어오게 하고 20촌 취수관을 지나 취수경통정取水卿筒井에 취합하고 경통기관의 작용에 의해 침류지로 보내지고 여과지를 지나 다시 수원지 구내에서 높이 272척의 산 정상山頂에 있는 정수지로 압양押揚한다. 노량진 정수지淨水池와 인천 배수지配水池 간은 시흥, 김포, 부천, 인천 1부 3군에 걸쳐 있고, 그 연장 7리里 22정町 58칸間 17의 사이는 20촌吋 주철관鑄鐵管에 의해 연결한다. 인천 배수지는 인천시가의 동북쪽 삼림 산 정상에 있고 만滿 수면은 기점상 212척이다. 노량진 정수지에서 20촌 연락철관連絡鐵管에 의해 보내지는 정수는 본 배수지로 들어와 다시 3촌吋 내지 20촌 배수철관으로 시내로 배수한다. 그 연장은 6리 34정 34칸 8이 된다.

본 수도 송수본관送水本管이 지나는 연선沿線지역은 경부, 경인 양 철도의 분기점에 해당하는 시흥군 영등포에서 급수하기 위해 다이쇼 3년도에 분기分岐 급수공사를 시행하고 다이쇼 3년 12월에 준공하여 물이 개통通水되었다.

그 배수선로의 연장은 1리 2정 0칸 7이 된다.

본 수도 부설 총공사비는 220만 2,862원이고 영등포에 대한 분기 급수공사비는 1만 6,088원이다.

:: 수도수입 및 사업비 (단위 : 엔)

연도	경성수도			인천수도		
	수입	사업비	정산수입 과부족	수입	사업비	정산수입 과부족
다이쇼6년도(1917)	279,541	172,055	107,486	58,327	53,571	4,756
다이쇼7년도(1918)	272,891	322,072	결손 49,181	65,436	76,230	결손 10,794
다이쇼8년도(1919)	342,838	396,573	결손 53,735	77,398	131,670	결손 54,272
다이쇼9년도(1920)	448,519	533,222	결손 84,203	101,601	174,145	결손 72,544

:: 급수 전수(栓數: 수도 개폐 장치 수) (각년 12월 말일)

전종(栓種)	다이쇼 6년(1917)			다이쇼 7년(1918)			다이쇼 8년(1919)			다이쇼 9년(1920)		
	경성수도	인천수도	계	경성수도	인천수도	계	경성수도	인천수도	계	경성수도	인천수도	계
계량에 의하지 않는 전용전	3,859	861	4,720	3,986	888	4,874	4,240	1,102	5,342	4,471	1,174	5,645
계량에 의한 전용전	1,488	275	1,763	1,750	273	2,023	2,092	381	2,473	2,503	410	2,913
공용전	1,418	272	1,690	1,411	276	1,687	1,488	300	1,788	1,451	312	1,763
특별공용전	417	90	507	411	88	499	407	94	501	386	94	460
선박급수전		2	2		8	8		8	8		8	8
공설소화전	397	194	551	357	195	552	357	195	552	368	195	563
사설소화전	266	15	281	266	19	285	266	22	288	266	24	290

:: 1년간 총급수량 및 소비량

연도	급수총량(입방척)			석탄소비량(톤)		
	경성수도	인천수도	계	경성수도	인천수도	계
다이쇼6년도(1917)	155,389,431	45,850,235	201,239,666	5,296	2,596	7,872
다이쇼7년도(1918)	161,786,164 (26,631,733)	39,306,789	201,092,953 (26,631,733)	5,175	2,681	7,856
다이쇼8년도(1919)	156,690,412 (49,500,619)	48,442,978	205,133,390 (49,500,619)	6,610 (2,594)	4,139	10,749 (2,594)
다이쇼9년도(1920)	159,653,356 (42,804,812)	60,801,212	220,454,568 (42,804,812)	6,723 (2,543)	4,106	10,829 (2,543)

비고: 괄호안은 인천수도에서 보급량補給量 및 보급량에 필요한 석탄소비량을 나타냄.

색인

ㄱ

ㅇ

ㅈ

ㅊ

경기그레이트북스 ⑮
100년 전의 경기도

초판 1쇄 발행 2018년 12월 18일

발 행 처 경기문화재단
        (16488 경기도 수원시 팔달구 인계로 178)
기 획 경기문화재연구원 경기학연구센터
옮 김 이진복
편 집 경인엠앤비 주식회사 (전화 031-231-5522)
인 쇄 경인엠앤비 주식회사

ISBN 978-89-91580-37-4 04900
        978-89-91580-33-6 (세트)